독자의 1초를
아껴주는 정성을
만나보세요!

세상이 아무리 바쁘게 돌아가더라도 책까지 아무렇게나 빨리 만들 수는 없습니다.
인스턴트 식품 같은 책보다 오래 익힌 술이나 장맛이 밴 책을 만들고 싶습니다.
땀 흘리며 일하는 당신을 위해 한 권 한 권 마음을 다해 만들겠습니다.
마지막 페이지에서 만날 새로운 당신을 위해 더 나은 길을 준비하겠습니다.

모두의 인공지능 with 파이썬

Artificial Intelligence for Everyone, Python version

초판 발행 · 2020년 12월 30일
초판 6쇄 발행 · 2023년 8월 23일

지은이 · 이영호
발행인 · 이종원
발행처 · (주)도서출판 길벗
출판사 등록일 · 1990년 12월 24일
주소 · 서울시 마포구 월드컵로 10길 56(서교동)
대표전화 · 02)332-0931 | **팩스** · 02)323-0586
홈페이지 · www.gilbut.co.kr | **이메일** · gilbut@gilbut.co.kr

기획 및 책임편집 · 김윤지(yunjikim@gilbut.co.kr) | **디자인** · 여동일, 배진웅 | **제작** · 이준호, 손일순, 이진혁
영업마케팅 · 임태호, 전선하, 차명환, 박성용, 지운집 | **영업관리** · 김명자 | **독자지원** · 송혜란, 윤정아

교정교열 · 이미연 | **전산편집** · 도설아 | **본문 일러스트** · 최정을 | **출력 및 인쇄** · 북토리 | **제본** · 신정문화사

ISBN 979-11-6521-398-5 93000   (길벗 도서번호 080244)

정가 22,000원

· ·

독자의 1초를 아껴주는 정성 길벗출판사

길벗 | IT실용서, IT/일반 수험서, IT전문서, 경제실용서, 취미실용서, 건강실용서, 자녀교육서
더퀘스트 | 인문교양서, 비즈니스서
길벗이지톡 | 어학단행본, 어학수험서
길벗스쿨 | 국어학습서, 수학학습서, 유아학습서, 어학학습서, 어린이교양서, 교과서

페이스북 · www.facebook.com/gbitbook

즐거운
프로그래밍
경험

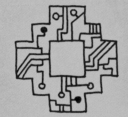

모두의 인공지능

이영호 지음

누구나 쉽게 시작하는
딥러닝 기초 프로그래밍

with 파이썬

길벗

최근 인공지능이 무엇이며 이와 관련해 파이썬으로 무엇을 할 수 있는지 궁금해졌습니다. 기초 지식 부터 쌓고 싶던 차에 《모두의 인공지능 with 파이썬》을 만났습니다. 이 책은 머신러닝 및 딥러닝에 대한 기초를 시작으로 차근차근 따라 할 수 있는 예시가 담겨 있습니다. 특히 코드 한 줄 한 줄 꼼꼼하게 설명해 주어 저 같은 초보자, 비전공자에게 훌륭한 길잡이가 됐습니다. 이 책 덕분에 인공지능에 첫 발걸음을 뗄 수 있었습니다.

홍승규 | 30대, 직장인

《모두의 인공지능 with 파이썬》을 읽으면서 인공지능으로 할 수 있는 일이 무엇이며 실제로 어떻게 쓰이는지를 알 수 있었습니다. 특히 내가 직접 인공지능을 구현할 수 있도록 실습으로 구성된 점이 참 좋았습니다. 이론만 보면 이해하기가 어려워 흥미가 떨어지는데, 이 책은 실습 위주라 끝까지 흥미롭게 읽을 수 있었습니다.

이승헌 | 20대, 대학생

사물 인식 프로젝트를 시작하면서 급하게 인공지능을 공부한 적이 있습니다. 생소한 용어와 이론, 잊은 지 오래인 수학 계산 등으로 학습은 더디고 속만 까맣게 탔었습니다. 그때 처음부터 전문서를 볼 것이 아니라 입문서를 봤어야 했다는 생각이 이 책을 읽는 내내 들었습니다. 당시 맨땅에 헤딩한 경험에 비추어, 이 책은 인공지능을 처음 접하는 입문자에게 학습 방향을 제대로 제시해 주는 안내서라고 추천하고 싶습니다.

이진 | 40대, 개발자

그동안 '인공지능은 어렵다'고만 생각했는데, 이 책은 그 고정관념을 깨준 책입니다. 인공지능을 처음 접하는 사람도 비유를 통해 쉽게 이해할 수 있습니다. 파이썬을 몰라도, 코드 한 줄씩 자세한 설명을 덧붙여 기초적인 파이썬 문법 요소들을 익힐 수 있습니다. 인공지능을 몰라도, 슈퍼컴퓨터가 없어도, 코드 한 줄 못 써도, 이 책을 마치면 인공지능 모델을 만들 수 있습니다.

이혜진 | 20대, 대학생

인공지능을 배우려면 수학이 필수라는 것을 알고 있었기에, 이 책의 베타테스터를 신청하면서도 큰 기대는 하지 않았습니다. 단순히 인공지능에 대한 흥미를 이끌어 내는 책이라고 생각했기 때문이지요. 하지만 책을 읽어보니 파이썬과 케라스를 사용하여 직접 레이어를 추가하고, 인공지능 모델을 만들어서 학습시키는 과정이 정말 즐거웠습니다. 특히 케라스의 위력이 피부로 와닿았고 이를 잘 알려준 코드 해설 또한 너무 좋았습니다.

오정민 | 20대, 대학생

머리말

여러분은 여러 경로를 통해 인공지능과 관련된 다양한 소식을 들은 적이 있을 것입니다. 저 역시 여러 미디어를 통해 인공지능의 현재와 미래에 대한 소식을 접하고 있으니까요. 인공지능은 마치 가랑비처럼 우리가 알지 못하는 사이 우리의 삶을 촉촉하게 적시고 있습니다.

아마 이 책을 한 번이라도 펼쳐 본 사람이라면 인공지능에 어느 정도 관심이 있는 사람일 것입니다. 그리고 인공지능이란 과연 무엇인지, 인공지능이 우리에게 어떠한 방식으로 영향을 미치는지 궁금할 것이고요. 최근 인공지능이 '핫(hot)'한 주제가 되면서 인공지능을 개발하는 내용의 도서들도 많이 나왔습니다. 하지만 인공지능을 공부하려면 일정 수준 이상의 수학 지식과 일정 수준 이상의 프로그래밍 능력이 필요합니다. 그리고 이는 비전공자가 인공지능 도서를 쉽게 읽을 수 없는 이유이기도 하지요.

《모두의 인공지능 with 파이썬》이라는 이름에서 알 수 있듯이 이 책은 '모두'가 쉽게 볼 수 있는 것을 목표로 합니다. 모든 사람이 인공지능을 이해하고, 인공지능을 직접 개발할 수 있는 능력을 기를 수 있도록 책을 구성하였습니다. 물론 읽다 보면 어려운 내용이 있겠지만, 최대한 초보자의 눈높이에 맞게 설명하려고 노력하였습니다.

이 책은 인공지능 기술에 대해 높은 지식을 전달해 주는 고급서는 아닙니다. 오히려 인공지능 기술에 입문하는 사람에게 적합한 책입니다. 하지만 누구든 이 책을 통해 최소한 인공지능 기술에 대해 이전보다 한층 더 깊이 이해할 수 있을 것이라 생각합니다.

여러분은 이제 첫 발을 떼셨으니, 인공지능 세계에 입문하여 전문가의 과정까지 나아가기를 저자로서 응원하겠습니다.

제가 이 책을 쓰기는 하였지만, 이 책은 제 주변에 계신 모든 분들 덕분에 완성되었습니다. 다시 한번 감사의 말씀 전합니다. 이 책이 나올 수 있게 애써주신 길벗 관계자 여러분들, 특히 김윤지 차장님께 감사드립니다. 또한 저의 존재만으로도 무한한 사랑을 주시는 아버지, 어머니와 힘든 내색 없이 옆에서 늘 응원해 주는 평생의 반려자 선영이 그리고 제 삶의 원동력인 사랑하는 두 딸 시윤, 세인이에게 감사의 마음을 표합니다.

2020년 12월

 누구를 위한 책인가요?

이 책은 '파이썬을 사용하여 인공지능을 개발하고 싶은 사람'을 대상으로 합니다. 특히 딥러닝 기술을 이해하고 싶은 분, 인공지능을 직접 만들어 보고 싶었지만, 어려운 수학과 프로그래밍 때문에 망설였던 분에게 추천합니다.

 어떤 내용을 주로 다루나요?

책의 앞부분에서는 인공지능이란 무엇이며 인공지능을 만들 수 있는 기법인 머신러닝이 무엇인지 설명합니다. 그런 다음 머신러닝 기법 중 하나인 인공 신경망(딥러닝)의 원리를 이해하고, 이를 바탕으로 '손글씨를 구분하는 인공지능', '코로나 19 확진자 수를 예측하는 인공지능', '새로운 그림을 만들어 내는 생성 인공지능' 세 가지 프로젝트를 실습할 수 있게 구성하였습니다.

 파이썬을 몰라도 괜찮나요?

네, 그렇습니다. 이 책의 셋째 마당에서 초보자를 위해 파이썬의 기본 문법을 안내합니다. 단, 여기에서 제시하는 문법은 파이썬의 모든 문법이 아니라, 이 책에서 다루는 인공지능 개발에 필요한 문법입니다. 그리고 넷째 마당에서 직접 프로그램을 만들면서 배운 문법을 익혀 봅니다. 이때 코드마다 자세한 설명(주석)을 적어 두었기 때문에 초보자도 충분히 이해할 수 있습니다.

이 책의 구성과 활용법

이 책은 크게 다음과 같이 총 4개의 파트와 부록으로 구성되었습니다.

첫째 마당.
인공지능 개념 이해하기

인공지능이란 무엇이며 인공지능을 구현하는 기술인 머신러닝은 무엇인지 살펴봅니다. 머신러닝의 세 가지 학습 방법과 인공지능을 가볍게 체험해 볼 수 있는 도구(티처블 머신, 퀵 드로우, 오토드로우)를 소개합니다.

둘째 마당.
딥러닝 이해하기

딥러닝 모델을 실제로 개발하려면 딥러닝의 원리를 알아야 합니다. 둘째 마당에서는 딥러닝과 인공 신경망의 원리를 배웁니다. 초보자도 어렵지 않게 학습할 수 있도록 최대한 어려운 수학 내용은 배제하고, 딥러닝의 세부 기술의 원리를 그림으로 쉽게 표현하였습니다.

셋째 마당.
인공지능 개발을 위한 파이썬 첫걸음

딥러닝을 만들려면 컴퓨터를 사용해야 하고 그 컴퓨터에서 명령을 내리려면 컴퓨터가 사용하는 언어를 알고 있어야 합니다. 셋째 마당에서는 딥러닝을 만들 때 사용하는 프로그래밍 언어인 파이썬의 문법 요소를 집고 갑니다. 또한, 파이썬 언어를 사용할 수 있는 도구인 구글 코랩(colab)을 사용해 봅니다. 파이썬과 코랩에 이미 익숙한 사람이라면 셋째 마당을 건너뛰어도 괜찮습니다.

넷째 마당.
딥러닝 프로그래밍 시작하기

지금까지 배운 내용을 토대로 인공지능(딥러닝) 모델을 직접 만들어 봅니다. 인공지능 모델을 만드는 데 필요한 도구(텐서플로, 케라스)를 소개한 다음, 숫자 인식 인공지능, 코로나 19 확진자 수 예측 인공지능, 숫자 생성 인공지능 모델을 각각 만들어 봅니다. 초보자도 쉽게 프로그래밍할 수 있도록 코드 한 줄 한 줄 자세한 설명을 달아두었습니다.

부록

구글 코랩이 아닌 환경에서 실습하려는 분을 위해 파이썬 환경 만드는 방법을 설명합니다. 또한, git을 설치하는 방법도 안내하였습니다.

동영상 강의 안내

유튜브에서 책 제목(모두의 인공지능 with 파이썬)으로 검색하거나 QR 코드를 찍으면 저자 선생님의 동영상 강의를 무료로 볼 수 있습니다.

예제 파일 내려받기 & 활용법

이 책에 나오는 예제는 파이썬으로 작성하였으며, 인공지능 프로젝트(넷째 마당)에 필요한 예제 파일을 제공합니다. 코드를 직접 입력하여 결과를 얻는 방식을 권하지만, 해결하기 어려운 문제라면 완성된 예제 파일을 열어 확인하세요.

❶ 길벗출판사 홈페이지(www.gilbut.co.kr)에 접속하여 검색 창에 도서명으로 검색하여 예제 파일을 원하는 폴더에 내려받습니다.

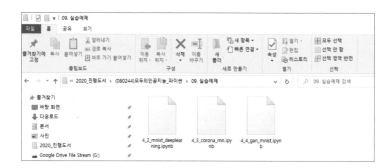

❷ UNIT 9의 내용을 따라 파이썬을 실행할 코랩 환경을 설정합니다(웹 브라우저와 구글 계정만 있으면 됩니다).

❸ 코랩을 실행한 후 [파일] → [노트 열기]를 클릭합니다.

❹ [업로드] 탭 → [파일 선택] 버튼을 클릭한 뒤 ❶에서 예제 파일을 내려받은 폴더로 이동합니다. 예제 파일을 클릭하여 연 다음 UNIT 10의 내용을 참고하여 코드를 실행합니다.

목차

셋째 마당 인공지능 개발을 위한 파이썬 첫걸음

넷째
마당

딥러닝 프로그래밍 시작하기

부록   286

첫째
마당

인공지능 개념
이해하기

이제 인공지능을 이해하는 일은 선택이 아닌 필수가 되었습니다. 많은 사람이 말하는 인공지능이란 과연 무엇일까요? 첫째 마당에서는 과연 인공지능이란 무엇인지, 인공지능을 구현하는 기술인 머신러닝은 무엇인지 살펴보겠습니다. 나아가 머신러닝의 세 가지 학습 방법과 인공지능을 가볍게 체험해 볼 수 있는 도구를 살펴보겠습니다.

UNIT 01 인공지능 개념 이해하기

ARTIFICIAL INTELLIGENCE FOR EVERYONE

1 인공지능이란 무엇일까요?

인공지능이란 말 그대로 '인공적으로 만든 지능'을 의미합니다. 그렇다면 지능이란 무엇일까요? 국립국어원의 표준국어대사전에서는 지능을 '계산이나 문장 작성 따위의 지적 작업에서, 성취 정도에 따라 정하여지는 적응 능력'이라고 정의합니다. 즉, 지능이란 지적 작업에 필요한 능력이지요.

우리가 가진 지능의 예를 한번 살펴볼까요? 길을 가다가 돈을 발견했을 때 '우와 돈이 떨어졌네! 횡재했다!'라고 생각하는 것, 이 과정을 풀어서 봅시다. 우리의 눈이 길에 떨어진 지폐 한 장을 바라봅니다. 그러면 뇌는 그것이 광고지인지 진짜 지폐인지 구분합니다. 이렇게 구분을 할 수 있는 이유가 바로 우리가 지능을 가지고 있기 때문이죠.

그림 1-1 | 인간이 가진 지능의 예

지능에는 무엇인가를 보고, 그것이 무엇인지 알 수 있는 능력, 무엇인가를 듣고 어떤 의미인지 이해하는 능력 그리고 생각할 수 있는 능력까지 포함합니다. 이와 같은 지능을 사람이 아닌 기계가 가질 수 있도록 하는 것이 바로 인공지능입니다. 사람의 전유물이라고 생각했던 지적 능력을 기계도 발휘할 수 있도록 한 것이죠.

이러한 인공지능을 사용한 사례는 다양합니다. 그중 세상을 놀라게 한 구글의 음성인식 기술을 살펴볼까요? 구글이 사람의 말을 알아듣고, 대화할 수 있는 인공지능을 만들었는데, 그 성능을 알아보기 위해 미용실 점원과 직접 대화하도록 하였습니다. 커트를 예약하는 미션이었습니다. 처음에 인공지능이 원하는 시간에는 예약이 가득 차 있었습니다. 그래서 미용실 점원이 다른 시간대를 제안합니다. 그러자 인공지능이 사람과 비슷하게, "음… 좋아요!"라고 말해 미션에 성공하였지요. 좌중은 웃음으로 가득했고, 이 미션을 진행하는 동안 미용실 점원은 자신이 인공지능과 대화한다는 사실조차 알지 못했다고 합니다.

또한, 사람이 운전하듯이 인공지능이 운전하는 무인 자동차는 이미 우리 생활 속에 들어와 있습니다. 심지어 사람보다 더 정확하게 물건을 인식하고, 감정까지 알아차리는 인공지능이 속속 개발되고 있죠.

그렇다면 이러한 인공지능은 어떻게 만드는 것일까요? 오늘날 우리가 사용하는 대부분의 인공지능은 머신러닝의 방법을 사용해서 만듭니다. 그럼 지금부터 머신러닝이 무엇인지 살펴보겠습니다.

2 머신러닝은 무엇인가요?

앞에서 인공지능이란 '인공적으로 만든 지능'을 의미한다고 했습니다 그렇다면 어떻게 인공적으로 지능을 만들 수 있을까요? 여기에 대한 해답이 바로 머신러닝입니다.

머신러닝은 데이터를 사용하여 인공지능을 만들 수 있습니다. 마치 요리사가 밀가루 반죽을 오븐에 넣어 빵을 만들듯이 데이터라는 재료를 머신러닝을 사용하여 하나의 인공지능으로 만들 수 있습니다.

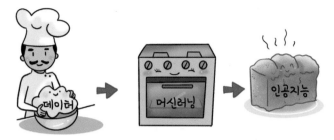

그림 1-2 | 인공지능을 만들 때 사용하는 머신러닝

물론 인공지능을 만드는 방법에는 머신러닝뿐만 아니라 여러 방법이 있습니다. 하지만 오늘날 인공지능을 만들 때 가장 많이 사용하는 방법이 바로 머신러닝을 사용하는 방법입니다.

인공지능은 기계가 스스로 생각할 수 있게끔 만들어서 사람이 맞닥뜨리는 여러 문제를 해결하도록 돕는 역할을 합니다. 이러한 문제 역시 굳이 인공지능이 아닌 여러 프로그램을 사용하여 해결할 수 있습니다. 전통적인 프로그래밍 방식으로 말이죠(여기서 '전통적'이라는 것은 '머신러닝 방식이 아닌 방식'을 설명하기 위한 표현입니다).

우리가 사용하는 자동문을 생각해 봅시다. 사람 혹은 어떤 물체가 다가가면 자동으로 문이 열립니다. 그 이유는 문을 언제 여는지, 어떤 속도로 열고 언제 닫는지에 대한 명령을 프로그래머가 자동문 프로그램에 작성해서, 이를 자동문 시스템에 넣어두었기 때문입니다.

하지만 머신러닝의 방법은 조금 다릅니다. 머신러닝을 직역하면 '기계가 공부하는 것'입니다. 즉, 사람이 직접 프로그램을 만들어서 기계에 넣어주는 것이 아니라, 문을 언제 어떻게 열 것인지 등 기계가 스스로 문제를 해결하는 방법을 학습하는 것입니다.

그러면 머신러닝은 무엇을 가지고 학습할까요?

바로 데이터입니다. 수많은 데이터, 즉 빅데이터 속에서 스스로 규칙을 찾고, 그 규칙을 학습하는 것입니다. 다시 말해, 머신러닝은 데이터를 사용해서 기계가 스스로 학습하는 방식이라고 볼 수 있습니다.

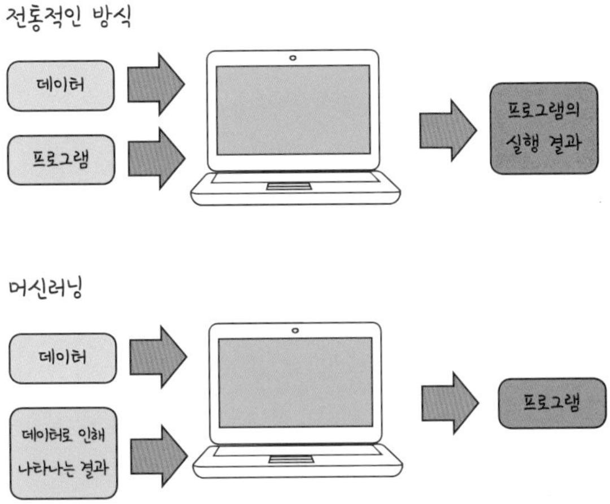

전통적인 방식

데이터

프로그램

프로그램의
실행 결과

머신러닝

데이터

데이터로 인해
나타나는 결과

프로그램

그림 1-3 | 전통적인 프로그래밍 vs 머신러닝

전통적인 프로그래밍에서는 어떤 결과를 내기 위해서 프로그램을 만들어야 했습니다. 그런 다음 그 프로그램에 어떤 값을 주면, 정해진 프로그램에 따라 그 결괏값이 나옵니다. 예를 들어 2를 곱하는 프로그램이 있습니다. 이 프로그램은 특정한 숫자(데이터)인 10을 넣으면, 20이라는 결괏값(프로그램의 실행 결과)을 출력합니다. 이처럼 전통적인 프로그래밍에서는 데이터를 넣으면 그 데이터를 어떠한 식으로 처리하는지 프로그래머가 프로그램을 작성했습니다.

하지만 머신러닝의 경우 데이터로 인해 나타나는 결과를 사용하여 학습하기 때문에 스스로 프로그램을 만들 수 있습니다. 전통적인 방식에서 프로그램을 사람이 만들었다면, 머신러닝에서는 그 프로그램을 기계가 스스로 만들 수 있습니다. 특정한 데이터와 함께 그 데이터로 인해 나타나는 결과를 같이 넣어주면 기계가 그 관계를 찾아냅니다. 기계가 스스로 관계를 찾아내므로 예전처럼 사람이 직접 프로그래밍할 필요가 없어졌습니다. 이와 같이 기계가 스스로 프로그램을 만드는 것, 이것을 가리켜 '기계가 학습한다'고 보는 것이지요. 그리고 그 학습 재료가 바로 데이터이므로 오늘날 데이터의 중요성 또한 상당히 강조되고 있습니다. 그래서 데이터를 다른 말로 '인공지능 시대의 석유'라고도 하지요.

3 딥러닝이 머신러닝인가요?

인공지능을 머릿속에 떠올리면 가장 먼저 무엇이 생각나나요? 이세돌 9단과의 대국에서 승리를 거둔 후 발전에 발전을 거듭한 알파고가 떠오르나요? 아니면 사람의 도움 없이 스스로 운전하며 장애물을 피하는 자율주행 자동차가 떠오르나요?

어쩌면 '딥러닝'이라는 글자가 떠오르신 분도 있을 것입니다. 최근 인공지능을 개발하는 도구로 가장 많이 거론되는 기술이 바로 딥러닝입니다. 앞에서 인공지능을 만들 수 있는 방법이 바로 머신러닝이라고 살펴봤는데요. 딥러닝 또한 인공지능을 만드는 방법 중 하나입니다. 그렇다면 딥러닝을 머신러닝이라고 할 수 있을까요?

네, 그렇습니다. 딥러닝도 데이터를 재료로 인공지능을 만듭니다. 그렇기 때문에 '딥러닝을 머신러닝'이라고 할 수 있습니다. 하지만 '머신러닝은 딥러닝이다'라고 단정 지을 수는 없습니다.

머신러닝은 인공지능을 만들 때 수많은 데이터를 사용하여 기계가 스스로 학습하는 방법입니다. 그리고 이 방법에는 수많은 기법들이 있는데 그중 하나가 딥러닝이죠.

최근 우리의 이목을 끄는 유명한 인공지능들은 대부분 딥러닝 기법을 사용해서 만들어졌습니다. 그렇기 때문에 '딥러닝이 곧 인공지능'이라고 오해하는 사람들이 많습니다. 하지만 딥러닝은 인공지능을 만드는 방법 중 하나입니다. 인공지능을 만드는 방법에는 딥러닝 이외에도 다양한 기법들이 사용되고 있다는 것을 꼭 기억해 두세요.

UNIT 02 머신러닝의 학습 방법 살펴보기

ARTIFICIAL INTELLIGENCE FOR EVERYONE

여러분은 유튜브, 아마존, 네이버, 넷플릭스 등에서 여러분의 취향과 관심에 맞는 콘텐츠를 추천받아 본 경험이 있나요?

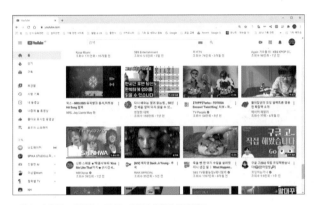

그림 2-1 | 유튜브, 넷플릭스 등 알고리즘이 추천해 준 콘텐츠

최근 인공지능을 사용한 콘텐츠 추천에는 머신러닝 기법이 많이 사용됩니다. 물론 이 머신러닝 기법 중 딥러닝 기법을 사용하여 만든 인공지능도 있죠. 앞에서도 말했듯이 딥러닝은 다양한 머신러닝의 기법 중 하나입니다. 이 말은 곧 머신러닝에는 여러 기법이 있다는 말입니다.

머신러닝은 데이터를 사용하여 스스로 학습합니다. 그리고 머신러닝의 학습 방법에 따라 머신러닝 기법을 크게 지도 학습, 비지도 학습, 강화 학습 이렇게 세 가지로 구분할 수 있습니다.

> **TIP** 머신러닝의 기법을 모두 설명하는 것은 이 책의 범위에서 벗어납니다. 따라서 이 책을 살펴보고 머신러닝의 다양한 기법이 궁금한 사람은 《머신러닝 교과서 with 파이썬, 사이킷런, 텐서플로(길벗, 2019)》와 같은 책을 살펴보세요.

1 지도 학습

■ 지도 학습 의미 살펴보기

지도 학습이라고 하니 뭔가 어색하죠? 바로 단어의 뜻이 와닿지 않아서일 것입니다. 그렇다면 단어의 뜻을 먼저 알아보겠습니다.

'지도'는 어떤 목적이나 방향으로 남을 가르쳐 이끈다는 의미입니다. 즉, 지도 학습은 인공지능을 누군가가 직접 가르치고 이끄는 학습 방법입니다. 그렇다면 누가 어떻게 인공지능을 가르치는 것일까요?

그림 2-2 | 지도 학습은 정답 데이터로 가르치는 것

인공지능은 처음부터 강아지와 고양이, 암과 암이 아닌 것을 구별할 수 있을까요? 그렇지 않습니다. 처음 상태의 인공지능은 마치 어린아이와 같아서 아무것도 알지 못합니다. 그렇기 때문에 이러한 인공지능에게 "이것이 사과니? 배니?" 하고 물어도 정확히 대답할 수 없습니다.

그림 2-3 | 감독자의 입장에서 인공지능을 학습시키는 지도 학습

그림 2-3과 같이 인공지능이 사과를 학습할 때 사과 사진을 보여주며 "이것은 사과야."라고 말해 주고, 배를 학습할 때 배 사진을 보여주며 "이것은 배야."라고 말해 줍니다. 이렇게 인공지능이 어떤 사진으로 학습할 때 학습하는 하나하나에 대해 감독자의 입장에서 학습시키는 것을 바로 지도 학습이라고 합니다.

그렇다면 이런 감독을 사람이 하는 것일까요? 그렇지 않습니다. 지도 학습은 머신러닝의 학습 방법 중 하나이기 때문에 인공지능이 데이터를 보고 스스로 학습합니다. 여기서 감독자는 데이터 그 자체입니다. 지도 학습은 데이터 중에서도 정답이 있는 데이터를 이용하여 학습합니다. 이 점이 다른 학습 방법과의 가장 큰 차이점입니다.

그렇다면 데이터인데 정답이 있는 데이터란 무엇을 의미하는 것일까요? 데이터의 모습을 살펴보면 그 안에 정답이 들어 있습니다. 바로 레이블이라는 이름으로 말이죠.

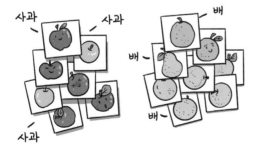

그림 2-4 | 데이터의 정답: 레이블

이때 사과 사진과 배 사진은 서로 다른 수많은 종류의 사진이지만, 사과와 배라는 '이름'은 일정합니다. 이 이름을 전문 용어로 **레이블**(Label)이라고 부릅니다. 그리고 이 레이블이 바로 데이터의 정답을 의미합니다. 사과 사진과 배 사진이 각각 무엇을 의미하는지 데이터만 보고도 알 수 있게 해주기 때문입니다.

이제 이러한 형태의 데이터를 인공지능에 입력하여 학습시키면 인공지능은 여러 장의 사과 사진을 보며 사과만의 특성을 찾아내고, 여러 장의 배 사진을 보며 배만의 특성을 찾아냅니다. 이렇게 수많은 데이터를 사용하여 학습한 인공지능에게 새로운 사진을 보여주며 "이것이 사과야? 배야?"라고 물으면 인공지능은 학습한 내용을 바탕으로 답을 말할 수 있습니다.

지금부터 이러한 지도 학습이 어디에 사용되는지 살펴보겠습니다.

■ 지도 학습 사례 살펴보기1 – 분류

먼저 지도 학습은 분류(classification)에 사용됩니다. 지도 학습은 정답이 있는 데이터, 즉 레이블이 있는 데이터를 사용하여 인공지능 학습을 진행합니다. 그러므로 레이블 개수에 따라 분류할 수 있습니다.

그중 두 가지를 구분할 수 있는 분류, 예를 들어 스팸 메일인지, 일반 메일인지를 구별하는 분류, 혹은 병원에서 환자의 폐 사진을 찍은 CT 사진에서 암이 보이는지 아닌지 구별하는 분류를 **이진 분류**(binary classification)라고 합니다.

그리고 두 가지가 아닌 경우, 예를 들어 다양한 새의 종류나 붓꽃(Iris)의 종류 혹은 지폐의 종류와 같이 여러 개 중 하나를 구별해 내는 분류를 **다중 분류**(multiclass classification)라고 합니다.

그림 2-5 | 다중 분류의 예시

이와 같은 분류는 데이터의 정답 개수에 따라 그 종류가 결정됩니다. 즉, 어떤 데이터는 여러 성질들이 있는데 그 성질들이 2가지 답으로 나타난다면, 그 데이터를 사용하여 이진 분류를 할 수 있습니다. 그리고 여러 성질들이 3가지 이상 답으로 나타난다면 그 데이터로 지도 학습을 사용하여 다중 분류가 가능한 인공지능을 개발할 수 있지요.

▪ 지도 학습 사례 살펴보기2 − 회귀

다음으로 지도 학습은 회귀(regression)에 사용됩니다. 회귀란 연속적인 값을 예측하는 것입니다. 일상 생활에서 연속적인 값을 예측하는 문제는 아주 다양합니다. 예를 들어 주식을 예측하는 문제, 학생의 성적을 예측하는 문제, 집값을 예측하는 문제, 물건의 가격을 예측하는 문제와 같이 말이죠.

이와 같이 연속적인 값을 예측하는 문제는 분류와는 분명히 다릅니다. 분류는 특정한 값, 즉 데이터의 정답 개수(레이블의 수)에 따라 분류하는 가짓수가 결정됩니다. 하지만 예측은 그렇지 않습니다. 특정한 값만 예측할 수 있는 것이 아니라 다양한 값을 예측할 수 있습니다.

예를 들어서 집값을 예측하는 문제를 살펴볼까요? 미국 보스톤의 집값을 예측하는 데 사용할 수 있는 데이터가 있습니다. 이 데이터는 총 13가지 특징 데이터가 있으며, 그 특징 데이터에는 집에 있는 방의 개수, 범죄율, 고속도로 접근성, 재산세율, 교사/학생 비율 같은 내용이 있습니다. 그리고 각 데이터의 정답 또한 들어 있는데, 바로 그 집값(가격)입니다.

표 2-1 | 미국 보스톤 집값 데이터

	방의 개수	범죄율	고속도로 접근성	...	가격(단위 $1,000)
1	3	0.0025	0.54	...	42
2	2	0.0035	0.74	...	40
3	4	0.0032	0.24	...	15
4	3	0.0006	0.91	...	52
5	...	...	...	...	...

이와 같이 데이터로 집값을 예측하는 인공지능을 만들 수 있습니다. 앞에서 살펴본 것처럼 암이냐, 암이 아니냐와 같이 특정한 상황 중 하나의 상황을 정하는 것이 아니라, 특정한 범위의 집값과 같이 연속된 값들 중에 특정한 하나의 값을 예측하는 것이죠.

2 비지도 학습

■ 비지도 학습 의미 살펴보기

비지도 학습은 지도 학습이 아닌 학습을 의미합니다. 비지도 학습의 영문명은 unsupervised learning입니다. 지도 학습이 supervised learning인데 반대를 의미하는 접두사 un이 결합된 단어지요.

지도 학습은 정답이 있는 데이터를 사용하여 인공지능을 학습시켰지만, 비지도 학습은 정답이 있는 데이터가 아닌, 정답이 없는 데이터를 사용합니다. 그렇다면 비지도 학습에서의 인공지능은 어떻게 학습하는 것일까요?

인공지능이 사과와 배를 학습한다고 생각해 봅시다. 여기서 달라지는 것은 바로 무엇이 사과 사진이며, 무엇이 배 사진인지 정답을 알려주지 않는다는 것입니다.

인공지능이 무엇이 사과인지, 배인지 알 수 없기 때문에 사과와 배를 정확하게 구분하라고 할 수는 없습니다. 그 대신 인공지능에게 수많은 사진을 보여주고 그것을 2개로 나누어 보라고 하면 인공지능은 여러 사진을 비교하며 스스로 형태를 나눕니다. 대상의 특징을 살펴보고 스스로 그 특징에 따라 구분해 나가는 것입니다. 이때 인공지능은 높은 확률로 사과는 사과대로, 배는 배대로 구분해 나갑니다. 하지만 정답이 없기 때문에 무엇이 사과인지, 무엇이 배인지는 결코 알지 못하죠.

만약 사과와 배 사진으로 2개가 아니라 3~4개로 구분하라고 한다면 어떻게 될까요? 아마 사과와 배의 품종별로 구분될 수도 있겠죠? 이처럼 정답이 없는 데이터에서 그 데이터의 특징을 찾아서 스스로 구분해 나갑니다. 이렇게 구분해 나가면 새로운 데이터가 들어왔을 때 그 데이터가 어떤 그룹에 속하는지 스스로 판단할 수 있습니다. 정답이 없는 데이터를 사용해서 스스로 판단할 수 있는 지능을 가지게 되는 것이죠.

그림 2-6 | 데이터를 보고 스스로 구분하는 비지도 학습

이러한 비지도 학습은 지도 학습을 보완해 주는 중요한 역할을 합니다. 지도 학습이 가능한 상황은 모범 답안, 즉 데이터의 정답(레이블)이 있을 때입니다. 만약 미지의 상황, 즉 모범 답안이 없는 상황에서는 지도 학습을 사용할 수 없습니다. 그리고 현실의 여러 문제를 분류하는 문제에서는 답이 없는 경우가 더 많기 때문에 이러한 상황에서 비지도 학습은 아주 유용하게 사용됩니다.

예를 들어 사진에서 사람의 얼굴을 판별하여 사람별로 사진을 정리해 주는 인공지능을 살펴봅시다. 이 인공지능은 처음에는 각 사람의 얼굴 특징을 바탕으로 사람들을 구별해 나갑니다. 왜냐하면 누가 누구인지 정답이 없기 때문입니다. 이럴 때는 비지도 학습 방식을 사용합니다. 누가 누구인지 지도해 주는 사람이 없어도 얼굴 특징만을 바탕으로 구별하는 것이죠. 즉, 지도 학습이 정답이 있는 데이터로 학습한다면, 비지도 학습은 정답이 없는 데이터로 학습하는 방식입니다.

다음으로 이러한 비지도 학습이 어디에 사용되는지 살펴보겠습니다.

■ 비지도 학습 사례 살펴보기1 – 군집화

정답이 없는 데이터를 사용하여 인공지능을 만드는 비지도 학습 방식으로 어떠한 인공지능을 만들 수 있을까요? 바로 데이터를 여러 그룹으로 묶는 군집화(clustering)를 할 수 있습니다. 그리고 데이터의 여러 특징들을 살펴보고, 가장 대표적인 특징만 뽑아내는 차원 축소를 할 수 있습니다(차원 축소는 뒤에서 설명합니다).

먼저 군집화를 살펴볼 텐데요. 인기 유튜브 콘텐츠를 보다 보면 종종 이런 댓글들을 보게 됩니다.

> "알 수 없는 알고리즘이 나를 이곳으로 데려왔다."

누군가 유튜브 추천 영상을 보고 단 댓글입니다. 유튜브뿐만 아니라 오늘날 추천 시스템 (recommender system)은 다양한 곳에서 사용됩니다. 동영상 스트리밍 사이트인 넷플릭스나 인터넷 상거래 기업인 아마존 그리고 네이버나 카카오 같은 기업에서도 수요자에게 알맞은 콘텐츠를 제공하기 위해 다양한 알고리즘을 사용합니다.

그리고 이러한 알고리즘에 인공지능을 사용합니다. 물론 각 기업에서 어떠한 인공지능 알고리즘을 사용하는지 구체적으로 밝히지는 않았지만, 사람들의 특징을 구분할 때 비지도 학습을 주로 사용합니다.

앞에서 비지도 학습은 정답이 없는 데이터를 사용하는 방법이라고 하였습니다. 세상의 다양한 데이터에는 정답이 있는 데이터보다 정답이 없는 데이터가 많기 때문에 이러한 데이터를 적절하게 사용하는 것이 중요합니다.

다양한 사람들이 물건들을 구매한 내역을 보고 그 사람들을 여러 그룹으로 만들 수 있습니다. 이때 그룹을 만드는 기준을 사람이 알고리즘을 만들어서 나눌 수 있지만, 비지도 학습을 사용하면 데이터의 특징으로 스스로 판단해서 몇 개의 그룹으로 나눌 수 있습니다.

이와 같이 비지도 학습을 사용하면 데이터를 다양한 그룹으로 만들 수 있습니다. 이렇게 만들어진 그룹을 군집(cluster)이라고 합니다. 그리고 다양한 그룹으로 만드는 과정을 군집화라고 합니다.

그림 2-7 | 군집화 예시

이러한 군집화를 어떻게 사용할까요? 물건을 구매한 내역을 바탕으로 그룹을 만들면 새로운 사람에 대한 상품을 추천해 줄 수 있습니다. 새로운 사람에 대해 물건을 추천해 주기 위해서는 그 사람이 어떤 그룹과 유사한 소비패턴을 가졌는지 살펴보면 됩니다. 기존에 비지도 학습 방식으로 그룹을 만들었으면, 이 모델에 새로운 사람이 구매한 데이터를 넣어볼 수 있습니다. 그럼 그 모델은 새로운 사람이 그룹 A, B, C 중 어디에 속하는지 알려줄 수 있습니다. 예를 들어 B 그룹으로 분류하였다고 생각해 봅시다. 그렇다면 B 그룹 사람들이 왔을 때, 그룹 사람들이 이전에 어떤 물건을 구매하였는지를 확인해 새로운 사람에게 이를 추천하는 시스템을 만들 수 있습니다.

이 방식이 바로 우리가 자주 볼 수 있는 추천 시스템의 원리입니다.

■ 비지도 학습 사례 살펴보기2 - 차원 축소

다음으로, 비지도 학습을 사용하면 차원 축소(dimensionality reduction)를 할 수 있습니다. 여기에서 말하는 차원이란 바로 데이터의 특징을 의미합니다. 데이터의 특징을 전문 용어로 피처(feature)라고 합니다. 지도 학습에서 예로 들었던 집값을 예측하기 위해 필요한 데이터들이 각각의 피처들인 것이죠.

다음 그림과 같이 집값을 예측하는 상황이라고 가정해 봅시다. 방의 개수, 범죄율, 고속도로 접근성, 편의시설, 가격 등 집을 선택하는 데 작용하는 데이터는 여러 종류가 있습니다. 모든 조건(데이터)을 고려할 수 없으므로 이 중에서 몇 가지 특징만으로 좁혀 나갑니다. 이를 "데이터의 피처를 줄인다."라고 표현합니다.

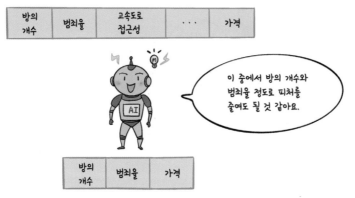

그림 2-8 | 집값을 예측하기 위한 데이터의 피처를 줄이는 과정

이러한 데이터의 특징들이 많으면 좋지만 그 수가 컴퓨터가 처리하기 힘들 정도로 많거나 의미 없는 데이터가 있다면 그것을 굳이 모두 분석할 필요는 없습니다.

이러한 상황에서 비지도 학습을 사용하여 데이터의 특징들을 줄여줍니다. 바로 데이터의 피처를 줄이는 것이라고 볼 수 있습니다. 비지도 학습을 사용하여 데이터를 가장 잘 표현할 데이터의 피처를 찾아주기 때문에 데이터를 더욱 효율적으로 사용할 수 있죠.

 3   강화 학습

■ 강화 학습 의미 살펴보기

우리가 지도 학습과 비지도 학습을 알아볼 때 '지도'라는 단어의 뜻을 가장 먼저 살펴봤죠? 이번에도 단어의 뜻을 먼저 알아봅시다. 강화 학습에서 사용하는 '강화'라는 단어는 어떤 것의 수준이나 정도를 높인다는 뜻입니다.

도대체 무엇의 수준이나 정도를 높인다는 의미일까요? 바로 인공지능의 수준을 높인다는 말입니다. 그 수준을 높이기 위해서 사용하는 것이 바로 시행착오입니다. 시행착오는 우리 삶에서도 자주 살펴볼 수 있습니다.

여러분은 오락실이 무엇인지 알고 있나요? 요즘에는 게임을 컴퓨터에 설치해서 손쉽게 할 수 있습니다. 그래서 집에서 게임하거나 PC방에서 게임할 수 있습니다. 하지만 80~90년대에는 컴퓨터가 비싸고 귀했던 시절이기 때문에 개인이 컴퓨터에 게임을 설치하기란 쉽지 않았습니다. 오락실에 가야만 비디오 게임을 할 수 있는 오락기들이 있었고 그 오락기에 100원을 넣고 한 번씩 게임할 수 있었죠.

오락실에 가면 승부욕이 발동한 친구들을 볼 수 있습니다. 그 친구들의 준비물이 무엇이었을까요? 바로 게임이 끝났을 때 다시 시작할 수 있는 마법과도 같은 존재, 바로 돈이었습니다.

다른 것도 마찬가지이지만 게임도 하다 보면 실력이 늘게 됩니다. 바로 시행착오를 거치면서 게임 방법을 알게 되기 때문입니다. 그럼 어떠한 과정을 통해 게임을 잘하게 되는지 자세히 살펴봅시다.

오락실에서 유행한 게임 중 〈슈퍼 마리오〉라는 게임이 있습니다. 슈퍼 마리오는 마리오를 움직여서 여러 장애물을 피하고 적들을 물리쳐서 제한 시간 안에 목표 지점까지 가야 이기는 게임입니다.

그림 2-9 | 슈퍼 마리오 게임 (출처: 슈퍼 마리오)

처음에 아무런 정보 없이 슈퍼 마리오를 시작하면 금방 게임이 끝나버릴 것입니다. 어떻게 적을 물리쳐야 하는지, 장애물은 어떻게 피하는지를 잘 모르기 때문이죠. 하지만 게임을 한 번, 두 번 하다 보면 어떻게 하는지 그 방법을 차차 알게 됩니다.

슈퍼 마리오를 게임해 본 분은 알겠지만 상자를 두드리면 버섯이 나옵니다. 그 버섯을 먹으면 몸집이 아주 커지죠. 적에 닿아도 죽지 않는, 말 그대로 '슈퍼' 마리오입니다. 게임을 계속 하다 보면 이렇게 슈퍼 마리오가 되는 방법 또한 자연스럽게 익히게 됩니다. 하지만 처음에는 슈퍼 마리오가 될 수 있는 버섯이 어디에 있는지 전혀 알지 못하겠죠? 하지만 게임을 하다가 어떤 상자에 들어 있을지 계속 시도하고 여러 번 죽기도 하는 시행착오 속에서 게임하는 방법을 배워 나갑니다.

게임하다 보면 절벽 장애물을 만날 때도 있습니다. 이 절벽 장애물을 점프하지 않고 그냥 지나간다면 절벽으로 떨어져서 목숨을 하나 잃게 되죠. 목숨을 잃지 않으려면 다음부터는 절벽이 나오면 점프해야 합니다.

이렇게 게임 방법을 배우는 과정은 비단 슈퍼 마리오에서만 적용되는 것은 아닙니다. 게임 영역 밖에서도 일어나는 인간의 자연스러운 학습 과정입니다.

인간이 생각하는 방법을 모방한 인공지능에서도 이러한 시행착오 속에서의 학습을 적용하고 있습니다. 시행착오를 거쳐 학습하는 방법, 이것이 바로 강화 학습입니다.

■ 강화 학습 사례 살펴보기

강화 학습을 위해서는 달성하려는 목표가 필요합니다. 그리고 그 목표를 이루기 위한 상이 필요합니다. 이 두 조건이 있으면 강화 학습 방식의 인공지능은 스스로 자신에게 상을 주며 목표를 이루어 갑니다.

혹시 여러분은 아타리(Atari)라는 벽돌 깨기 게임을 아시나요? 먼저 다음 QR 코드를 찍어 영상을 참고해 보세요.

이 강화 학습 방법은 예전부터 연구된 기술이지만 딥러닝과 만나면서 그 잠재력이 폭발하게 되었습니다. 강화 학습과 딥러닝의 극적인 만남을 이룬 기업이 바로 알파고를 만든 딥마인드(DeepMind)입니다.

딥마인드에서는 알파고를 만들기 전에 자신들이 제작한 딥러닝 기반 강화 학습 기법이 잘 되는지 확인하기 위해 벽돌 깨기 게임을 인공지능에게 학습시킵니다.

벽돌 깨기 게임의 방법은 간단합니다. 좌우로 움직일 수 있는 바(bar)를 사용하여 공을 튀겨 위쪽에 있는 벽돌을 모두 깨는 것입니다. 벽돌을 모두 깨면 승리하고, 공을 모두 떨어트리면 지는 규칙입니다.

처음 인공지능을 훈련시킬 때만 하더라도 인공지능이 공을 따라가지 못하여 금방 게임이 끝났습니다. 하지만 10분, 30분, 200분 이상 계속 게임하면서 시행착오를 많이 거쳤습니다. 그 결과, 학습한 인공지능이 사람은 도저히 따라갈 수 없는 속도와 정확도로 게임을 진행하게 되었습니다.

벽돌 깨기 고수들은 어떤 식으로 게임을 진행할까요? 바로 공을 벽돌 위로 올리는 것입니다. 그러면 공을 튀길 필요가 없습니다. 공이 알아서 위쪽에 있는 벽돌을 충분히 깨고 내려오기 때문이죠. 강화 학습으로 벽돌 깨기를 학습시킨 인공지능은 바로 이런 게임 고수들이 하는 것과 같은 방식을 사용합니다.

간단한 게임에서 강화 학습의 가능성을 확인한 딥마인드는 이제 바둑으로 눈을 돌립니다. 그 결과가 바로 알파고입니다. 알파고는 바둑을 학습한 인공지능이었습니다.

딥마인드는 알파고에게 프로 바둑기사의 기보를 바탕으로 바둑을 두는 방법을 알려주었습니다. 그다음에는 알파고끼리 서로 대결을 벌였습니다. 대결이 진행되면 진행될수록 어떻게 하면 이길 수 있는지 스스로 학습을 진행하였습니다.

이제 강화 학습은 게임과 바둑을 넘어 다양한 분야로 적용되고 있습니다. 자율주행 자동차, 인공지능 로봇 등으로 확대되고 있는 강화 학습은 앞으로 우리 사회를 크게 바꿀 중요한 학습 방법입니다.

강화 학습을 사용한 사례 중 흥미로운 사례를 소개해 드리겠습니다. 다음 QR 코드에서 직접 확인해 보세요.

QR 코드 속 영상은 사람과 같은 모양의 인공지능 모델 더미가 걸어다니는 모습입니다. 연구진은 더미에게 걷는 방법을 직접 알려주지 않았습니다. 더미의 무게 중심이 어떠할 때 넘어지는지에 대한 정보를 입력한 후 더미에게 넘어지지 말라는 명령만 하였죠. 그리고 다양한 환경을 제시하였을 뿐입니다.

더미는 과연 어떻게 되었을까요? 영상에서 확인할 수 있듯이 마치 사람이 걷는 것처럼 움직이기 시작하였습니다. 하지만 사람이 움직이는 대로 멋지게만 움직인 것은 아닙니다. 한쪽 팔을 우스꽝스럽게 들고 뛰어가거나 위태롭게 장애물을 건너는 모습 또한 보여주었죠. 연구진들은 이 실험을 통해 사람의 모습을 닮은 로봇인 안드로이드가 어떻게 걷고 뛰어야 하는지 강화 학습으로 스스로 학습하는 모습을 보여주었습니다.

UNIT 03 인공지능 체험하기

ARTIFICIAL INTELLIGENCE FOR EVERYONE

우리의 목표는 인공지능을 만들어 보는 것입니다. 인공지능을 만들려면 기본적인 프로그래밍 능력과 인공지능에 관한 어느 정도의 배경지식이 필요합니다. 프로그래머가 아니라면 갑자기 이 모든 것을 배우기가 쉬운 일이 아니지요. 하지만 이번 장에서 소개할 도구를 사용하면 인공지능이 어떤 방식으로 만들어지는지 누구나 간단하게 체험해 볼 수 있습니다.

1 티처블 머신 체험하기

먼저 머신러닝의 지도 학습 방법으로 인공지능을 만들어 보는 과정을 체험해 보겠습니다. 체험 도구는 티처블 머신(Teachable Machine)입니다. 티처블 머신은 구글에서 개발한 인공지능 개발 체험 도구로, 쉽고 간단하게 인공지능을 만들 수 있습니다.

잠깐만요

티처블 머신을 사용하려면 컴퓨터와 연결된 웹캠(카메라)이 필요해요!
이 실습을 진행하려면 웹캠이 필요합니다. 그리고 태블릿이나 스마트폰이 아닌 데스크톱 또는 노트북이 필요하답니다. 티처블 머신은 PC용 웹 브라우저에서 인공지능을 만들기 때문입니다.
내 컴퓨터에 웹캠이 있는지 알 수 있는 가장 빠른 방법은 모니터에 작은 카메라 렌즈가 있는지 보는 것입니다. 또 다른 방법은 윈도우 작업표시줄의 검색 창에서 '카메라'라고 검색하여 Enter 를 눌러 보는 것입니다. 카메라 앱이 실행되면 웹캠이 있는 것입니다.

요즘 나오는 노트북이나 태블릿에는 웹캠이 기본적으로 내장되어 있지만, 사용하는 컴퓨터가 데스크톱 PC 나 슬림형 PC라면 웹캠이 있는지 꼭 확인해 보세요. 만약 웹캠이 없을 경우 11번가, 옥션, G마켓, 쿠팡, 위메 프 같은 인터넷 쇼핑몰에서 '웹캠'으로 검색해서 원하는 것을 구입하면 된답니다. 요즘은 웹캠의 성능이 매 우 우수해서 1~3만원대 제품을 사용하면 충분합니다.

티처블 머신은 머신러닝의 학습 방법 중 지도 학습 방법을 사용합니다. 티처블 머신의 이미지 인식 기능을 사용하여 수신호를 구별하는 인공지능을 만들어 보겠습니다. 사용할 수신호는 스쿠버 다이빙에서 사용하는 수신호입니다. 스쿠버 다이빙을 할 때는 주변 사람들과 의사소통하기 위해서 다음과 같은 수신호를 사용합니다.

그림 3-1 | 스쿠버 다이빙에서 사용하는 수신호

그럼 지금부터 이 수신호를 인식할 수 있는 인공지능을 만들어 보겠습니다.

1 티처블 머신 홈페이지에 접속한 후 **Get Started**를 클릭합니다.

- https://teachablemachine.withgoogle.com/

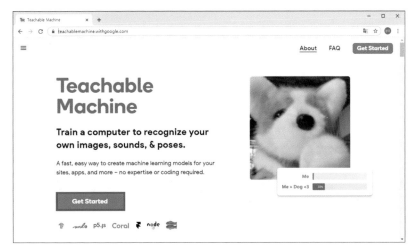

그림 3-2 | 티처블 머신 홈페이지에서 Get Started 클릭

> **TIP** 티처블 머신은 크롬 브라우저에 최적화되어 있으므로 티처블 머신을 사용할 때는 크롬 브라우저를 사용할 것을 권장합니다.

2 **Image Project**를 클릭합니다.

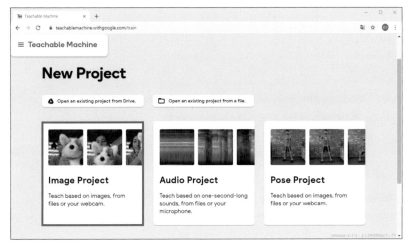

그림 3-3 | Image Project 클릭

3 총 4개의 수신호와 배경을 구분하는 인공지능을 만들기 위해, 하단에 있는 **Add a class**를 3회 클릭하여 **Class 1~Class 5**까지 총 5개의 레이블을 만듭니다.

그림 3-4 | Add a class 클릭

그림 3-5 | Class 1~Class 5까지 총 5개의 레이블 만들기

 잠깐만요

티처블 머신은 머신러닝의 학습 방법 중 지도 학습 방법을 사용합니다.
지도 학습은 정답이 있는 데이터로 학습하는 것입니다. 따라서 티처블 머신에서 인공지능 모델을 만들 때 데이터의 정답을 의미하는 레이블을 넣어야 합니다.

4 Class 1에 **Go Up**('위로 올라가자'라는 의미)을 입력합니다. 그리고 **웹캠 아이콘**(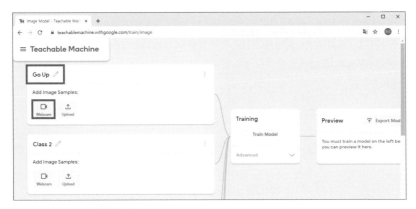)을 클릭합니다.

그림 3-6 | Go Up 입력 후 웹캠 클릭

5 웹캠이 실행되면 **Hold to Record** 버튼을 눌러 사진 데이터를 넣습니다. 다음과 같이 Go Up 모양의 손동작을 만든 후 웹캠에 잘 나오도록 자리를 잡아 보세요. 여러 장의 사진 데이터를 넣으려면 **Hold to Record** 버튼을 2~3초간 누르고 있으면 됩니다. 이것이 바로 Go Up 레이블에 해당하는 데이터를 생성하는 과정입니다.

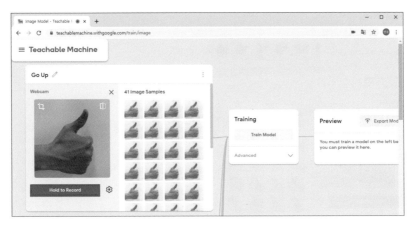

그림 3-7 | Go Up 모양의 사진 데이터 입력

잠깐만요

인공지능의 인식률을 높이려면 어떻게 해야 하나요?

인공지능이 손동작을 잘 인식하려면 입력하는 이미지의 개수가 많으면 됩니다. 하지만 너무 많이 넣을 경우 인공지능이 학습하는 데 시간이 오래 걸릴 수 있습니다. 그리고 손모양을 만들 때, 앞에서 본 손모양뿐만 아니라 옆에서 본 손모양 등 다양한 방향에서 본 사진 데이터를 넣으면 인식률이 더 높아집니다.

6 이번에는 Class 2에 **Go Down**('아래로 내려가자'라는 의미)을 입력하고 **웹캠 아이콘**(🔲)을 눌러 해당하는 손동작 사진을 넣어줍니다.

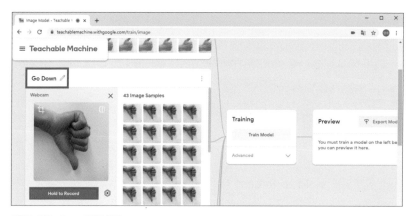

그림 3-8 | Go Down 데이터 입력

7 Class 3에 **Stop**('멈춰'라는 의미)을 넣고 같은 방식으로 사진을 넣어줍니다.

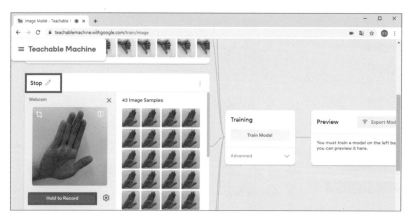

그림 3-9 | Stop 데이터 입력

8 Class 4에 **OK**('괜찮아'라는 의미)를 넣고 같은 방식으로 사진을 넣어줍니다.

그림 3-10 | OK 데이터 입력

9 마지막으로 Class 5에 **BG**를 입력하고 흰 배경 사진을 넣어줍니다. BG는 배경(BackGround)의 약자입니다.

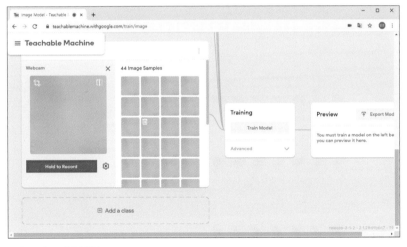

그림 3-11 | BG 데이터 입력

10 다음으로 인공지능 모델을 학습시키고자 **Train Model** 버튼을 클릭합니다. 티처블 머신이 각 레이블과 그에 해당하는 사진 데이터를 사용하여 학습을 시작합니다.

그림 3-12 | Train Model 버튼을 클릭

11 다음과 같이 화면이 바뀌며 인공지능이 학습을 시작합니다. 이때 창을 전환하면 학습이 이루어지지 않으니 유의하세요.

그림 3-13 | 인공지능 모델 학습 진행

Advanced는 무엇인가요?

Training 단계 아래쪽에 보면 학습을 설정할 수 있는 공간이 있습니다. Advanced를 클릭하면 다음과 같이 에포크(Epochs), 배치 사이즈 (Batch Size), 학습률(Learning Rate)을 설정할 수 있습니다. 이 값들은 인공지능을 학습시킬 때 사용하는 하이퍼파라미터 값입니다. 즉, 인공지능이 학습하는 방법을 변경할 수 있다고 이해하면 됩니다. 이에 관한 자세한 내용은 둘째 마당에서 본격적으로 딥러닝을 배울 때 설명하겠습니다.

책의 마지막 부분까지 살펴본 후 다시 터처블 머신을 체험해 보세요. 아는 만큼 보인다는 말이 딱 와닿을 것입니다.

12 자, 이제 Preview에서 모델의 성능을 확인해 봅시다. 웹캠에 손동작을 바로 인식시킨 후, 인공지능이 나의 손동작을 보고 Go Up인지, OK인지를 잘 인식하는지 확인해 봅시다. Go Up의 경우 100%의 확률로 인식했고, OK의 경우 99%의 확률로 인식했네요.

그림 3-14 | 인공지능 모델 성능 테스트

TIP 혹시 잘 인식하지 않는다면 앞으로 돌아가 사진 데이터를 더 추가한 후 다시 인공지능 모델을 학습시켜 보세요.

Export Model은 무엇인가요?

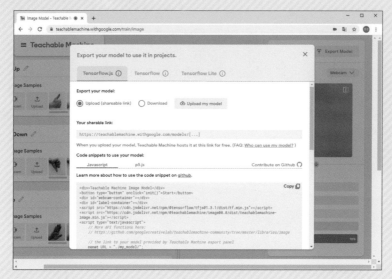

지금까지는 티처블 머신을 사용하여 인공지능을 학습시켰습니다. 하지만 이 모델을 내가 사용하고 싶은 곳에 사용하기 위해서는 이 모델을 다른 프로그램에 임베드(embed, '박다' 또는 '끼워넣다'는 의미)해야 합니다. 즉, 내가 만든 새로운 애플리케이션에 넣어야 하는 것이죠.

인공지능 모델 학습을 시킨 후 Export Model을 하면 이 작업을 할 수 있습니다. 티처블 머신에서 만든 모델은 텐서플로와 텐서플로js 그리고 텐서플로 lite에서 사용할 수 있습니다.

 2 **퀵 드로우 체험하기**

혹시 여러분은 그림 그리기를 좋아하나요? 누구나 한번쯤 종이에 이것저것 그림을 그려 본 경험이 있을 것입니다.

다음 그림은 무엇을 그린 것일까요?

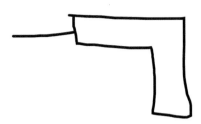

그림 3-15 | 무슨 그림일까?

정답은 드릴입니다. 드릴이 아닌 것 같나요? 하지만 인공지능은 이 그림을 드릴이라고 인식하였습니다.

여기 낙서를 인식할 수 있는 인공지능이 있습니다. 그 이름은 바로 **퀵 드로우**(Quick Draw)입니다. 퀵 드로우 역시 구글에서 인공지능을 재미있게 체험할 수 있도록 만든 사이트입니다. 한마디로 낙서를 열심히 공부한 인공지능이라고 보면 됩니다.

그렇다면 낙서를 어떻게 공부했을까요? 다음은 각기 다른 사람이 드릴을 그린 낙서 이미지입니다. 인공지능은 이러한 그림들의 특징, 다시 말하면 패턴을 찾아냅니다. 인공지능이 드릴 그림을 잘 학습하기 위해서는 무엇이 필요할까요? 아주 많은, 그리고 다양한 드릴 그림이 필요하겠지요.

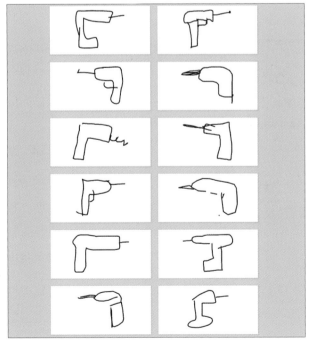

그림 3-16 | 다양한 드릴 그림 이미지

퀵 드로우는 드릴뿐만 아니라 아주 다양한 낙서를 학습하였습니다. 전 세계 사람들이 그린 낙서를 통해서죠. 그럼 지금부터 과연 퀵 드로우의 성능이 어느 정도인지 직접 살펴보겠습니다.

퀵 드로우를 살펴보면 머신러닝이 어떠한 방법으로 학습하였는지 어느 정도 알 수 있습니다. (앞에서 살펴본 머신러닝의 학습 방식에 따라 구분하자면) 바로 지도 학습 방법으로 학습하였습니다. 퀵 드로우가 학습한 데이터에는 정답인 레이블이 달려 있습니다. 다양한 사람들이 그린 드릴이라는 데이터에는 '드릴'이라는 이름의 특정한 레이블이 달려 있는 것처럼 말이죠. 이렇게 정답이 있는 데이터로 사람들이 그린 드릴의 특징을 인공지능이 스스로 학습하여 새롭게 들어오는 데이터 중 드릴의 모양과 비슷한 모양이 들어온다면 이것을 드릴로 인식할 수 있게 됩니다.

그럼 지금부터 퀵 드로우를 체험해 봅시다.

1   검색 창에 '퀵 드로우' 또는 'Quick Draw'라고 입력해서 퀵 드로우 홈페이지에 접속한 후 **시작하기** 버튼을 클릭합니다.

- https://quickdraw.withgoogle.com

그림 3-17 | 퀵 드로우 홈페이지 접속 후 시작하기 클릭

2 6개의 단어가 순서대로 제시됩니다. **알겠어요!**를 클릭한 후 내가 그리는 그림이 숟가락 이라는 것을 인공지능이 알아차릴 수 있게 그림을 그립니다.

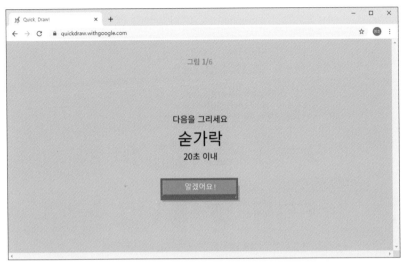

그림 3-18 | 알겠어요! 클릭

3 다음과 같이 그렸는데 인공지능이 '동그라미', '프라이팬', '열쇠'라고 하네요. 좀 더 자세히 그려 봅니다.

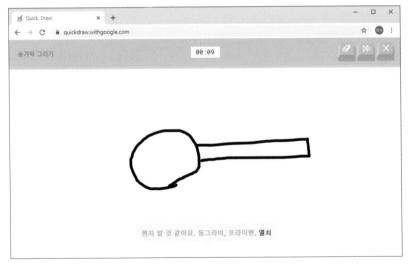

그림 3-19 | 그림 그리기

4 이와 같이 인공지능이 알아차릴 수 있도록 20초 안에 그림을 그리면 됩니다. 6개를 모두 그리면 다음과 같은 화면이 나타나면서 인공지능이 낙서를 몇 개 맞혔는지 알려줍니다.

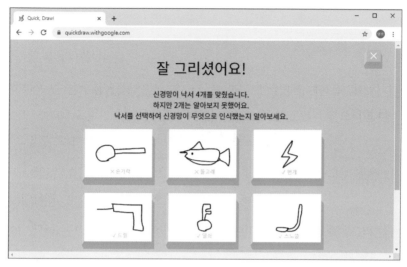

그림 3-20 | 내가 그린 그림을 맞히는 인공지능

5 여러분이 그린 낙서를 클릭하면 인공지능이 어떻게 답을 맞혔는지 나타납니다. 예를 들어 열쇠를 클릭했더니 인공지능(신경망)이 나의 낙서가 다른 사람이 그린 열쇠와 비슷했기 때문에 열쇠라고 생각했다고 말하네요.

그림 3-21 | 내 그림을 인공지능이 어떻게 맞혔는지 확인

> **TIP** 재밌지 않나요? 여러 다른 그림을 그려 퀵 드로우 인공지능이 얼마나 똑똑한지 확인해 보세요!

3 오토드로우 체험하기

오토드로우는 퀵 드로우와 비슷하지만, 이용자가 그린 그림을 인공지능을 통해 업그레이드 해 주는 기능을 제공합니다. 그림을 잘 그리지 못하는 사람이라도 대강의 모양만 그리면 멋진 그림을 만들 수 있으며, 제작한 그림을 다운로드해서 사용할 수도 있습니다.

오토드로우 역시 퀵 드로우와 같은 지도 학습 방법으로 학습한 인공지능을 사용합니다. 특히 오토드로우에서 인공지능을 만들기 위해 사용한 데이터의 이름은 바로 퀵 드로우 데이터셋(Quick Draw Dataset)입니다. 이 데이터는 Quick, Draw! 게임 플레이어가 제공한 345개의 카테고리(강아지, 고양이, 열쇠, 톱 등)에 해당하는 5천만 개의 그림 모음입니다. 이 그림은 사람들이 그린 순서에 따라 타임 스탬프가 찍힌 벡터 형식으로 캡처되어 사람들이 어떠한 순서로 그림을 그렸는지까지 알 수 있습니다. 심지어 퀵 드로우가 플레이어에게 무엇을 그리도록 요청했는지, 플레이어가 어느 국가에 있는지를 포함한 메타 데이터로 태그가 지정되었습니다.

이처럼 퀵 드로우 데이터셋을 사용하여 만든 오토드로우는 어떤 그림을 그리고 싶어하는지에 대한 사람들의 의도를 파악하고 그 의도에 해당하는 멋진 그림을 예시로 보여줍니다. 그럼 지금부터 오토드로우를 체험해 볼까요?

1 오토드로우 홈페이지에 접속해서 **Start Drawing**을 클릭합니다.

• https://www.autodraw.com

그림 3-22 | 오토드로우 홈페이지 접속

2 그림을 그릴 수 있는 입력 화면이 나타납니다.

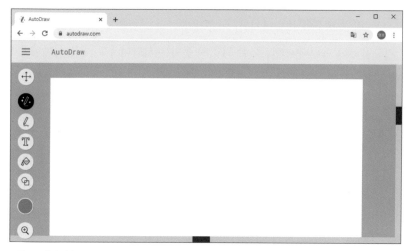

그림 3-23 | 빈 화면 표시

3 화면의 빈 여백에 단순한 그림을 그립니다. 여러분이 보기에 어떤 그림 같나요? 이렇게 간단히 그린 모습만으로도 인공지능은 내가 무슨 그림을 그리고 싶어하는지 파악할 수 있습니다.

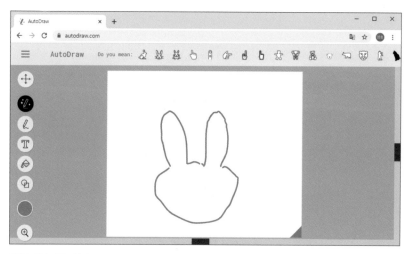

그림 3-24 | 그림 그리기

4 인공지능이 예측한 그림의 보기가 상단 메뉴에 나열됩니다.

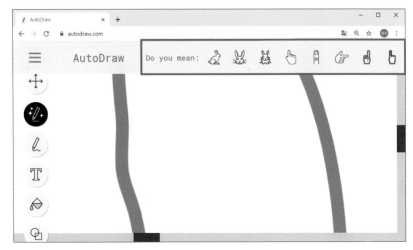

그림 3-25 | 인공지능이 예측한 그림 확인

5 원하는 그림을 찾아 클릭하면 멋진 그림으로 업그레이드됩니다.

그림 3-26 | 원하는 그림을 선택하면 그림 완성

6 왼쪽 편집 도구를 통해 제작된 그림의 색깔 변경, 글자 입력 등의 간단한 편집을 진행할 수 있습니다.

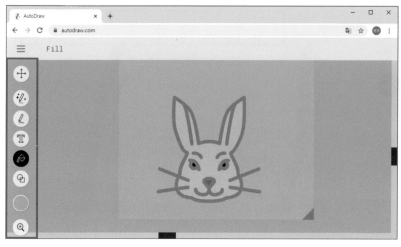

그림 3-27 | 그림 편집

7 선택한 그림을 다운로드할 수 있고 친구들과 공유할 수도 있습니다.

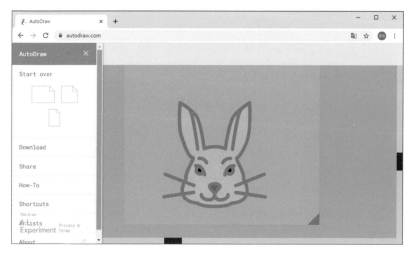

그림 3-28 | 다운로드 또는 공유 기능

지금까지 인공지능이란 무엇인지 살펴보고, 인공지능을 간단히 체험해 보았습니다. 지금까지가 인공지능 맛보기라면, 이제는 인공지능을 만드는 방법 중 하나인 딥러닝, 그리고 딥러닝의 기초가 되는 인공 신경망을 조금 더 깊이 있게 살펴볼 차례입니다. 사실 딥러닝과 인공 신경망을 제대로 공부하려면 다양한 배경지식이 필요합니다. 하지만 이 책의 목표는 딥러닝에 조금 더 쉽게 다가가는 것이므로 지금부터 쉽고 간단하게 딥러닝의 원리를 살펴보고, 직접 딥러닝을 만들어 보며 그 원리를 이해해 봅시다.

둘째
마당

딥러닝 이해하기

앞에서 인공지능이란 무엇인지, 머신러닝과 딥러닝이 어떤
관계인지 살펴봤습니다. 이 책의 목표는 딥러닝을 실제로 만
들어 보는 것입니다. 하지만 우리가 딥러닝의 원리를 잘 알지
못한다면, 수박 겉핥기처럼 무의미하게 프로그래밍 코드만
타이핑하는 결과가 나올 수 있습니다. 이번 장에서는 더욱더
의미 있는 딥러닝 모델 개발을 위해 딥러닝의 원리를 살펴보
겠습니다.

UNIT 04 딥러닝 원리 이해하기

ARTIFICIAL INTELLIGENCE FOR EVERYONE

딥러닝의 원리를 살펴볼 때 떼려야 뗄 수 없는 존재가 하나 있습니다. 바로 수학입니다. 딥러닝 모델 자체가 수식 계산의 결과이며, 오늘날 딥러닝이 발전할 수 있었던 이유 또한 컴퓨터의 성능, 즉 연산 장치의 성능이 좋아졌기 때문입니다.

그래서 다양한 딥러닝 책을 살펴보면 수식이 없는 책을 찾기가 어렵습니다. 수학으로 만든 딥러닝을 수학 없이 설명한다는 것은 그만큼 어렵고, 자칫하면 정확히 이해할 수 없기 때문입니다. 하지만 이 책에서는 딥러닝의 원리를 수학 없이 설명합니다. 곧 이 책을 통해 딥러닝의 원리를 대략 이해하는 것이 이 장의 목표입니다.

> **TIP** 이 장을 다 읽은 후 딥러닝의 자세한 원리가 궁금하다면 《모두의 딥러닝 개정 2판(길벗, 2020)》처럼 조금 더 수준 높은 책을 볼 것을 추천합니다.

1 딥러닝과 인공 신경망

인공지능이라고 하면 항상 이야기가 나오는 딥러닝, 이 딥러닝은 과연 무엇일까요? 앞에서 살펴봤듯이 생각할 수 있는 기계를 의미하는 인공지능을 만들기 위한 여러 방법이 있습니다. 그중 사람의 뇌에서 이루어지는 원리를 이용하여 인공지능을 만드는 방식이 바로 딥러닝입니다.

사실 딥러닝이라는 용어뿐만 아니라 뉴럴 네트워크(Neural Network), 즉, 신경망이라는 용어 또한 알아 둘 필요가 있습니다. 사람의 뇌는 여러 신경 세포, 특히 뉴런이라는 세포가 무수히 많이 얽혀 있습니다. 이를 신경망이라고 하죠.

인공 신경망(ANN, Artificial Neural Network)은 이러한 신경망을 사람들이 인공적으로 만든 것을 의미합니다. 신경망을 흉내 내 만들었듯이 인공 신경망은 뉴런이 서로 연결된 모습을 흉내 냈습니다.

인공 신경망에서는 신경망의 최소 구성 단위인 뉴런이 다른 뉴런과 연결된 모습을 각각의 층, 즉 레이어(layer)라는 개념을 사용하여 연결하고 있습니다.

인공 신경망의 모습을 볼까요?

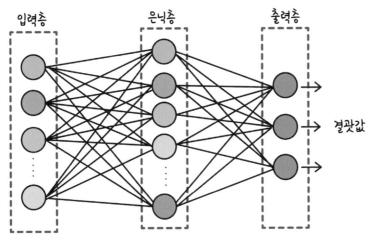

그림 4-1 | 입력층, 은닉층, 출력층으로 구성된 인공 신경망

가장 왼쪽에 있는 층이 입력층입니다. 바로 데이터를 입력받는 층입니다. 데이터(남자 혹은 여자의 사진)를 보고 남자와 여자로 구분할 수 있는 인공지능이 있다고 예를 들어봅시다. 이 때 인공지능에게 데이터를 넣는 곳이 바로 입력층입니다.

가장 오른쪽에 있는 층은 출력층입니다. 이 출력층에 어떠한 값이 전달되었냐에 따라 인공 지능의 예측 값이 결정됩니다. 입력된 데이터를 남자와 여자로 구분하는 인공지능은 출력층 이 남자, 여자 이렇게 두 개로 구성될 것입니다.

다음으로 가운데 있는 층이 은닉층입니다. 이 은닉층에서는 입력층에서 들어온 데이터가 여 러 신호로 바뀌어서 출력층까지 전달됩니다. 마치 우리 뇌의 뉴런이 신호를 전달하듯이 이 동하는 것이죠. 이때 연결된 여러 뉴런을 지날 때마다 신호 세기가 변경됩니다(이 내용은 뒤 에서 다시 설명합니다).

이때 은닉층이 1개만 있기보다 여러 층이 있다면 더 정확하게 출력층으로 신호를 전달할 수 있습니다. 이러한 신경망 모델 중에는 층이 1개인 모델도 있지만 여러 층을 쌓아서 만든 모델도 있습니다.

이와 같이 레이어가 한 층으로만 구성된 것이 아니라 여러 층, 다시 말해 깊은 층으로 구성된 인공 신경망을 **심층 신경망**(DNN, Deep Neural Network)이라고 부릅니다. 이 심층 신경망이 학습하는 과정을 바로 **딥러닝**(Deep Learning)이라고 하죠. 지금부터 딥러닝의 기초가 되는 인공 신경망의 구성 원리를 살펴보겠습니다.

 잠깐만요

인공 신경망의 역사

이러한 인공 신경망의 역사를 살펴보면 1943년까지 거슬러 올라갑니다. 맥컬럭(McCulloch, Warren S)과 피츠(Walter Pitts)는 〈A logical calculus of the ideas immanent in nervous activity〉라는 논문에서 뇌의 복잡한 신경 구조를 구현할 수 있다고 하였습니다. 그 후 15년 뒤 프랭크 로젠블러트(Frank Rosenblatt)는 그 유명한 퍼셉트론이라는 개념을 〈The perceptron: A probabilistic model for information storage and organization in the brain〉이라는 논문에서 발표합니다. 바로 이 퍼셉트론이 인공 신경망의 시초가 되는 개념이죠.

오늘날 사용하고 있는 딥러닝도 따지고 보면 퍼셉트론의 구조와 비슷합니다. 하지만 1958년에 발표한 퍼셉트론이 왜 오늘날이 되어서야 주목받는 것일까요? 퍼셉트론에 있던 여러 문제점을 해결할 방법을 찾았기 때문입니다. 1969년 마빈 민스키(Marvin Minsky)와 새뮤엘 페퍼트(Seymour Papert)가 〈Perceptrons: an introduction to computational geometry〉라는 논문을 통해 퍼셉트론의 치명적인 약점을 찾아내었습니다. 하지만 연구자들은 거기에서 멈추지 않고 1986년에 데이비드 럼멜하트(David E. Rumelhart)와 제임스 맥클레랜드(James McClelland)가 〈Parallel Distributed Processing〉에서 퍼셉트론의 문제를 해결할 수 있는 방법으로 다층 퍼셉트론(MLP, Multi-Layer Perceptrons)과 오차 역전파법(Backpropagation Algorithm)을 제시하였습니다. 딥러닝처럼 여러 층을 가진 신경망을 구성하여서 기존 퍼셉트론의 한계를 극복하고, 여러 층이 생기면서 늘어난 계산량을 '오차 역전파'라는 알고리즘을 통해 해결한 것이지요.

이후 다층 퍼셉트론에 대한 꾸준한 연구와 학습 알고리즘의 발전, 빠르게 계산할 수 있는 GPU와 같은 하드웨어의 발전에 힘입어 딥러닝 기술이라 불리는 인공 신경망이 오늘날과 같이 두각을 나타낼 수 있었던 것입니다.

2 사례로 살펴보는 인공 신경망의 원리

인공 신경망은 신경망의 원리를 사용하여 수많은 데이터 사이에서 스스로 특징을 찾아 학습하는 머신러닝 기법 중 하나입니다. 지금부터 이 인공 신경망의 원리를 조금 더 자세히 들어가 봅시다.

다음 세 가지 상황이 있습니다. 이 세 가지 상황에서 문제를 해결할 수 있는 인공지능을 인공 신경망을 사용하여 만들어 볼까요?

■ (상황 1) 남녀를 구분하는 인공지능

첫 번째로 만들 내용은 먼저 앞에 있는 사람이 남자인지 여자인지 구별하고 싶은 인공 신경망 모델입니다. 첫 번째 모델을 만든다면 남자와 여자를 구별할 수 있습니다.

그림 4-2 | 남녀를 구분하는 모습

■ (상황 2) 나이대를 구분하는 인공지능

두 번째로 만들 내용은 특정한 사람의 나이대를 알아맞히는 인공 신경망 모델입니다. 첫 번째 모델은 남자와 여자 둘 중 하나를 구별할 수 있는 인공지능이지만, 이 모델을 둘 중 하나가 아닌 여럿 중 하나를 구별할 수 있는 모델이라는 점에서 차이가 있습니다.

그림 4-3 | 사람의 나이대를 구분하는 모습

■ (상황 3) 정확한 나이를 맞히는 인공지능

마지막은 정확한 나이를 알아맞히는 인공지능을 인공 신경망으로 만드는 것입니다. 두 번째 모델은 여럿 중에서 하나를 고르는 문제지만, 이 모델은 연속된 여러 값 중에서 하나를 예측한다는 점에서 차이가 있습니다.

그림 4-4 | 사람의 나이를 예측하는 모습

이렇게 말하니 두 번째와 세 번째의 차이가 잘 와닿지 않죠? 두 번째 모델은 우리가 다양한 맛이 있는 아이스크림 가게에 가서 아이스크림 맛을 하나 고르는 문제라면, 세 번째 모델은 특정한 아이스크림의 가격을 맞히는 문제라고 이해하면 되겠습니다. 얼핏 보면 비슷해 보이지만, 엄연히 다른 문제지요.

TIP 각각의 상황은 우리가 앞에서 살펴본 지도 학습의 분류와 회귀 문제입니다. 앞에서 제시한 세 가지 상황을 정리하면, 상황 1은 이항 분류, 상황 2는 다중 분류, 상황 3은 회귀의 문제입니다.

지금부터 이 세 가지 문제를 해결할 수 있는 인공지능을 만들어 보겠습니다. 실제로 코딩하며 만드는 것은 아니니 부담 가질 필요는 없습니다.

3 인공 신경망의 재료, 여러 특징을 가진 데이터

인공 신경망을 포함해서 머신러닝 방식의 인공지능을 만들기 위해서는 데이터가 필요합니다. 그리고 그 데이터에는 여러 특징이 담겨 있어야 하지요. 여기에서 말하는 여러 특징을 가진 데이터는 데이터의 수를 의미하지 않습니다. 물론 데이터의 수가 많아야 좋은 성능의 인공 신경망 모델을 만들 수 있습니다. 하지만 여기서 말하는 여러 특징의 데이터란 각각의 데이터에 하나의 정보가 아닌 여러 정보가 있어야 한다는 의미입니다.

예를 들어 살펴볼까요? 우리가 남자와 여자를 구분하는 상황 1을 생각해 봅시다. 이때 남자와 여자를 단번에 구분할 수 있는 방법은 무엇일까요? 물론 여러 방법이 있지만, 키를 이용해서 구분해 볼 수 있습니다.

보통 남자가 키가 크니까, 키가 큰쪽이 남자일 거야!

그림 4-5 | 한 가지 정보로 예측하는 모습

어떤 사람이 남자는 대체로 키가 크고, 여자는 대체로 키가 작다고 생각합니다(물론 이렇게 단정할 수는 없겠지만요). 이 정보만으로 정확하게 구분할 수 있을까요? 남자보다 키가 큰 여자도 있고, 남자아이와 성인 여자는 키라는 정보만 가지고 정확하게 구별할 수 없습니다.

이처럼 한정된 정보만으로 판단한다면 정확하게 판단하기 어렵습니다. 키, 몸무게, 머리카락 길이, 얼굴 길이, 눈, 코, 입의 형태, 몸의 모습 등 정보가 많을수록 더 정확하게 판단할 수 있습니다. 그리고 이는 인공지능에서도 동일하게 나타납니다. 성능이 더욱 뛰어난 인공지능을 만들려면 인공지능이 잘 판단할 수 있도록 여러 정보를 입력할 필요가 있는 것이지요. 이처럼 머신러닝 기법으로 인공지능을 만들 때에는 다양한 특성이 포함된 데이터가 필요합니다.

4 인공 신경망의 작동 모습

여기 남자와 여자를 추론하기 위해 다양한 특성이 포함된 데이터가 있습니다. 이 데이터에 포함된 정보는 바로 키, 머리카락 길이, 얼굴 길이, 성별입니다. 이 데이터는 특징(피처, feature)이 네 개라고 할 수 있겠네요. 물론 실제로 남자와 여자를 추론하기 위해서는 이 정도의 특성으로만 파악하기란 쉽지 않겠지만요.

그림 4-6 | 인공지능의 추론 과정

머신러닝으로 만든 인공지능이 남자와 여자를 추론하는 모습은 대략 위와 같습니다. 먼저 인공지능이 지금까지 학습한 데이터와 동일한 형태의 데이터를 인공지능에 넣습니다. 이 데이터를 넣으면 검은색 박스를 지나며 결과를 보여줍니다. 이때 이 검은색 박스를 어떻게 만드는지를 결정하는 것이 바로 머신러닝의 다양한 방법들입니다.

우리는 머신러닝의 다양한 방법 중 인공 신경망에 초점을 맞춰 살펴볼 텐데요. 인공 신경망 방식으로 만든 인공지능에서는 입력한 데이터가 여러 레이어를 지나가면서 특정한 신호로 전달됩니다. 그러면 최종적으로 신호가 남자 쪽으로 가는지, 여자 쪽으로 가는지를 판단하여, 둘 중 어느 쪽으로 신호가 많이 가는지를 살펴본 후 신호가 많이 간 쪽 성별이라고 판단을 내리는 것입니다.

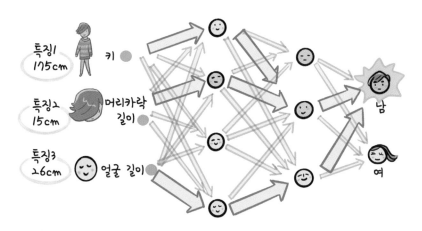

그림 4-7 | 인공 신경망의 추론 과정

위 그림과 같이 특징 데이터 중 앞의 3개(키, 머리카락 길이, 얼굴 길이)를 넣으니 최종적으로 남자 쪽으로 가는 신호가 여자 쪽으로 가는 신호보다 큰 것을 확인할 수 있습니다.

인공 신경망 모델은 입력받은 데이터를 사용하여 추론한 결과를 보여줍니다. 이와 같이 새로운 데이터를 받았을 때 그 데이터에서 신호를 남자와 여자 중 어디로, 어느 정도의 세기로 보낼지를 결정하면서 말이죠.

이때 신호를 정확한 출력값으로 보내는지, 그렇지 않은지가 바로 그 인공 신경망 모델의 성능을 결정합니다. 남자인데 여자로 예측하거나 여자인데 남자로 예측하는 인공지능을 보고 성능이 좋다고 할 수는 없으니까요.

이때 인공 신경망 모델이 신호를 정확한 출력값으로 보내지 않는다면, 정확한 출력값으로 보낼 수 있도록 신호 세기를 조정하는 과정이 바로 인공 신경망의 학습 과정입니다.

다음 장부터 인공 신경망 모델에서 신호를 전달하는 원리(UNIT 5)와 성능을 향상시키는 학습의 원리(UNIT 6)를 살펴보겠습니다.

UNIT 05 인공 신경망의 신호 전달 원리

ARTIFICIAL INTELLIGENCE FOR EVERYONE

앞서 인공 신경망은 사람의 뇌를 본떠서 만들었다고 하였습니다. 인공 신경망의 학습 과정을 이해하려면 이 기술을 만들 때 우리 뇌의 어떤 특징을 가져왔는지를 살펴볼 필요가 있습니다.

인공 신경망은 우리 뇌의 뉴런이 서로 신호를 주고받는 모습과 유사하게 만들어졌습니다. 뉴런이라는 수많은 세포는 서로 복잡하게 얽혀 있는데, 특히 우리의 뇌에 있는 뉴런이라는 세포는 독특한 특징이 있습니다.

한 가지 특징은 바로 하나의 뉴런은 다음 뉴런에게 신호를 보낼 수 있다는 것입니다. 뉴런은 다양한 신경 전달 물질을 사용하여 전기 신호를 전달합니다. 이러한 신호 전달을 통해 우리가 생각할 수 있고, 또 손과 발 등 우리의 몸을 움직일 수 있는 것입니다.

우리는 이제 뇌 속 뉴런의 특징을 통해 인공 신경망에서 뉴런의 특징을 살펴보겠습니다. 크게 두 상황으로 나눠볼 수 있는데, 첫 번째 상황은 신호를 전달하는 과정이고, 두 번째 상황은 신호를 전달받는 과정입니다.

 신호를 전달할 때 사용하는 가중치와 편향

신호를 받는 뉴런은 하나의 뉴런에서만 신호를 전달받는 것이 아니라 여러 뉴런에서 신호를 전달받습니다. 인공 신경망도 이와 비슷합니다. 이때 단순하게 신호를 전달해 주는 것이 아니라 신호 세기를 변경해서 전달합니다.

> **TIP** 인공 신경망은 각 뉴런에서 다음 뉴런으로 신호들이 전달되며 최종적으로 결과를 나타내는 방식입니다. 그러므로 신호를 어떻게 전달하는지가 상당히 중요합니다.

신경망에서 중요한 용어 중 가중치(weight)와 편향(bias)이라는 중요한 용어가 있습니다. 이 용어들이 나오는 이유가 바로 신호 세기를 변경하는 데 사용하기 때문입니다. 뒷부분에서 자세히 설명하겠지만 뒤쪽으로 전달되는 신호 세기는 앞쪽 뉴런에서 전달된 신호의 값에 가중치라는 값을 곱하고, 편향을 더해서 다음으로 전달합니다.

그림 5-1 | 가중치와 편향

이와 같이 신호 세기는 가중치, 편향에 따라 계속하여 변경됩니다.

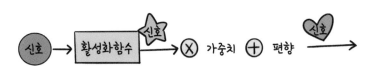

그림 5-2 | 가중치와 편향에 따라 달라지는 신호 세기

TIP 실제 프로그래밍할 때에는 이와 같이 그림을 그리지 않지만 개념적으로 이해하기 위해서 이와 같이 설명하였습니다.

그렇다면 여기서 한 가지 궁금한 점이 생깁니다. 인공 신경망을 나타낸 다양한 그림을 살펴보면 뉴런과 뉴런이 연결된 모습만 있을 뿐 가중치와 편향은 없습니다. 그렇다면 도대체 가중치와 편향은 어디에 있을까요? 우리가 살펴보는 인공 신경망 그림은 인공 신경망의 구조만을 간략하게 나타낸 개념도입니다. 그러므로 가중치와 편향의 값을 구체적으로 넣기에는 무리가 있죠.

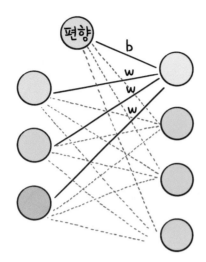

그림 5-3 | 각 뉴런과 뉴런을 연결하는 선에 가중치(w)와 편향(b)이 있음

하지만 위 그림처럼 가중치는 바로 심층 신경망의 각 뉴런과 뉴런을 연결하는 선에 있습니다. 각 선에는 가중치라는 서로 다른 값들이 저장되어 있습니다. 그리고 편향 값은 각 층에 하나의 값으로 존재합니다.

결국 한 뉴런에서 다음 뉴런으로 전달되는 신호 세기는 가중치와 편향에 의해 결정됩니다. 그래서 인공 신경망에서는 가중치가 상당히 중요합니다. 각각의 뉴런을 잇는 가중치가 어떠한 값을 가졌는지에 따라 학습이 잘 된 신경망인지, 그렇지 않은 신경망인지 구분됩니다. 즉, 인공 신경망이 학습한다는 의미는 이 가중치와 편향 값을 각 데이터에 맞게끔 정교하게 맞추어 간다는 의미입니다.

인공 신경망의 층이 깊어질수록 이 가중치 값은 그에 비례해서 많아집니다. 각각의 값을 최적화할 때에는 컴퓨터의 성능이 중요한 역할을 담당하게 되죠. 그래서 인공 신경망을 할 때에는 성능이 좋은 컴퓨터가 있으면 더 빨리 계산할 수 있습니다.

 잠깐만요

가중치와 편향

인공 신경망을 조금 더 깊이 공부하면 가중치와 편향이 인공 신경망의 기초 개념이라는 것을 알 수 있습니다. 그만큼 중요한 개념입니다.

가중치라는 말의 뜻에서 볼 수 있듯이, 가중치는 그 값이 얼마나 중요한지 그렇지 않은지를 표현하기 위한 도구입니다. 인공 신경망에서도 각 뉴런에서 다음 뉴런으로 신호를 전달할 때 그 값의 중요도를 표현하기 지금까지 인공 신경망의 각 뉴런에서 다음 뉴런으로 값을 어떻게 전달하는지 살펴봤습니다.

2 들어오는 신호 세기를 조절하는 활성화 함수

심층 신경망의 뉴런은 연결되어 있는 뉴런들에게 신호를 전달합니다. 이때 앞에서 뒤로 신호를 전달하는 방식처럼 신호를 전달하는 방향은 단일 방향이며, 신호를 받는 뉴런이 하나의 뉴런에만 연결된 것이 아니라 여러 뉴런에 연결되어 있다는 특징이 있습니다.

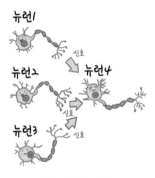

그림 5-4 | 서로 연결된 뉴런의 모습

인공 신경망은 이러한 우리 뇌 속에 있는 신경망의 모습을 흉내 낸 것입니다. 즉, 뉴런의 연결된 모습을 논리적으로 구현하였죠. 인공 신경망에서의 앞쪽 뉴런들은 뒤쪽에 연결된 뉴런에게 신호를 전달합니다.

앞에서 살펴본 것처럼 뉴런이 전달하는 신호는 가중치와 편향을 거쳐옵니다. 이때 볼 수 있는 사람의 신경망 특징은 바로 앞쪽 뉴런들에게서 받은 신호를 뒤쪽 뉴런에게 전달할지 말지를 결정할 수 있다는 것입니다. 서로 얽혀 있는 뉴런은 항상 신호를 다음 뉴런에게 전달하는 것이 아닙니다. 어떤 때에는 전달하고, 어떤 때에는 전달하지 않습니다.

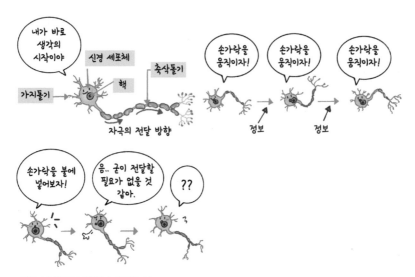

그림 5-5 | 신호를 전달하는 뉴런들의 모습

이때 사용되는 개념이 바로 **역치**(action potiential)입니다. 특정한 전기적 신호가 어떤 값(역치) 이상 전달되었을 경우에는 다음 뉴런으로 신호를 전달하지만 어떤 값(역치)보다 작을 경우에는 전달하지 않습니다.

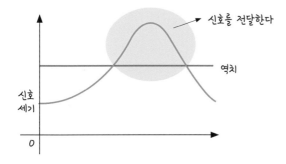

그림 5-6 | 역치 값보다 더 큰 신호가 들어왔을 때: 신호를 전달한다

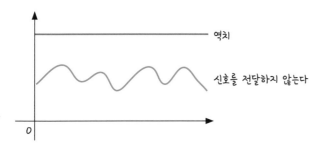

그림 5-7 | 역치 값보다 더 작은 신호가 들어왔을 때: 신호를 전달하지 않는다

인공 신경망은 신경망을 모방하였으므로 신경망의 역치 개념을 사용합니다. 뉴런으로 들어오는 여러 신호를 조절하기 위해서죠. 이를 위한 방법으로 활성화(activation) 함수를 사용합니다. 이 활성화 함수는 앞으로 계속 등장하니 눈여겨 살펴보세요.

앞에서 살펴본 것처럼 하나의 뉴런은 여러 뉴런과 연결되어 있습니다. 이렇게 여러 뉴런에 연결되어 있기 때문에 여러 군데에서 신호가 들어옵니다. 그렇기 때문에 각 뉴런에서 전달받는 신호들을 종합해서 그 신호 세기를 판단할 필요가 있습니다. 즉, 여러 뉴런에서 들어온 신호 세기를 특정한 값으로 바꾸기 위해 활성화 함수를 사용하는 것이죠.

이처럼 활성화 함수는 신호 세기를 조절하는데, 특히 레이어와 레이어 사이에 있어서 여러 뉴런에서 특정한 뉴런으로 들어가는 신호를 종합해서 하나의 값으로 바꿔 주는 역할을 합니다.

이렇게 하나의 뉴런으로 여러 신호가 들어갈 때에는 그림 5-8에서 보듯 관문처럼 활성화 함수를 거치게 됩니다.

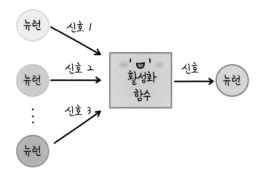

그림 5-8 | 활성화 함수

마치 우리의 뇌에서 여러 신호를 받을 때 역치의 개념을 사용하여 신호 세기를 조절해서 받듯이, 인공 신경망에서는 활성화 함수로 신호를 조절하는 것이죠.

인공 신경망의 성능을 높이기 위해 여러 과학자가 함수의 모습을 고안하고 적용하면서 다양한 활성화 함수가 만들어졌습니다. 지금부터 우리는 여러 활성화 함수를 살펴볼 텐데, 이 내용은 앞으로 우리가 인공 신경망을 실습할 때 사용하는 개념이므로 제대로 알고 넘어가는 것이 좋습니다. 그럼 지금부터 대표적인 활성화 함수인 시그모이드, 하이퍼볼릭탄젠트, 렐루, Leaky 렐루 함수에 관해 순서대로 살펴보겠습니다.

■ 활성화 함수 ① 시그모이드 함수

첫 번째로 소개할 함수는 바로 시그모이드(Sigmoid) 함수입니다. 시그모이드 함수는 로지스틱 함수를 변형한 함수입니다. 갑자기 시그모이드, 로지스틱이라는 용어가 나와서 혼란스럽죠?

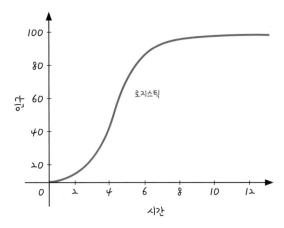

그림 5-9 | 인구 수 증가를 나타내는 로지스틱 함수

로지스틱 함수는 다양한 곳에서 사용되는데 주로 컴퓨터 과학보다는 생물 그리고 생물과 환경과의 연구를 진행하는 생태학에서 사용하기 위해 만들어졌습니다.

예를 들어, 들판에 메뚜기가 어떻게 늘어나는지 살펴볼까요? 메뚜기가 처음부터 마지막까지 계속해서 증가한다고 볼 수도 있지만, 실제로는 그렇지 않습니다. 메뚜기의 수가 처음에는 서서히 증가하다가 어느 순간 많이 증가하고, 마지막에는 그 증가하는 수가 줄어듭니다.

로지스틱 그래프를 살펴보면 이와 비슷합니다. 처음에는 서서히 증가하다가 어느 순간 그 증가하는 양이 많아지게 됩니다. 그리고 마지막에는 증가하는 양이 서서히 줄어들죠. 이와 같이 어떤 생물들이 어떤 식으로 증가하는지 설명하는 모델이 바로 로지스틱 함수입니다.

그리고 시그모이드 곡선은 로지스틱 곡선의 특수한 사례입니다.

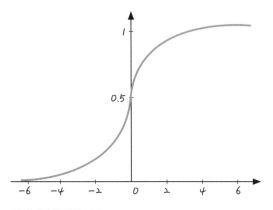

그림 5-10 | 시그모이드 함수

시그모이드 함수도 로지스틱 함수와 비슷하게 S자 모양을 하고 있습니다. 하지만 입력값에 따른 출력값을 보면 로지스틱 함수와의 차이점이 보입니다. 2, 4, 6 같은 양수를 입력값으로 넣으면 출력값이 1에 가까워지지만, −2, −4, −6, −8 같은 음수를 넣으면 출력값이 0에 가까워지는 것을 볼 수 있습니다.

만약 여러 뉴런에서 들어온 신호 세기를 모아서 그 값이 0보다 클수록 1에 가까운 숫자로 바꿔 줍니다. 반대로 신호 세기가 0보다 작을수록 0에 가까운 숫자로 바꾸어 주는 특징을 가진 활성화 함수가 바로 시그모이드 함수입니다.

■ 활성화 함수 ② 하이퍼볼릭탄젠트 함수

두 번째 활성화 함수는 하이퍼볼릭탄젠트(Tanh) 함수입니다. 하이퍼볼릭탄젠트 함수는 시그모이드 함수와 비슷하게, 아니 거의 비슷하게 생겼습니다. 혹시 여러분은 차이점이 무엇인지 찾을 수 있겠나요?

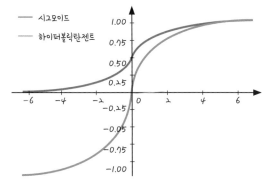

그림 5-11 | 하이퍼볼릭탄젠트 함수와 시그모이드 함수

시그모이드 함수와의 차이점은 바로 입력값이 음수일 경우입니다. 입력값이 음수일 때 시그모이드 함수는 출력값이 0에 가까워졌지만, 하이퍼볼릭탄젠트 함수는 출력값이 −1에 가까워진다는 특징이 있습니다. 즉, 하이퍼볼릭탄젠트 함수는 값이 작은 신호를 −1에 가까운 숫자로 바꾸어서 내보냅니다.

시그모이드 함수를 사용하여 출력값이 0에 가까워지면 신경망이 잘 학습하지 못한다는 한계점이 있습니다. 하지만 하이퍼볼릭탄젠트 함수는 0이 아닌 −1의 값을 출력하기 때문에 이 한계를 넘을 수 있습니다.

> **TIP** 하이퍼볼릭은 '쌍곡선'이라는 의미로, 쌍곡선은 두 지점에서의 거리가 같은 곡선을 의미합니다. 위 그래프를 살펴보면 대칭이 되는 특정한 두 점에서의 거리가 항상 같은 것을 확인할 수 있습니다.

■ 활성화 함수 ③ 렐루 함수

세 번째 활성화 함수는 렐루(ReLU) 함수입니다. 이 함수는 앞에서 살펴본 시그모이드 함수와 하이퍼볼릭탄젠트 함수와는 그 모습이 다릅니다.

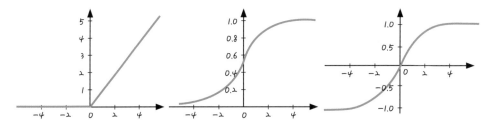

그림 5-12 | 렐루 함수, 시그모이드 함수, 하이퍼볼릭탄젠트 함수의 그래프

그림 5-12의 가장 왼쪽이 렐루 함수입니다. 이 함수의 모양을 살펴보면 입력값이 0보다 작은 숫자일 때는 0으로 바꾸어서 내보내는 것을 볼 수 있습니다. 그리고 입력값이 0보다 클 때는 입력받는 값이 출력되는 모습을 볼 수 있습니다. 5를 입력하면 그대로 5를 내보내는 것과 같이 말이죠.

이 함수의 이름이 ReLU(Rectified Linear Unit)인 이유도 바로 이것입니다. '고르게 한다'는 뜻의 Rectified와 '직선으로 이루어진'이라는 뜻의 Linear Unit이 결합된 것이죠. 시그모이드 함수, 하이퍼볼릭탄젠트 함수와는 한눈에 봐도 차이가 보입니다.

앞에서 살펴본 시그모이드 함수와 하이퍼볼릭탄젠트 함수는 인공 신경망으로 학습할 때 여러 이유에서 학습이 효과적으로 이루어지지 않는다는 단점이 있었습니다. 입력값이 아무리 커도 1보다 큰 수로는 내보내지 않기 때문입니다.

하지만 렐루 함수는 이를 해결한 새로운 함수입니다. 그래서 최근 인공 신경망을 학습시킬 때 활성화 함수로 주로 사용됩니다. 이 함수 또한 입력값이 음수일 경우에 출력값이 0으로 같다는 단점이 있습니다. 이를 해결하기 위해 아래와 같은 Leaky 렐루(Leaky ReLU) 함수 또한 새롭게 개발되어 사용되고 있습니다.

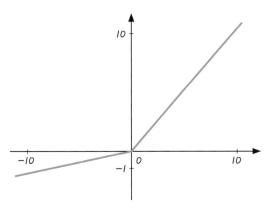

그림 5-13 | Leaky 렐루 함수

그림 5-13과 같이 Leaky 렐루 함수는 렐루 함수와는 다르게, 음수일 경우에 0으로 출력되는 것이 아니라 양수일 경우의 기울기와는 다르게 기울기가 아주 완만한 것을 살펴볼 수 있습니다. 즉, 전달받은 신호 세기의 합이 음수일 경우에 0인 값을 출력하지 않고, 미세하게나마 차이가 나는 음수의 값을 전달한다는 특징이 있죠.

■ 소프트맥스 함수

마지막으로 소개할 소프트맥스 함수는 사실 활성화 함수는 아닙니다. 이 함수는 분류를 하는 인공 신경망의 마지막 부분, 즉 출력층에서 주로 사용되는 함수이기 때문에 여기서 언급하고 넘어가겠습니다.

우리가 앞에서 남자와 여자를 구분하는 인공 신경망을 만들려고 했습니다. 그렇다면 출력층의 노드는 몇 개일까요? 남자와 여자 이렇게 2개입니다.

그렇다면 인공지능은 최종 결과인 남자와 여자 중 어떤 값을 말하게 될까요? 바로 남자 노드로 들어온 신호 세기와 여자 노드로 들어온 신호 세기 중 더 센 신호가 온 곳의 노드를 정답으로 말하게 되는 것입니다.

이때 만약 남자 쪽에 60이라는 값이, 여자 쪽에는 90이라는 값이 들어온다면 인공지능이 '여자'라고 말하는 것이죠. 하지만 이렇게 판단할 경우에 100점 만점에 60과 90인지, 혹은 어떤 기준으로 두 숫자를 비교하는지를 정확하게 알기 어렵습니다. 그렇기 때문에 정확한 비교를 위해 정규화(nomalization)라는 과정이 필요합니다.

> **TIP** 여기에서 정규화는 특정한 범위를 지정해 주고, 데이터를 그 범위 중 하나로 바꿔 주는 것을 말합니다. 가장 작은 데이터를 0으로 가장 큰 데이터를 1로 바꾸고 그 사이의 값들을 크기에 따라 0과 1사이의 값으로 바꾸는 것이죠.

이와 같이 최종 결괏값을 정규화하는 데 사용하는 함수가 바로 소프트맥스 함수입니다. 이 소프트맥스 함수를 사용하면 앞에서 살펴본 남자와 여자의 값을 0.4, 0.6과 같이 총 합이 1이 되도록 바꾸어 보여줍니다. 이 말은 남자일 확률이 40%이고 여자일 확률이 60%라고 인공지능 모델이 판단했다는 의미입니다. 이렇게 보면 기준이 명확해져서 판단하기 수월합니다.

인공 신경망의 출력층에 소프트맥스 함수를 사용하면 분류 문제를 해결할 수 있습니다. 남자인지 여자인지, 강아지인지 고양이인지, 특정 부위가 암인지 암이 아닌지와 같이 말이죠. 하지만 이와 같이 2개로만 분류할 수 있을까요? 물론 아닙니다.

출력층의 수에 따라서 분류의 개수 또한 달라집니다. 만약 출력층이 3개라면 3개로 분류할 수 있고, 10개라면 10개로 분류할 수 있는 것이죠. 0부터 9까지의 숫자를 분류하는 인공 신경망 모델에서는 출력층이 몇 개일까요? 10개를 분류해야 하기 때문에 출력층 또한 10개가 되겠죠.

이때 출력층의 값을 정규화하기 위해 소프트맥스 함수를 사용하여 모든 출력층의 값을 더했을 때 1이 되게끔 값을 바꾸어 줄 수 있습니다.

그림 5-14 | 이미지가 3일 확률은 70%로 가장 높다

이와 같은 소프트맥스 함수는 인공 신경망 모델에서 항상 사용되는 것이 아니라 분류 문제에서 사용되는 함수라고 볼 수 있습니다.

지금까지 활성화 함수를 살펴보았습니다. 이처럼 한 뉴런에서 다른 뉴런으로 신호를 전달하고 전달받을 때에는 가중치, 역치, 활성화 함수의 개념이 사용됩니다.

인공 신경망의 학습 원리

ARTIFICIAL INTELLIGENCE FOR EVERYONE

지금까지 뉴런에 들어온 입력값이 어떠한 과정을 거쳐 출력값을 가지게 되는지 살펴봤습니다. 최종적으로 나온 출력값이 항상 맞으면 좋지만, 그렇지 않다면 인공지능을 다시 학습시킬 필요가 있습니다. 그럼 인공 신경망의 출력값이 맞았는지 틀렸는지를 어떻게 판단할 수 있을까요? 정답 데이터와 비교해 보면 되겠죠?

특정한 데이터를 넣고 인공지능의 출력값과 실제 정답을 비교해 보면 됩니다. 만약 정확하게 예측하지 못한다면 정확하게 예측하도록 해 줄 필요가 있습니다. 이처럼 인공 신경망의 예측 성능을 계속해서 높여 나가는 과정을 인공지능의 학습이라고 말합니다.

> **TIP** 지금 설명하는 인공 신경망은 지도 학습 방법입니다. 바로 정답이 있는 데이터로 학습하기 때문입니다.

이러한 과정이 말로는 간단한 것 같지만 실제로는 조금 복잡합니다. 왜냐하면 인공지능 모델이 출력한 값과 정답을 비교하여 오차를 구하고 그 오차를 줄이도록 인공지능 모델을 바꿔야 하기 때문입니다.

앞에서 말한 인공지능 모델 3가지를 기억하시나요? 이를 사용하여 조금 더 자세히 설명해 보겠습니다. 첫 번째 모델은 바로 남자인지 여자인지를 구분하는 인공지능 모델입니다. 두 번째 모델은 그 사람의 나이대를 맞히는 모델입니다. 이 모델은 그 사람이 20대 이하인지, 30~40대인지, 50대 이상인지를 구분하는 인공지능 모델입니다. 마지막 세 번째 모델은 그 사람의 정확한 나이를 알아맞히는 인공지능 모델입니다.

그럼 먼저 각 모델에서의 오차를 구하는 방법을 살펴보겠습니다.

1 인공 신경망의 오차 구하기

■ 남녀를 구분하는 인공지능 모델의 오차 구하기

첫 번째 모델은 둘 중 하나로 구분하는 인공지능입니다. 이렇게 2개 중 하나로 구분하는 문제를 이진 분류 문제라고 합니다. 만약 남자를 남자라고 예측한다면 이 예측은 올바른 예측입니다. 하지만 여자를 남자라고 예측한다면 이 예측은 올바르지 않은 예측이 되겠죠?

그러므로 예측 값과 결괏값이 맞다면, 즉 남자를 남자로, 여자를 여자로 예측한다면 오차를 0으로 계산하면 됩니다. 그리고 남자를 여자로, 여자를 남자로 예측한다면 오차값이 발생하도록 계산하여야 합니다.

그림 6-1 | 결괏값에 대해서 오차값을 더하기

이처럼 인공지능이 예측한 모든 데이터에 대한 결괏값에 대해서 오차값을 구합니다. 이를 바탕으로 오차가 크면 이 오차를 줄이도록 인공지능을 개선하는 과정을 수행합니다.

잠깐만요

이항 교차 엔트로피
이렇게 계산하는 방법 중 하나가 바로 이항 교차 엔트로피(바이너리 크로스엔트로피, binary crossentropy)입니다. 이항 교차 엔트로피의 원리는 다음과 같습니다. 인공지능이 잘 예측했다면 오차값을 0으로 주고, 잘 예측하지 못했다면 오차값을 상당히 크게 주는 것이죠. 그러면 인공지능이 잘 맞춘다면 오차값은 0에 가까워질 것이고, 그렇지 않다면 오차값은 상당히 커지게 됩니다.

■ 나이대를 예측하는 인공지능 모델의 오차 구하기

두 번째 모델은 여럿 중 하나로 구분하는 인공지능입니다. 이러한 문제를 다중 분류 문제라고 합니다. 예를 들어 나이대를 예측하는 인공지능은 다음과 같이 예측했다고 봅시다.

20대 이하일 확률은 30%, 30~40대일 확률은 60%, 50대 이상일 확률은 10%와 같이 말이죠. 그러면 인공지능은 이 사람이 30~40대라고 말합니다. 가장 높은 확률로 예측하기 때문입니다.

그림 6-2 | 나이대를 예측하는 테스트

그런데 정답이 20대 이하라고 해 봅시다. 그러면 20대 이하일 확률이 30%라고 예측한 결과에 대한 오차는 0으로 계산합니다. 그리고 30~40대라고 예측한 결과는 60%인데, 50대 이상이라고 예측한 결과는 10%이므로 30~40대라고 예측한 결과에 더 큰 오차값을 줍니다.

예를 들어 20대 이하일 확률이 30%라고 예측하는 모습에서 0을, 30~40대를 60%라고 예측하는 모습에서 오차 300을, 50대 이상을 10%라고 예측하는 모습에서 오차 50을 주는 것이지요.

다중 분류 손실 함수

이와 같이 오차를 계산하는 방법에는 다중 분류 손실 함수(카테고리컬 크로스엔트로피, categorical crossentropy) 방법이 있습니다. 여러 값 중 하나를 예측하는 모델일 경우에 정답을 예측할 경우에는 오차를 0으로, 정답이 아닌 값을 높은 확률로 예측하면 오차를 많게, 낮은 확률로 정답이 아닌 확률을 예측하면 오차를 적게 하는 방법입니다.

■ 나이를 예측하는 인공지능 모델의 오차 구하기

세 번째 모델은 앞에서 살펴본 두 인공지능 모델과는 차이가 있습니다. 앞에서 살펴본 두 모델은 2가지 혹은 여럿 중에 하나를 고르는 문제입니다.

하지만 세 번째 모델은 특정한 값을 예측하는 문제입니다. 이러한 문제에서의 오차값은 다음과 같이 구할 수 있습니다.

만약 35살 사람을 25살이라고 예측한다면 어떨까요? 물론 그 인공지능을 사용한 사람은 기분은 좋을지 모르지만, 이 인공지능을 올바른 인공지능이라고 할 수 있을까요? 그렇지 않을 것입니다. 무려 10살이라는 차이가 있기 때문이죠. 그리고 35살을 45살이라고 예측하면 이 또한 10살이라는 오차가 생기게 됩니다.

그림 6-3 | 특정한 값을 예측한 결과: 10살이라는 오차 발생

이와 같이 정답값과 예측 값의 차이를 구한 후 이 값들을 모두 더하면 인공지능의 오차값이

계산됩니다. 물론 실제 오차값을 구할 때에는 이렇게 단순한 방법으로 계산하지는 않습니다.

 잠깐만요

실제로 인공 신경망으로 인공지능을 만들 때 이런 방식으로 오차값을 구하나요?
원리는 동일합니다. 하지만 실제 오차값을 계산할 때에는 여러 공식을 사용합니다. 정답은 없지만, 어떤 공식을 사용하는가에 따라서 인공지능의 성능 또한 달라집니다. 그러므로 데이터에 적합한 오차 공식을 구하는 것이 필요합니다.
이 부분이 더 궁금하시다면 《케라스 창시자에게 배우는 딥러닝(길벗, 2018)》을 찾아보세요.

이러한 오차값을 계산한 후 다음 번에는 이 오차값이 줄어들도록 인공지능을 잘 학습시키면 됩니다. 사실 모든 데이터에 대한 예측을 올바르게 하는 인공지능을 만들기란 쉽지 않습니다. 처음 인공지능을 학습시키면 오차가 많이 나타납니다. 이때 오차가 크면 클수록 잘못 예측하는 인공지능이기 때문에, 여러 번 학습시키면서 이 값을 줄여야 합니다. 인공 신경망이 반복 학습하는 이유가 바로 이것입니다.

그렇다면 어떻게 인공지능을 학습시킬까요? 이때 사용하는 방법이 바로 인공 신경망의 핵심입니다. 이 방법은 다음 절에서 살펴볼게요.

2 인공 신경망의 핵심! 오차 줄이기

앞에서 인공 신경망으로 만든 인공지능의 출력값과 실제 정답과의 오차를 확인하는 방법을 살펴봤습니다. 이렇게 오차가 발생한다면 각 노드를 잇는 가중치의 값을 하나하나 변경해야 합니다. 오차를 줄이기 위해서는 전달하는 신호의 세기를 조절해야 하는데, 이때 전달하는 신호의 세기를 조절할 수 있는 방법이 바로 가중치의 값을 수정하는 것이기 때문입니다. 이를 해결할 수 있는 방법으로는 다음 두 가지가 있습니다.

첫 번째 방법은 바로 기울기를 사용하여 가중치의 값을 변경하는 경사 하강법이라는 개념입니다. 두 번째 방법은 이 경사 하강법의 개념을 사용하여 여러 가중치를 차례로 변경해 나가는 오차 역전파법입니다.

먼저 각각의 가중치의 값을 변경하는 경사 하강법의 개념을 살펴보겠습니다.

■ 기울기로 가중치 값을 변경하는 경사 하강법

앞에서 살펴본 가중치를 떠올려 볼까요? 가중치에 따라 신호 세기가 바뀌고, 그에 따라 인공지능의 결괏값이 결정됩니다. 바로 이 가중치가 인공지능의 성능을 결정하는 핵심입니다. 이 가중치를 적절하게 수정하는 과정이 바로 인공지능의 학습이고요. 지금부터 가중치를 어떻게 바꾸는지 살펴보겠습니다.

그림 6-4의 오차 그래프를 봅시다.

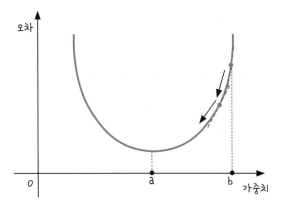

그림 6-4 | 가중치에 따라 달라지는 오차

가중치의 값에 다른 오차 그래프를 그려 보면 밥그릇처럼 아래로 오목한 모양임을 볼 수 있습니다. 우리의 목표는 오차가 최소가 되게끔 하는 것입니다.

그래프를 살펴보면 가로축인 가중치의 값에 따라 오차가 달라지는 것을 볼 수 있습니다. 가중치의 값이 특정한 지점(그래프에서 a 지점)에서 작아지거나 커질 때 오차의 값이 커지는 모습을 살펴볼 수 있습니다. 그리고 특정한 값에 도달하였을 때 오차가 가장 작은 것을 확인할 수 있습니다. 이처럼 오차를 줄이려면 가장 오차가 작은 지점으로 가중치를 이동해야 합니다.

이렇게 그래프를 눈으로 볼 때에는 아래로 내려가면 될 것이라고 생각할 수 있지만, 그래프의 형태를 볼 수 없을 때에는 어떻게 해야 할까요? 바로 b에서 a로 점점 이동해야 합니다. 이때 가장 큰 특징이 바로 각 지점에서의 기울기입니다. b 지점의 기울기(이때 기울기는 양수와 음수가 중요한 것이 아니라 그 크기가 중요합니다)가 가장 크며, a 지점으로 갈수록 기울기의 크기가 작아지는 것을 볼 수 있습니다. 그리고 우리가 목표로 하는 a 지점의 기울기는 가장 작은 0입니다.

이처럼 오차가 가장 적은 지점으로 가중치의 값을 이동시키기 위해서는 기울기가 점점 줄어드는 방향으로 이동해야겠죠? 기울기를 보고 기울기가 줄어드는 쪽으로 가중치 값을 이동하는 이 방법의 이름이 바로 경사 하강법(Gradient Descent)입니다.

여러분은 미분에 대해 들어본 적 있나요? 미분을 간단히 말하면 '한 지점에서의 기울기'를 의미합니다.

다음과 같은 그래프가 있습니다. A라는 지점과 B라는 지점을 이으면 다음과 같은 기울기가 나오죠? 그런데 이때 A와 B 지점의 간격을 서서히 좁히면 어떻게 될까요? 그리고 A와 B가 만난다면요? 이때의 기울기가 바로 한 지점에서의 기울기가 됩니다.

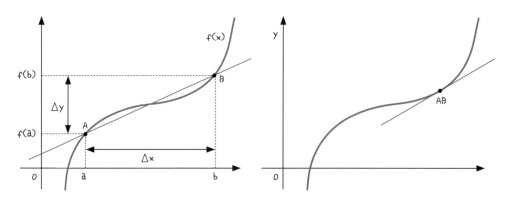

그림 6-5 | 한 지점에서의 기울기: 미분

이 기울기로 무엇을 알 수 있을까요? 바로 그다음 값에 대한 예측이 가능합니다. 기울기가 가파를수록 다음 값의 변화가 크다는 것을 알 수 있고, 기울기가 완만할수록 값의 변화가 얼마 없다는 것을 알 수 있습니다. 바로 이러한 미분 개념을 사용하여 인공 신경망의 오차를 수정해 나갑니다. 이처럼 경사 하강법의 핵심은 미분이며, 이를 정확하게 이해하려면 일정 수준 이상의 수학 지식이 필요합니다.

이 기울기에 따라 가중치를 변경하면 오차를 줄일 수 있습니다. 하지만 가중치를 얼마만큼 이동하는 것이 좋을까요? 이렇게 경사 하강법을 이용하여 가중치를 어느 정도로 이동할 것인지를 결정하는 여러 방법이 있습니다. 바로 옵티마이저(optimizer)를 사용하는 것입니다.

■ 여러 가중치를 차례로 변경해 나가는 오차 역전파법

앞에서 오차를 줄이는 방향으로 가중치의 값을 변경할 수 있는 방법인 경사 하강법을 살펴봤습니다. 그런데 문제가 하나 있습니다. 인공 신경망을 설계하면 가중치의 값이 한두 개가 아니라는 점이지요.

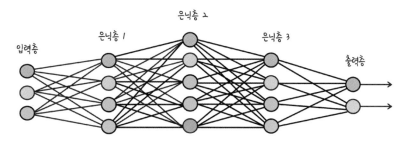

그림 6-6 | 수많은 가중치를 가진 인공 신경망

층이 하나만 있으면 한번의 경사 하강법을 사용해서 뉴런과 뉴런을 연결한 가중치 값을 수정하면 되지만, 그림 6-6처럼 층이 여러 개 있다면 문제가 복잡해집니다. 이렇게 많은 가중치를 어떻게 바꿀 수 있을까요?

이때 사용하는 방법이 바로 뒤에서부터 앞으로 값을 수정해 나가는 방법입니다. 이 방법을 사용하면 다음과 같이 값을 수정해 나갑니다.

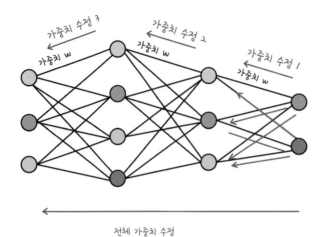

그림 6-7 | 뒤에서부터 앞으로 값을 수정해 나가는 방법 : 오차 역전파법

오차가 있으면, 마지막부터 처음까지 되돌아가면서 경사 하강법을 사용하여 각각의 가중치 값을 수정해 나갑니다. 그래서 이 방법의 이름도 오차를 끝에서부터 거꾸로 가면서 줄인다는 의미를 가진 오차 역전파법(Back Propagation)입니다. 백프로파게이션, 체인룰이라고도 합니다.

> **TIP**
> 이름이 '체인룰'인 이유가 궁금하지 않나요? 자전거 체인을 떠올려 봅시다. 하나하나가 서로 연결되어 있죠. 오차 역전파법을 사용하는 모습도 이와 유사합니다. 서로 맞물려서 값이 변하기 때문에 체인룰이라는 이름이 붙었습니다.

사실 이 방법의 원리를 자세히 살펴보기 위해서는 복잡한 미분 계산이 필요합니다. 하지만 기본 원리만 제대로 이해하고 있다면 인공 신경망을 만들 때 큰 문제는 없습니다.

이렇게 뒤로 가면서 가중치를 수정하면 그다음은 어떻게 하면 될까요? 다시 한번 데이터를 흘려보낸 후 결괏값을 살펴봅니다. 그 결괏값이 정답값과 어떤 차이가 있는지 살펴본 후 다시 오차 역전파법을 사용하여 가중치를 수정합니다.

인공 신경망은 이 과정을 반복하며 오차를 0으로 줄여나갑니다. 우리가 흔히 인공지능을 학습시킨다고 하죠? 바로 이렇게 오차값을 계산하고, 그 오차값에 따라 가중치를 점점 수정해 나가는 모습이 바로 인공 신경망에서의 인공지능 학습 방법입니다.

지금까지 인공지능을 만드는 방법 중 하나인 인공 신경망의 원리에 대해 살펴봤습니다.

UNIT 07

텐서플로 플레이그라운드로 딥러닝 체험하기

ARTIFICIAL INTELLIGENCE FOR EVERYONE

앞에서 살펴본 인공 신경망과 딥러닝의 개념이 머릿속에 잘 들어오나요? 무슨 일이든지 마찬가지겠지만 이론만 듣고서 개념이 명확하게 머릿속에 들어오는 경우는 흔치 않습니다.

이와 마찬가지로 인공 신경망에 대한 개념만 알고서 인공 신경망을 이해하기는 쉽지 않습니다. 이 장에서는 직접 인공 신경망을 체험해 보겠습니다. 당장 프로그래밍도 익숙하지 않고, 딥러닝 생성 도구를 사용하는 것도 익숙하지 않은데 어떻게 하면 좋을까요?

바로 딥러닝 놀이터인 텐서플로 플레이그라운드를 사용하면 됩니다. 그럼 모두 놀이터로 떠나 볼까요?

텐서플로란 구글에서 만든 딥러닝 개발 도구입니다. 이 책에서는 텐서플로를 사용하여 딥러닝 모델을 만듭니다.

1 텐서플로 플레이그라운드 접속하기

먼저 텐서플로 플레이그라운드(https://playground.tensorflow.org/)에 접속합니다. 다음과 같은 화면을 볼 수 있습니다. 뭔가 문제 같은 것이 상당히 복잡해 보이지만 간단합니다. 이 문제 타입(Problem type)은 분류(Classification)입니다. 즉, 신경망이 주황색과 파란색 데이터를 잘 구별할 수 있도록 학습시키는 문제입니다. 앞에서 우리가 살펴본 레이어, 뉴런, 액티베이션(활성화 함수), 입력 데이터, 출력 데이터, 가중치 등의 모습이 보입니다.

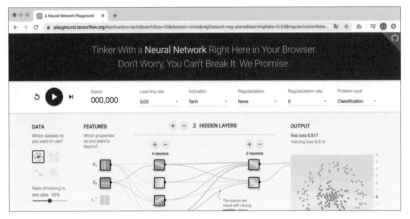

그림 7-1 | 텐서플로 플레이그라운드 접속

> **TIP**
> 데이터에서 파란색은 양수인 +1을, 주황색은 음수인 −1을 의미합니다. 이와 같이 서로 다른 두 종류의 데이터를 구분하는 인공지능 모델을 만들어 봅시다.

2 시작 버튼 누르기

화면 상단에도 나와 있듯이 아무 버튼을 누르더라도 고장 나지 않습니다. 시작 버튼(▶)을 누르면 애니메이션 효과가 나오며, 이런 저런 값들이 변하는 모습을 살펴볼 수 있습니다. 먼저 화면 왼쪽 위의 에포크(Epoch)라고 적힌 숫자의 값이 늘어나는 것을 볼 수 있습니다. 에포크란 전체 데이터를 사용하여 인공 신경망이 학습한 횟수를 의미합니다.

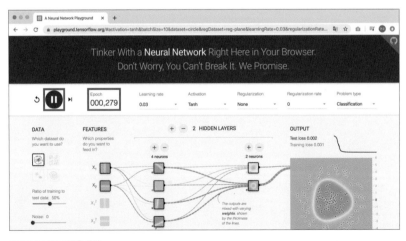

그림 7-2 | 시작 버튼을 클릭

3 출력 부분 살펴보기

에포크가 늘어나면서 변하는 모습 중 하나는 바로 출력(OUTPUT) 부분입니다. 그래프와 데이터 영역이 변하는 것을 볼 수 있습니다.

TIP 계속 반복 학습을 하다가 주황색과 파란색의 구분이 명확해지기 시작한다면 중단 버튼을 눌러도 됩니다. 주황색과 파란색을 잘 구분하도록 학습이 잘 되었다는 의미이기 때문이죠.

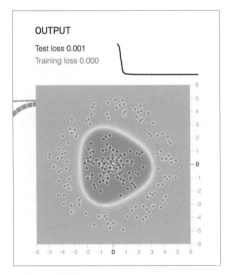

그림 7-3 | 출력 부분

위 그림을 보면 파란색 점이 있는 곳과 주황색 점이 있는 곳이 2개 영역으로 잘 구분된 것을 확인할 수 있습니다. 그래프에서 볼 수 있듯이 오차 또한 0에 가까워지는 것을 볼 수 있네요.

텐서플로 플레이그라운드의 데이터는 훈련 데이터(training data)와 검증 데이터(test data)로 구분되어 있습니다. 화면에서 Show test data 버튼을 클릭하면 어떤 것이 검증 데이터인지 살펴볼 수 있습니다.

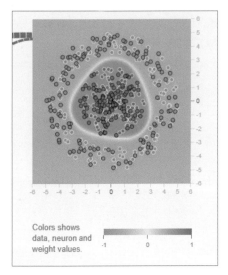

그림 7-4 | 훈련 데이터와 검증 데이터 구분

데이터를 훈련 데이터와 검증 데이터로 구분하는 이유는 신경망을 훈련하는 데 모든 데이터를 쓰지 않고 일부분만을 사용하기 위해서입니다. 나머지 데이터, 즉 검증 데이터를 통해 신경망이 제대로 학습되었는지 살펴보는 것이죠.

먼저 Test loss는 검증 데이터를 신경망에 넣었을 때 오차값을 말합니다. Training loss는 훈련 데이터에 대한 오차값을 말합니다. 학습이 점점 진행되며 각각의 오차값이 줄어드는 것을 볼 수 있습니다. 이 값의 변화를 그래프로도 살펴볼 수 있어요.

잠깐만요

검증 데이터가 훈련 데이터에 비해 너무 많다고요?

화면의 왼쪽 DATA 영역에서 그 비율을 수정할 수 있습니다. Ratio of training to test data 영역에서 비율을 조정하면 됩니다. 실제 인공지능 개발에서는 검증 데이터의 비율을 20~30% 정도로 한답니다.

 4 **신경망의 구조 설계하기**

이제 신경망의 구조를 설계할 차례입니다. 딥러닝에서 딥(deep)의 의미는 바로 층이 깊다는 뜻입니다. 신경망을 설계할 때 여러 층을 넣으면 층이 깊어진다는 의미의 심층 신경망이 되는 것이죠. 층이 깊으면 조금 더 정교한 모델을 만들 수 있지만 그만큼 학습에 걸리는 시간도 길어집니다.

화면 위쪽의 HIDDEN LAYERS의 더하기, 빼기 버튼을 누르면 신경망 층의 개수를 수정할 수 있습니다.

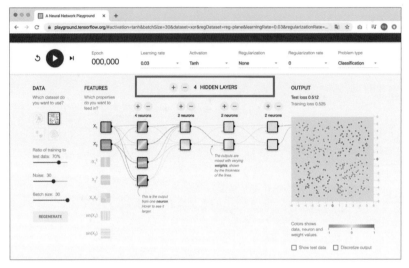

그림 7-5 | 신경망 층의 개수 조정

각 층에서 더하기, 빼기 버튼을 클릭하면 층의 뉴런의 수를 수정할 수 있습니다. 뉴런의 수가 많을수록 더 정교한 학습이 가능하지만, 무작정 층과 뉴런의 수를 늘리는 것은 올바른 방법이 아닙니다. 필요 없는 계산이 이루어질 수 있기 때문이죠. 따라서 적정한 층과 뉴런의 수로 잘 정해야 합니다.

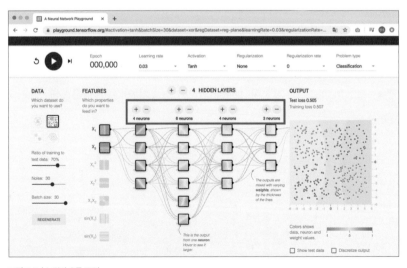

그림 7-6 | 뉴런의 수를 조정

5 데이터 입력 형태 선택하기

화면 왼쪽의 DATA에서는 데이터의 입력 형태를 선택할 수 있습니다. 기본적으로 X축과 Y축의 값을 입력합니다. 여기에 추가하여 각각의 값을 수정할 수 있습니다. 여러 값을 선택하여 입력해 보세요.

데이터의 형태, 검증 데이터와 훈련 데이터의 비율(Ratio of training to test data), 노이즈(Noise), 배치 사이즈(Batch Size), 에포크(Epoch) 등의 값을 수정한 후 REGENERATE(재생성) 버튼을 클릭해 보세요.

그림 7-7 | 데이터의 입력 형태를 선택 후 REGENERATE(재생성) 버튼 클릭

 잠깐만요

관련 용어를 정리해요!
① **Ratio of training to test data**: 훈련 데이터와 검증 데이터를 나누는 비율을 의미합니다. 검증 데이터가 너무 많거나 너무 적어도 신경망이 학습할 때 문제가 될 수 있습니다. 보통 신경망을 훈련시킬 때 훈련 데이터와 검증 데이터의 비율을 7:3 혹은 8:2로 합니다. 하지만 비율에 정답이 있는 것은 아니니 여러 비율로 테스트해 보세요.
② **Noise**: 분류 문제에서 실제 데이터는 정확하게 두 부분으로 나뉘지 않습니다. 데이터가 서로 섞여 있기 마련이죠. Noise가 0일 때에는 섞여 있지 않을 때를 말하며, Noise가 높아질수록 데이터가 섞여 있는 정도가 심해집니다. 그러면 신경망을 학습시킬 때 모델 설계를 더 잘해야 합니다.

③ **Batch Size:** 신경망을 학습시킬 때 한 번에 학습하는 데이터의 양을 말합니다. 만약 데이터가 100개가 있을 때 Batch Size(배치 사이즈)가 100이라면 한 번 학습할 때 데이터 100개를 한꺼번에 학습시킨다는 의미입니다. 만약 Batch Size가 10이라면 한 번 학습할 때 데이터 10개를 사용하겠죠.

④ **Epoch:** Epoch(에포크)란 전체 데이터를 한 번 학습하는 것을 의미합니다. 만약 50Epoch라면 전체 데이터를 50번 학습한다는 의미입니다.

입력값을 수정해 보면서 어떤 입력값이 가장 좋은 모델을 만드는 데 사용될 수 있는지 살펴볼 수 있습니다. FEATURES에서 데이터의 모습과 비슷한 입력을 선택하니 금방 학습이 진행되는 것을 확인할 수 있습니다.

첫 번째 데이터는 살펴봤으니 두 번째 데이터를 살펴보겠습니다. 두 번째 데이터의 모습은 다음처럼 마치 사분면 같은 모양입니다.

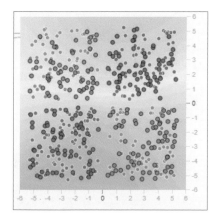

그림 7-8 | 사분면 모습의 두 번째 데이터

> **TIP**
> 사분면(四分面)이란 x축, y축으로 나뉜 직교좌표평면의 네 부분을 말합니다. 제1사분면은 x, y의 부호가 모두 양수인 영역, 제2사분면은 x의 부호만 음수인 영역, 제3사분면은 x, y의 부호가 모두 음수인 영역, 제4사분면은 y의 부호만 음수인 영역입니다.

다음은 학습이 잘 이루어졌을 때의 모습입니다. 주황색과 파랑색이 잘 구분된 모습을 볼 수 있네요.

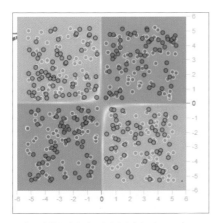

그림 7-9 | 학습이 잘 이루어진 데이터의 모습

이때 입력값은 데이터의 모양과 비슷한 X_1X_2를 선택하였습니다.

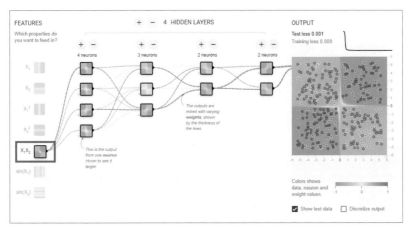

그림 7-10 | 입력값을 X_1X_2 선택

세 번째 데이터의 모습은 다음과 같습니다. 두 번째 데이터의 모습과 비슷하지만 조금 더 단순합니다.

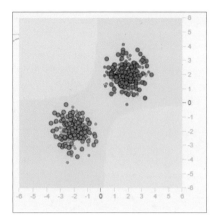

그림 7-11 | 좀 더 단순한 세 번째 데이터의 모습

다음은 학습이 잘 이루어졌을 때의 모습입니다. 크게 두 부분으로 나뉜 모습이 눈에 들어옵니다.

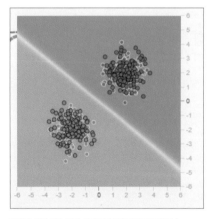

그림 7-12 | 학습이 잘 이뤄져서 명확하게 구분된 모습

이때 입력값은 X_1과 X_2를 입력하였습니다.

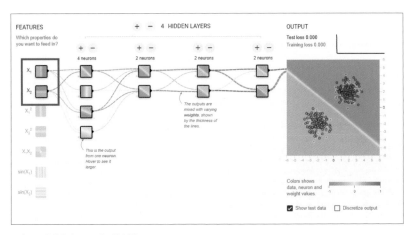

그림 7-13 | 입력값으로 X_1과 X_2를 선택

6 복잡한 형태의 데이터 구분하기

이번에는 조금 더 복잡한 형태의 데이터를 구분해 보겠습니다. 딥러닝의 장점이 바로 복잡한 형태의 데이터를 잘 구분할 수 있다는 것이죠.

데이터 중 오른쪽 아래에 있는 나선형 데이터를 선택하여 봅시다. 네 번째 데이터는 앞의 데이터와 그 모습이 조금 다릅니다. 여러분은 어떻게 분류하면 좋을지 감이 오나요? 이 데이터를 잘 구별하기는 쉽지 않습니다.

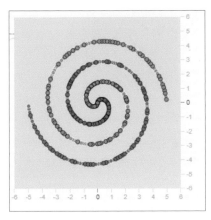

그림 7-14 | 분류하기 어려운 나선형 데이터

입력하는 데이터의 모습, 층(레이어)의 수, 각 층의 뉴런의 수 등을 변경하며 여러분이 직접 이 데이터를 잘 구분할 수 있는 신경망 모델을 만들어 보세요.

다음은 학습이 잘 이루어졌을 때의 모습입니다. 나선형으로 데이터가 분류된 것을 살펴볼 수 있습니다.

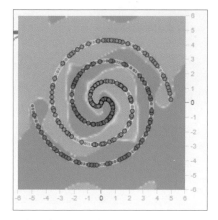

그림 7-15 | 학습이 잘 이뤄진 모습

이때 입력값은 X_1과 X_2, 그리고 $\sin(X_1)$과 $\sin(X_2)$입니다.

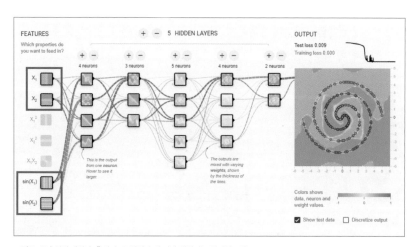

그림 7-16 | 입력 데이터, 층의 수, 뉴런의 수에 따라 생성되는 딥러닝 모델

여기에서 알 수 있는 사실은 바로 '딥러닝할 때에 어떠한 데이터를 넣을 것인가'가 중요하다는 점입니다. 단순히 데이터를 많이 넣고 오래 학습시킨다고 좋은 성능의 인공지능이 만들

어지지 않습니다. 딥러닝 모델을 만들 때 어떤 데이터를 넣을지, 층의 수와 뉴런의 수를 얼마로 결정할 것인지 또한 인공지능 개발자의 몫입니다.

 7 텐서플로 플레이그라운드 2배로 즐기기

텐서플로 플레이그라운드를 체험해 보니 어떤가요? 지금부터는 텐서플로 플레이 그라운드에서 제공하는 다양한 옵션들을 살펴보겠습니다. 여러 옵션을 변경하면서 다양한 인공 신경망 모델을 개발할 수 있습니다. 텐서플로 플레이그라운드의 상단 화면은 다음과 같습니다.

Learning rate	Activation	Regularization	Regularization rate	Problem type
0.03 ▾	Tanh ▾	None ▾	0 ▾	Classification ▾

그림 7-17 | 텐서플로 플레이그라운드 상단 화면

각 용어가 무엇을 의미하는지 살펴볼까요?

❶ **Learning rate**: Learning rate(학습률)는 딥러닝의 핵심 개념인 경사 하강법과 관련한 용어입니다. 딥러닝에서는 정답값과 예측 값의 오차를 최소화하는 방식으로 학습을 진행합니다. 이때 오차값을 최소화하기 위해 각 뉴런을 연결하는 가중치 값을 수정해 나가는데 한 번 수정할 때 얼마만큼 수정할지를 Learning rate 값으로 결정합니다.

❷ **Activation**: 활성화 함수를 의미합니다. 텐서플로 플레이그라운드에서는 ReLU, tanh, Sigmoid, Linear 함수를 사용할 수 있습니다.

❸ **Regularization**: 정규화를 의미합니다. 정규화의 목적은 과적합(overfitting)을 줄이는 것입니다. 과적합은 모델이 학습된 데이터에는 잘 작동하지만 이전에 보지 못한 데이터에는 예측이 좋지 않은 상태를 의미합니다.

❹ **Regularization rate**: 정규화할 때 어느 정도로 값을 수정할지 정해줄 때 사용하는 값입니다.

❺ **Problem type**: 텐서플로 플레이그라운드에서는 문제를 분류(Classification)와 회귀(Regression)로 나눕니다. 분류 문제는 데이터를 주황색과 파란색의 데이터로 분류하도록 데이터를 학습시키는 것을 의미하고, 회귀 문제는 연속된 데이터의 값을 예측하도록 인공지능을 학습시키는 것을 의미합니다.

다양한 딥러닝 기술 살펴보기

ARTIFICIAL INTELLIGENCE FOR EVERYONE

앞에서 인공 신경망이란 무엇인지, 어떤 원리인지 살펴봤습니다. 우리가 살펴본 인공 신경망의 영문 명칭은 ANN입니다. 인공적인 신경망을 의미하는 Artificial Neural Network의 약자죠. 이 인공 신경망(ANN)이 다양한 딥러닝 기술의 기초입니다. 인공 신경망의 층을 여러 개로 해서 깊게 만든 것이 심층 신경망이며 이 심층 신경망을 학습시키는 과정을 바로 딥러닝이라고 하기 때문입니다. 앞으로 설명할 다양한 딥러닝 기술은 바로 인공 신경망을 어떤 식으로 구성했는지에 따라 구별됩니다. 그러므로 인공 신경망을 이해하는 것이 가장 우선되어야 합니다.

기초적인 인공 신경망을 사용하면 우리가 주변에서 보았던 다양한 인공지능을 개발할 수 있습니다. 이미지 인식 인공지능 또한 인공 신경망을 사용하여 개발할 수 있습니다.

> **TIP** 인공 신경망의 선조격인 퍼셉트론을 개발한 프랭크 로젠블러트가 개발한 인공지능도 바로 A, B, C와 같은 문자를 분류할 수 있는 기계였습니다.

이미지 인식 인공지능을 개발하는 과정을 잠시 살펴볼까요?

숫자를 인식하는 인공지능 개발을 예로 들어봅시다. 컴퓨터의 관점에서 살펴보면 그림 8-1의 왼쪽과 같은 숫자 0의 이미지는 픽셀로 이루어졌습니다. 이 이미지에서 각 픽셀은 하나하나의 점으로 이루어져 있지만, 컴퓨터는 이 점을 숫자로 인식합니다. 바로 0~255까지의 숫자 중 하나로 말이죠. 흑백일 경우 검은색은 0, 흰색은 255로 나타냅니다. 회색은 검은 정도에 따라 1~254개의 숫자 중 하나로 표현하죠.

이 이미지를 인식하는 인공지능을 기본적인 인공 신경망으로 만들 수 있습니다. 픽셀을 입력값으로 인공 신경망에 넣으면 됩니다. 이때 가장 간단한 방법은 바로 그림 8-1과 같이 이미지의 픽셀을 한 줄로 세우는 것입니다.

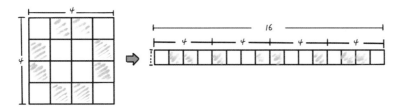

그림 8-1 | 4×4 이미지를 1×16 형태로 바꾸기

그런 다음 이 16개의 숫자를 인공 신경망에 넣는 것입니다. 그리고 마지막 결괏값이 0이라고 알려주면 인공 신경망은 스스로 가중치와 편향을 바꿔가며 이 이미지가 숫자 0이라는 것을 학습하게 됩니다.

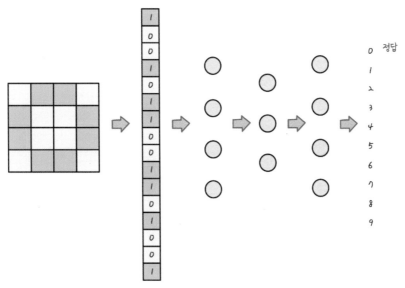

그림 8-2 | 16개의 숫자를 인공 신경망에 넣어 학습한 후 정답 결과 도출

그럼 지금부터 인공 신경망의 대표적인 기법을 살펴보겠습니다.

머신러닝의 학습 방법과 알고리즘이 어떻게 다른가요?

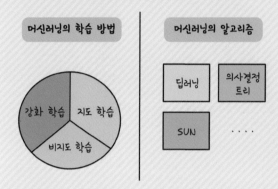

"머신러닝의 학습 방법은 지도 학습, 비지도 학습, 강화 학습이 있다고 했는데, 그럼 딥러닝은 또 무엇인가요?"

딥러닝은 인공 신경망을 사용한 머신러닝의 알고리즘 중 하나입니다. 머신러닝의 학습 방법과 머신러닝의 알고리즘은 다른 영역입니다. 이렇게 머신러닝의 다양한 영역 중 하나인 딥러닝에도 다양한 학습 방법이 있습니다. 바로 지도, 비지도, 강화 학습처럼 말이죠.

앞에서 예를 든 것은 정답이 있는 데이터로 학습하였기 때문에 지도 학습 방법의 딥러닝입니다. 아주 기본적인 딥러닝 방법이죠. 딥러닝에도 비지도 학습 방법의 딥러닝과 강화 학습 방법의 딥러닝이 있습니다.

비지도 학습 방법의 딥러닝에는 오토인코더, 적대적 생성 신경망(GAN) 등의 기법이 있습니다. 강화 학습 방법을 사용하는 Deep Q-Network 딥러닝 모델도 있습니다. 이 책의 넷째 마당에서는 지도 학습 방법의 딥러닝인 기본적인 인공 신경망(ANN)과 순환 신경망(RNN)의 인공 신경망을 실습하고 비지도 학습 방법의 딥러닝인 GAN을 실습해 봅니다.

※ RNN, GAN은 딥러닝의 여러 알고리즘 중 하나입니다. 순환 신경망(RNN)은 연속된 값으로 특정한 값을 예측할 때 사용하며, 적대적 생성 신경망(GAN)은 무엇인가를 만들 수 있는 생성 신경망의 일종입니다. 자세한 내용은 다음 장에서 다루겠습니다. 단, 강화 학습은 이 책에서 따로 다루지는 않습니다. 강화 학습을 제대로 공부하고 싶은 사람은 중급서 이상의 딥러닝 서적을 볼 것을 권장합니다.

딥러닝 기술은 과거 기술이 아니라 현재에도 꾸준히 연구되고, 다양한 곳에 적용되고 있는 분야입니다. 이 책에서는 앞에서 설명한 기본적인 인공 신경망 이외에 합성곱 신경망, 순환 신경망, 생성 신경망을 살펴보겠습니다.

1 합성곱 신경망 살펴보기

이 방법이 바로 기본적인 인공 신경망을 사용하는 기법입니다. 물론 실제 이미지 인식 인공 지능을 딥러닝 기법으로 만들 때에는 합성곱 신경망(CNN, Convolutional Neural Network) 이라는 기법을 사용합니다. 인공 신경망이 사람의 뇌가 작동하는 원리를 보고 만들었듯이, 합성곱 신경망 또한 시각 세포의 작동 원리를 본떠서 만들었습니다.

우리가 앞서 만들어 본 숫자 인식 인공 신경망을 사용하여 똑바로 선 숫자 3을 학습시킨 인 공지능은 기울어진 3을 보고 3으로 인식하지 못할 가능성이 있습니다. 하지만 우리의 눈은 그것이 기울어졌든 아니든 그것이 3이라는 것을 압니다.

우리의 눈은 전체에 대한 패턴을 인식하는 계층과 부분에 대한 패턴을 인식하는 계층이 서로 얽혀 있기 때문입니다. 합성곱 신경망은 바로 이러한 원리에 착안하여 개발되었습니다. 앞에서 다양한 이미지의 픽셀 값을 한 줄로 세워서 학습시켰다면, 합성곱 신경망은 이미지를 특정한 영역별로 추출하여 학습시킨다는 특징이 있습니다.

그림 8-1에서 살펴본 픽셀로 이루어진 숫자 0을 2×2, 즉 4칸씩 뽑아냅니다. 이러한 과정을 통해 부분의 특징을 찾아낼 수 있는 것이죠.

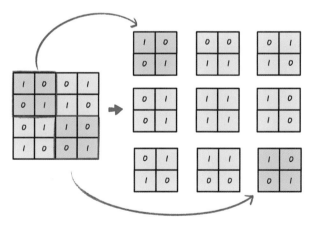

그림 8-3 | 4×4의 이미지를 2×2의 모습으로 추출하는 모습

그런 다음 추출한 데이터를 인공 신경망에 넣는 것입니다. 그리고 마지막 결괏값이 0이라고 알려주면 인공 신경망은 스스로 가중치와 편향을 바꿔가며 이 이미지가 숫자 0이라는 것을 학습하게 됩니다.

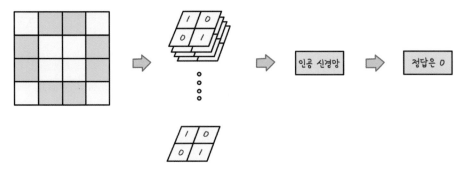

그림 8-4 | 전체와 부분을 학습하는 CNN

하지만 그림 8-4와 같은 방법으로 인공 신경망에 넣지는 않습니다. 조금 더 복잡한 과정을 거쳐야 정확한 합성곱 신경망을 완성할 수 있습니다. 합성곱 신경망이 데이터 부분부분의 특징을 잘 나타내는 신경망이라는 것을 나타내고자 단순하게 표현한 것뿐입니다.

 잠 깐 만 요

합성곱 연산

앞에서 설명한 내용은 완전한 합성곱 신경망이 아닙니다. 합성곱 신경망을 정확하게 구현하려면 부분 데이터를 추출하는 과정에 조금 더 복잡한 단계가 있습니다. 더 자세히 설명하면 2×2의 모습으로 추출한 데이터를 어떠한 값(필터라고 합니다)으로 곱하고 특징적인 값을 찾아내는 과정이 필요합니다.

이때 추출한 데이터를 필터와 곱할 때 합성곱 연산을 하는 것이죠. 그래서 이 신경망의 이름이 합성곱 신경망입니다. 이러한 합성곱 연산을 사용하면 이미지의 어떠한 영역에 어떠한 특징과 패턴이 있는지를 알아낼 수 있습니다.

합성곱 신경망은 이미지의 특징을 파악하는 데 특화된 딥러닝 기법입니다. 이미지를 인식하는 다양한 분야, 예를 들어 필기체 인식이나 차량 번호판 인식, 의료용 인공지능 개발, 물체 인식 등에서 사용합니다.

 순환 신경망 살펴보기

딥러닝의 알고리즘 중 연속된 값을 예측할 수 있는 알고리즘이 있습니다. 이 알고리즘의 이름은 바로 순환 신경망(RNN, Recursive Neural Network)입니다. 순환 신경망은 재귀 신경망으로도 부릅니다. 재귀(recursive)란 원래의 자리로 되돌아간다는 의미입니다. 사실 재귀의 개념은 이해하기 상당히 어려운 개념입니다.

혹시 〈인셉션〉이라는 영화를 본 적이 있나요? 이 영화에서는 어떤 사람의 생각을 바꾸기 위해서 그 사람의 꿈속으로 들어갑니다. 그리고 더 깊은 무의식으로 접근하기 위해서 꿈속에서 꿈을 꾸게 됩니다. 〈인셉션〉의 주인공인 레오나르도 디카프리오가 문제를 해결하는 방법은 상대방의 꿈속에 들어가는 것이었습니다. 그리고 그 상태에서 다시 문제를 해결하기 위해 꿈속에서 다시 꿈속으로 들어가는 이러한 과정이 재귀의 개념과 상당히 닮아 있습니다.

그림 8-5 | 꿈속의 꿈

혹시 팩토리얼에 대해 들어본 적 있나요? 팩토리얼(!)은 어떤 범위에 있는 수를 모두 곱하는 것을 의미합니다. 5!는 5 × 4 × 3 × 2 × 1, 즉 120입니다. 갑자기 팩토리얼이라는 개념을 설명하는 이유는 프로그래밍에서 팩토리얼을 해결할 때 재귀의 개념을 사용하기 때문입니다. 5!을 5 × 4 × 3 × 2 × 1로 나타낼 수 있지만 5 × 4!로 나타낼 수 있습니다. 4!은 4 × 3!로 나타낼 수 있죠. 이때 재귀의 개념이 사용됩니다. '5를 구하라'는 명령을 '5 × 4!을 구하라'고 할 수도 있고 다시 '5 × 4 × 3!을 구하라'는 식으로 바꿀 수도 있습니다. 팩토리얼의 개념을 이용해서 계속 한 단계씩 들어가는 방식인 것이죠. 순환 신경망에서 사용되는 재귀의 뜻은 이처럼 하나의 신경망을 계속적으로 반복해서 학습하는 것을 의미합니다. 사실 꿈속의 꿈이라는 말이 명확하게 다가오지 않듯이, 재귀라는 개념도 한 번에 완벽하게 이해하기란 어렵습니다.

일반적인 인공 신경망(ANN)에서는 신경망의 구성에 따라 가중치가 한 방향으로 이동하며 변합니다.

하지만 순환 신경망에서는 가중치의 변화가 한 방향으로 이동하는 것이 아니라, 다시 자기 자신에게 돌아오는 형태를 가지고 있습니다. 계속 반복적으로 가중치가 수정되는 모습이 나타나는 것이죠.

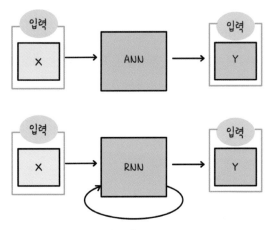

그림 8-6 | 일반적인 인공 신경망과 순환 신경망

그러면 이러한 순환 신경망은 어디에 사용될까요? 연속 데이터에 대한 결과를 예측하거나 분류할 때 사용됩니다. 순환 신경망 방식이 기존의 일반적인 인공 신경망 방식보다 뛰어난 점은 바로 전후 관계를 학습한다는 것입니다. 일반적인 데이터의 패턴을 학습하는 인공 신경망에서 한 단계 더 나아간 학습 방법입니다. 순환 신경망 방식은 전후 관계에 대한 패턴을 학습하기 때문에 다양한 곳에서 사용됩니다.

먼저 언어 번역에 사용됩니다. 전 세계에는 수많은 언어가 있습니다. 그리고 이러한 언어를 번역해 주는 다양한 번역 서비스가 있습니다. 이러한 서비스는 순환 신경망을 통해서 한 단계 더 발전하고 있습니다.

Hot Dog의 뜻을 알고 있나요? 물론 '뜨거운 개'라는 뜻이 될 수도 있지만 우리가 먹는 음식인 '핫도그'를 의미합니다. 그럼 어떻게 Hot Dog가 뜨거운 개인지, 음식인 핫도그인지를 구별할 수 있을까요? 이럴 때는 문맥(글의 흐름)을 살펴봐야 합니다. 사람들은 문맥을 살펴보면 이것이 뜨거운 개인지, 핫도그인지를 쉽게 구별합니다. 하지만 형태만 알고 있는 인공지능이라면 그 의미를 잘 구별해 내기가 어렵겠지요. 또한 '이', '그', '저' 같은 대명사가 무엇을 의미하는지 문맥을 보지 않고서는 쉽사리 파악할 수 없습니다.

문맥을 학습할 수 있는 인공지능을 만들기 위해서 바로 이 순환 신경망을 사용합니다. 실제로 구글의 번역 기술에 순환 신경망 기술을 사용하니 기존 방식보다 훨씬 뛰어난 번역 성능을 보여주었다고 합니다.

또한 우리 주변에는 시간의 흐름, 또는 연속된 관계를 가진 데이터가 많습니다. 이러한 데이터를 사용하여 인공지능 모델을 만들 때 바로 이러한 순환 신경망이 사용됩니다. 셋째 마당에서는 코로나 19 바이러스 확진자 수를 학습해서 향후 확진자 수를 예측하는 인공지능을 순환 신경망의 방식으로 만들어 보겠습니다.

3 스케치 RNN으로 순환 신경망 체험하기

연속된 데이터의 관계를 파악할 수 있는 순환 신경망을 체험해 보겠습니다.

지금부터 소개할 도구는 스케치 RNN(Sketch RNN)입니다. 스케치 RNN은 이름에서도 볼 수 있듯이 순환 신경망을 사용합니다. 스케치 RNN에서 사용하는 데이터는 3장에서 살펴본 퀵 드로우(Quick Draw)의 데이터셋입니다.

앞에서 살펴봤듯이 퀵 드로우는 여러분이 그린 그림이 무엇인지 인공지능이 맞히는 게임입니다. 퀵 드로우 데이터셋은 퀵 드로우를 체험하는 수많은 사람들이 그린 그림 데이터로 구성되어 있으며, 어떠한 순서로 그림을 그렸는지에 대한 데이터가 포함되어 있습니다. 예를 들어 고양이를 그린다면 사람들은 대부분 얼굴을 그리고 귀를 그린 후, 눈, 코, 입, 수염을 그리는 등, 모두 같지는 않겠지만 일련의 순서에 따라서 그림을 그릴 것입니다.

이러한 순서 또한 연속된 데이터입니다. 스케치 RNN은 이러한 순서 데이터를 학습하였습니다. 사람들이 그린 순서대로 그림들을 학습하였기 때문에 그림을 그리는 과정을 예측할 수 있습니다.

그래서 고양이를 그릴 때 누군가 얼굴을 그리면 자동으로 귀를 그려 줍니다. 또한 귀를 그리면 자동으로 눈을 그려 줍니다. 물론 이러한 순서만으로 하지 않기 때문에 귀를 그리면, 얼굴을 그리고, 눈과 코, 입을 그려 줍니다. 그림 8-7은 얼굴 형태인 동그라미만 그렸을 때 귀, 눈, 코를 자동으로 그려 준 모습입니다.

그림 8-7 | 동그라미만 그리면 귀, 눈, 코가 자동으로 그려짐

그럼 지금부터 스케치 RNN을 체험해 봅시다.

1　구글에서 sketch rnn이라고 검색합니다. sketch-rnn – Magenta Tensorflow를 선택합니다. 혹은 아래 링크를 입력해도 됩니다.

- https://magenta.tensorflow.org/assets/sketch_rnn_demo/index.html

그림 8-8 | 구글에서 sketch rnn 검색 후 클릭

2 간단한 화면이 보입니다. 화면 위쪽 가운데에 있는 Model은 내가 무엇을 그릴지 알려주는 공간입니다. 드롭다운 버튼(▼)을 눌러서 고양이(cat)를 선택합니다.

그림 8-9 | Model에서 cat 선택

3 고양이 얼굴을 그려 봅시다.

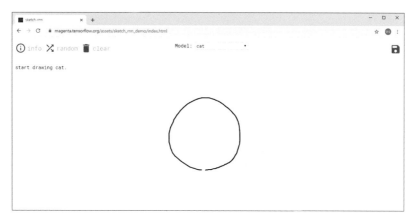

그림 8-10 | 고양이 얼굴 그리기

4 자동으로 귀, 코, 눈, 수염까지 그려 줍니다. 물론 완벽하지는 않습니다. 하지만 우리가 고양이를 그리는 것처럼 순서에 맞게 그림을 그리는 모습을 볼 수 있습니다. 바로 이 인공지능이 그림을 그리는 순서를 학습하였기 때문이죠.

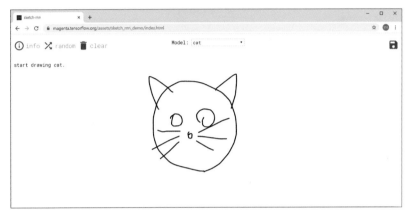

그림 8-11 | 인공지능이 자동으로 귀, 코, 눈, 수염을 그린 모습

5 새(bird)를 선택해 볼까요? 부리를 그려 보겠습니다.

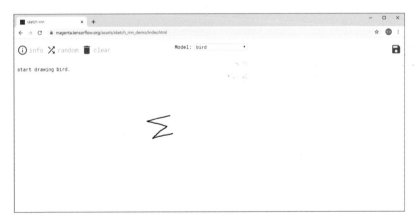

그림 8-12 | Model에서 bird를 선택 후 부리 그리기

6 다음과 같이 순서대로 알아서 그려 줍니다. 물론 완벽하지는 않습니다.

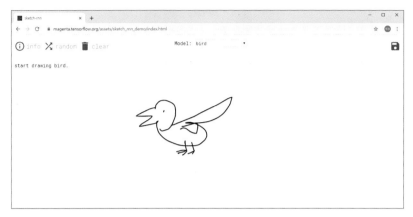

그림 8-13 | 새의 모습이 자동으로 그려짐

이와 같이 스케치 RNN은 순환 신경망을 사용하여 사람들이 그림을 그리는 순서를 학습한 인공지능입니다.

 ## 생성 신경망 살펴보기

지금까지 살펴본 인공 신경망 기술들은 모두 무엇인가를 판별하거나 예측하는 인공지능을 만들기 위한 것입니다. 예를 들어 딥러닝 기술로 강아지와 고양이를 학습한 인공지능을 살펴볼까요? 이 인공지능은 새로운 이미지를 봤을 때 강아지 혹은 고양이 둘 중 하나로 판별합니다.

집의 크기, 지역, 집을 지은 연도를 보고 집값을 예측할 수 있는 인공지능도 살펴봅시다. 이 인공지능에게 특정한 집의 크기, 지역, 지은 연도를 넣으면 집값을 예측해 줍니다. 이와 같이 딥러닝을 사용하여 만든 대부분의 인공지능은 무엇인가를 판별하거나 연속된 값 중 하나로 예측하기 위한 목적으로 만들어졌습니다.

하지만 생성 신경망의 목적은 판별과 예측이 아니라 무엇인가를 만들기 위한 것입니다. 여러분은 다음 사진이 무엇처럼 보이나요?

그림 8-14 | 인공지능이 새롭게 만들어 낸 사진 1

* 출처 : Brock, A., Donahue, J., & Simonyan, K. (2018). Large scale gan training for high fidelity natural image synthesis. arXiv preprint arXiv:1809.11096.

우리가 자주 보는 강아지, 음식 등의 사진인 것을 바로 눈치챘을 것입니다. 왜 갑자기 이러한 사진을 가지고 온 것일까요?

놀랍게도 이 사진은 누군가가 찍은 사진이 아니라 인공지능이 새롭게 만들어 낸 사진입니다. 이와 같이 인공 신경망 기술 중에는 판별과 예측이 아닌 새로운 것을 만들어 내는 기술이 각광받고 있습니다. 생성 신경망이라는 이름으로 말이죠. 다시 말해, 생성 신경망은 새로운 무엇인가를 만들어 내는 기술입니다.

다음 사진도 한번 볼까요?

그림 8-15 | 인공지능이 새롭게 만들어 낸 사진 2

* 출처 : Karras, T., Aila, T., Laine, S., & Lehtinen, J. (2017). Progressive growing of gans for improved quality, stability, and variation. arXiv preprint arXiv:1710.10196.

다양한 사람들의 얼굴을 볼 수 있습니다. 하지만 이 또한 인공지능이 만들어 낸 얼굴입니다. 자세히 살펴봐도 실제 사람의 얼굴을 찍은 사진처럼 보입니다.

TIP
다음 사이트에 접속하면 생성 신경망이 생성한 사람들의 모습을 볼 수 있습니다.
- https://thispersondoesnotexist.com

사이트의 이름에서 볼 수 있듯이 진짜 사람의 모습이 아니라 만들어 낸 사람들입니다. 새로고침을 할 때마다 새로운 사람들의 모습이 보입니다.

심지어 그림 8-16과 같은 생성 인공지능도 개발되었습니다. 이 인공지능에게 어떠한 새를 그려 달라고 말하면 그에 해당하는 새를 직접 만들어 줍니다.

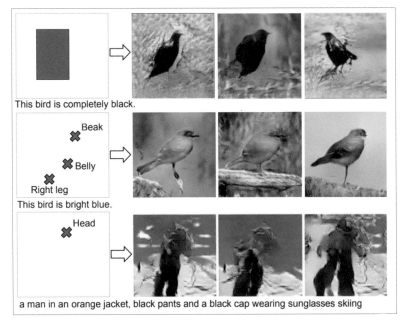

그림 8-16 | 새를 직접 만들어 주는 인공지능

* 출처 : Reed, S. E., Akata, Z., Mohan, S., Tenka, S., Schiele, B., & Lee, H. (2016). Learning what and where to draw. In Advances in neural information processing systems (pp. 217-225).

'이 새는 완전히 검은 색입니다(This bird is completcly black). 그리고 파란색 위치에 넣어주세요.'라고 조건을 주니 조건에 맞는 그림을 그려 주었습니다. 두 번째로는 부리(Beak)와 배(Belly), 오른쪽 다리(Right leg)의 위치를 정해주고 '이 새는 밝은 파란색입니다(This bird is bright blue).'라고 하니 조건에 맞는 그림이 그려진 모습을 볼 수 있습니다.

이 사진도 한번 살펴볼까요?

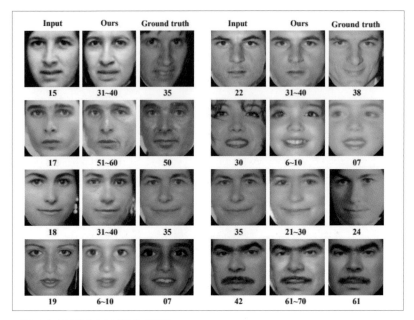

그림 8-17 | 나이에 맞게 얼굴을 생성하는 인공지능

* 출처 : Zhang, Z., Song, Y., & Qi, H. (2017). Age progression/regression by conditional adversarial autoencoder. In Proceedings of the IEEE conference on computer vision and pattern recognition (pp. 5810-5818).

사진 아래에 있는 숫자가 사진 속 인물의 나이입니다. 인공지능에 Input 사진을 넣어서 인 공지능이 생성한 사진이 바로 Ours입니다. 그리고 가장 오른쪽의 Ground truth가 그 사람의 실제 나이 때의 사진입니다. Ours와 Ground truth를 비교해 보면 거의 비슷한 것을 볼 수 있 습니다. 즉, 사람들이 어떻게 나이가 들어가는지, 젊을 때에는 어떠한지 그 모습을 생성해 주는 인공지능도 만들 수 있습니다.

이렇게 한 사람의 모습을 나이가 든 모습과 젊을 때 모습으로 바꿀 수도 있습니다. 이 기술 에서 더 나아가 사람의 얼굴 표정을 바꿀 수도 있습니다. 이러한 생성 모델링은 새로운 것을 만들어 내는 기술이지만, 윤리적 측면에서 문제가 될 수 있습니다.

최근 딥페이크(Deep Fake)가 사회적 이슈가 되고 있습니다. 딥페이크는 인공지능 기술을 사 용해서 기존에 있던 영상이나 사진에 새로운 사람의 얼굴이나 특정 부위를 합성한 것을 의 미합니다.

이러한 딥페이크 기술을 이용하여 한 사람의 모습을 만들어 내어서 그 사람이 실제 있지 않았던 장소에 있는 모습을 사진을 생성하거나, 동영상이나 사진에 있는 사람의 얼굴을 새로운 사람의 얼굴로 바꾸기 때문에 여러 문제를 일으킬 수 있습니다. 더욱이 이러한 문제는 범죄에 이용될 수 있기 때문에 더욱 주의해 사용해야 합니다.

신경망 발전 초기에 사람들은 창의적이고 생산적인 부분에서는 인공지능이 사람을 따라올 수 없을 것이라고 생각했습니다. 그리고 이 점이 사람과 인공지능을 구별할 수 있는 가장 큰 차이라고 봤습니다. 하지만 오늘날 발전하고 있는 생성 모델링은 인공지능이 무엇인가를 새롭게 만들어 낼 수 있다는 것을 의미합니다.

5 deepart로 생성 신경망 체험하기

고흐의 '별이 빛나는 밤에'라는 예술 작품을 본 적이 있나요? 몽환적인 분위기의 이 작품은 많은 사람들에게 사랑받는 명작입니다. 고흐가 그린 작품은 누가 봐도 고흐의 작품임을 알 수 있는, 독특한 화풍이 있습니다.

이번에는 생성 신경망을 사용하여 고흐의 화풍을 학습한 인공지능으로 새로운 그림들을 만들어 보겠습니다. 다음과 같이 일반 사진을 올린 후, 비슷하게 그리고 싶은 화가의 그림을 선택합니다. 그러면 생성 신경망이 화가의 화풍과 비슷하게 사진을 변경해서 보여줍니다.

그림 8-18 | 고흐의 화풍을 학습한 인공지능으로 새로운 그림 만들기

지금부터 생성 신경망을 사용하여 고흐의 화풍을 닮은 그림을 만들어 봅시다.

1 구글에서 **deepart**를 검색합니다. 또는 다음 주소로 접속합니다.

• https://www.deepart.io

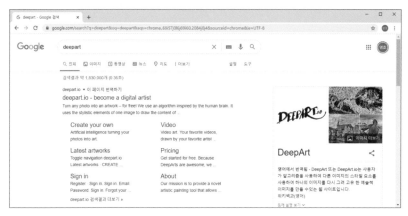

그림 8-19 | 구글에서 deepart 검색

2 이 사이트는 사용자가 올린 사진을 특정 작가의 화풍으로 새롭게 만들어 줍니다. 즉, 생성 신경망을 사용하고 있는 사이트죠.

그림 8-20 | deepart.io 사이트 접속

3 이 사이트를 이용하기 위해서는 회원 가입해야 합니다. 오른쪽 상단의 **Register**(등록)를 클릭하여 회원 가입합니다. 이메일과 비밀번호만 입력하면 됩니다.

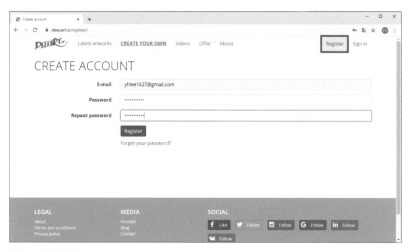

그림 8-21 | 회원 가입

4 스크롤을 내리면 다음과 같이 새롭게 시도해 볼 수 있는 공간이 나옵니다. **Try it now** 버튼을 클릭합니다.

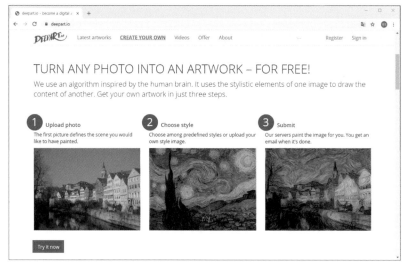

그림 8-22 | Try it now 클릭

5   다음과 같이 사진을 올릴 수 있는 공간(PHOTO)과 변경하고 싶은 화풍(STYLE)이 있습니다.

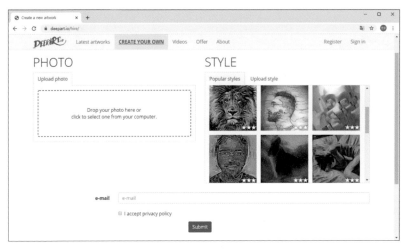

그림 8-23 | 사진을 올릴 수 있는 공간과 화풍 살펴보기

6   화풍(STYLE)에서 인기 있는 스타일(Popular styles)과 내가 원하는 스타일(Upload style)을 선택할 수 있습니다.

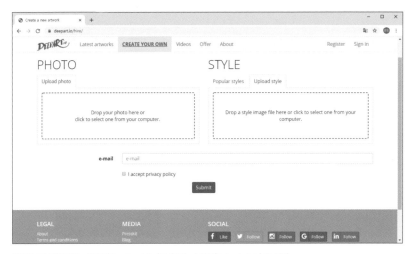

그림 8-24 | 인기 있는 스타일(Popular styles)과 원하는 스타일(Upload style) 중 선택

7 오렌지 사진을 전기 회로도의 모습으로 바꾸어 보겠습니다. 사진을 업로드한 후 인기 있는 스타일에서 전기 회로도 화풍을 선택합니다.

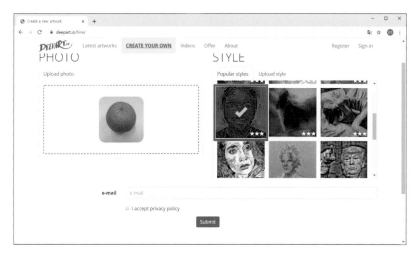

그림 8-25 | 오렌지 사진을 올리고 '전기 회로도' 화풍을 선택

8 이메일과 비밀번호를 입력한 후 **Submit**(제출) 버튼을 클릭합니다.

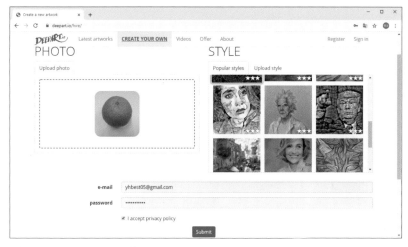

그림 8-26 | 이메일과 비밀번호 입력 후 Submit 클릭

9 10분 정도 걸린다는 메시지가 나옵니다. 아무래도 전 세계 사람들이 사용하다 보니 시간이 좀 걸릴 수 있습니다.

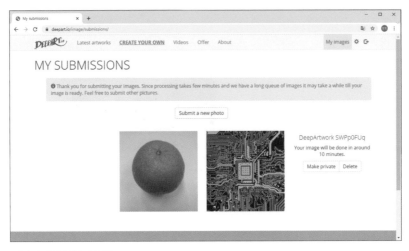

그림 8-27 | 10분 정도 기다리기

10 몇 분 후 새로고침([F5])을 누르면 다음과 같이 오렌지가 전기 회로도의 모습으로 바뀐 것을 확인할 수 있습니다.

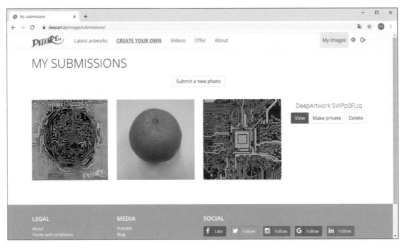

그림 8-28 | 결과 확인

인공지능 개발을 위한
파이썬 첫걸음

딥러닝을 만들려면 컴퓨터를 사용해야 합니다. 그리고 그 컴퓨터에서 명령을 내리려면 컴퓨터가 사용하는 언어를 알고 있어야 하죠. 우리가 지금부터 딥러닝을 만들 때 사용하는 프로그래밍 언어는 바로 파이썬입니다. 셋째 마당에서는 우리가 앞으로 만들 프로그램을 이해하는 데 필수인 파이썬의 문법 요소를 집고 가겠습니다. 이미 파이썬을 알고 있다면 넷째 마당으로 건너 뛰어도 되지만, 기초를 튼튼하게 하기 위해 가볍게 읽어 보는 것을 추천합니다.

UNIT 09

인공지능 개발의 기초, 파이썬과 코랩

ARTIFICIAL INTELLIGENCE FOR EVERYONE

지금까지 인공 신경망의 원리를 살펴보았습니다. 이제는 인공 신경망을 직접 설계하고, 학습시켜 볼 차례입니다. 하지만 이를 위해서는 넘어야 할 장애물이 하나 더 있습니다. 바로 프로그래밍입니다.

인공 신경망 또한 프로그램이기 때문에 프로그래밍의 과정으로 모델을 설계하고 학습시키고 사용할 수 있습니다. 따라서 아무리 인공 신경망을 잘 이해한다고 하더라도 프로그래밍에 익숙하지 않다면 인공 신경망을 만들 수가 없습니다.

이 책에서는 인공지능을 개발하기 위해 다양한 도구를 사용할 것입니다(이 내용은 '15장 딥러닝 개발 환경 살펴보기'에서 자세하게 다룹니다). 그리고 이 도구들은 모두 파이썬이라는 프로그래밍 언어를 사용합니다. 그럼 지금부터 인공지능을 프로그래밍하기 위한 기초 지식인 파이썬 프로그래밍을 차근차근 살펴보겠습니다.

1 파이썬이란 무엇인가요?

파이썬을 만든 귀도 반 로섬(Guido van Rossum)은 네덜란드의 CWI, 우리로 치면 국립 수학 및 컴퓨터 연구기관에서 일하는 연구원이었습니다. 그는 1989년 그해 크리스마스를 재미있게 보내기 위해 이 프로그래밍 언어를 만들었다고 합니다.

파이썬의 로고를 보면 신화에 나오는 이 비단뱀이 등장합니다. 영어로 'python'은 '비단뱀'이라는 뜻입니다. 반 로섬은 왜 프로그래밍 언어의 이름을 이렇게 지었을까요?

그림 9–1 | 파이썬의 로고

사실 그는 비단뱀에서 이 프로그래밍 언어의 이름을 따온 것이 아닙니다. 그가 파이썬을 구현하기 시작했을 무렵 접한, 1970년대 BBC 코미디 시리즈인 〈Monty Python's Flying Circus〉에서 이 이름을 정했습니다. 신비하고 짧은 이름이 필요하다고 생각하던 찰나 이 대본을 접한 덕분이었죠.

그럼 왜 파이썬을 사용하는 것일까요? 먼저 파이썬은 사용하기 쉽습니다. 프로그래밍 언어 또한 사람들이 사용하는 여러 언어처럼 문법을 가지고 있습니다. 문법이 복잡한 언어를 공부하기 어렵듯이 프로그래밍 언어도 문법이 복잡하면 공부하기 어렵습니다. 하지만 파이썬은 비교적 쉬운 문법이기 때문에 초보자가 접근하기에 좋습니다. 반 로섬은 '파이썬은 초보자가 사용하기 쉬운 프로그래밍 언어'라고 말했는데, 이 말처럼 파이썬은 초보자를 위한 교육용으로도 많이 사용합니다.

다음으로 파이썬에는 수많은 라이브러리가 있습니다. 라이브러리(library)의 뜻은 아시다시피 '도서관'입니다. 우리는 여러 책을 읽으러 도서관에 갑니다. 책을 읽는 이유 중 하나는 다른 사람이 얻은 지식을 쉽게 내 것으로 만들 수 있다는 점입니다. 이처럼 프로그래밍 언어에 라이브러리가 풍부하다는 말은 곧 다른 사람이 만들어 놓은 다양한 프로그램을 내 것처럼 사용할 수 있다는 의미입니다. 라이브러리를 활용하면 우수한 성능의 프로그램을 쉽게 만들 수 있습니다.

그림 9-2 | 도서관에서 원하는 책을 꺼내듯 수많은 라이브러리를 사용할 수 있는 파이썬

또한 파이썬은 인터프리터 언어라는 특징이 있습니다. 인터프리터 언어란 무엇일까요? 이를 이해하기 위해서 먼저 프로그래밍 언어에 대해 살펴봅시다.

프로그래밍 언어는 컴퓨터가 이해할 수 있는 언어입니다. 컴퓨터는 기계이므로, 기계가 이해할 수 있으려면 기계가 알아들을 수 있는 언어를 사용해야 합니다. 하지만 아쉽게도 기계는 0과 1만을 구별할 수 있습니다. 우리가 기계에게 무언가 말하려면 0과 1의 나열로 말해야 하는데, 이는 보통 어려운 일이 아닙니다. 그래서 컴퓨터 과학자들은 일반적으로 사람들이 많이 사용하는 언어인 영어를 사용해서 컴퓨터와 대화할 수 있도록 언어를 만들었습니다. 그리고 이 언어를 기계가 이해할 수 있는 언어로 번역하는 번역기도 만들었죠. 이때 사람들이 알파벳으로 사용하는 언어를 고급 언어, 기계가 이해하는 언어를 저급 언어, 번역기를 컴파일러라고 합니다.

이때 번역 방법에 따라 두 가지 언어로 구분합니다. 프로그램 전체를 번역하는 방법과 명령어를 한 줄씩 번역하는 방법입니다. 전체를 번역하는 방법을 사용하는 언어를 컴파일러 언어라고 하고 한 줄씩 번역하는 방법을 사용하는 언어를 인터프리터 언어라고 합니다. 프로그램 전체를 번역하면 프로그램의 실행 속도가 빠르지만, 프로그램을 실행할 때마다 번역하는 과정이 필요합니다. 프로그램을 한 줄씩 번역하면 상대적으로 속도가 느리지만 실행 결과를 바로 알 수 있다는 장점이 있습니다.

파이썬은 인터프리터 언어, 즉 명령어를 한 줄씩 번역하는 방법을 사용하는 언어입니다. 따라서 작성한 프로그램을 바로바로 확인할 수 있습니다.

그럼 이러한 특징을 가진 파이썬을 어떻게 내 컴퓨터에서 실행할 수 있는지 살펴보겠습니다.

 코랩으로 파이썬 환경 구축하기

여러분의 컴퓨터에서 파이썬을 사용하는 방법은 크게 두 가지가 있습니다. 첫 번째는 프로그래밍 언어를 컴퓨터가 알아들을 수 있는 기계어로 바꿔 주는 프로그램을 설치하는 방법입니다. 파이썬을 사용해서 프로그래밍하려면 컴퓨터가 파이썬이라는 언어를 알아들을 수 있는 프로그램을 설치해야 합니다.

 내 컴퓨터에 설치하는 방법은 부록 A를 참고하세요.

두 번째는 파이썬 언어를 사용할 수 있는 도구를 사용하는 방법입니다. 이 책에서는 이 방법을 사용해, 여러분의 컴퓨터에 파이썬 프로그램을 설치하지 않고 실습하겠습니다. 우리는 구글 코랩(colab)이라는 도구를 사용할 것입니다.

그림 9-3 | 구글 코랩의 로고

코랩은 구글에서 교육과 과학 연구를 위해 개발한 도구로, 모든 사람이 무료로 사용할 수 있도록 공개하였습니다. 코랩은 기본적으로 파이썬 프로그래밍 언어를 지원하며, 딥러닝을 구현하고 실제 실현해 볼 수 있는 다양한 도구를 제공합니다. 놀라운 것은 코랩을 사용하면 딥러닝 연산을 빠르게 처리할 수 있는 GPU를 사용할 수 있다는 점입니다.

이 장에서는 코랩의 기본 인터페이스를 살펴보고, 파이썬 기본 문법을 익혀 보겠습니다.

1 구글에서 colab을 검색하고 맨 위에 나오는 **Google Colab**을 클릭합니다.

• https://colab.research.google.com

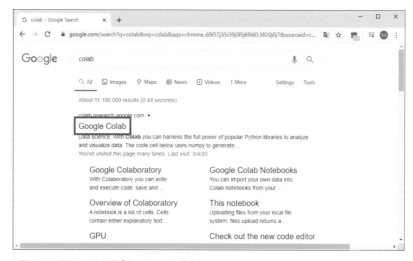

그림 9-4 | 구글에서 colab 검색 후 Google Colab 클릭

2 코랩은 구글 드라이브와 연결할 수 있습니다. 코랩에서 작성한 코드들을 구글 드라이브
에 저장하여 웹 브라우저로 언제 어디서든 살펴볼 수 있습니다.

그림 9-5 | 코랩 메인 화면

3 여러분의 구글 계정을 사용하여 로그인합니다.

그림 9-6 | 구글 계정으로 로그인

4 로그인하면 다음과 같은 화면이 나옵니다. 최근에 사용한 파일, 구글 드라이브에 있는 파일 등을 빠르게 불러올 수 있습니다. 새로운 코드를 작성하기 위해 하단의 **새 노트**를 클릭합니다.

그림 9-7 | 새 노트 클릭

5 새로운 노트가 생성된 것을 확인할 수 있습니다. 우선 여기까지 확인한 후 10장에서 파이썬 기초 프로그래밍을 배운 후 이곳에 코드를 작성해 보겠습니다.

그림 9-8 | 빈 노트 생성 확인

잠 깐 만 요

꼭 코랩을 사용해야 하나요?

아닙니다. 꼭 코랩을 사용할 필요는 없습니다. 하지만 코랩을 사용하면 장점이 많습니다. 우선 복잡한 설치 과정 없이 여러분의 브라우저에서 파이썬 프로그래밍 언어를 사용할 수 있습니다. 또한, 코랩에서는 구글 서버의 GPU와 TPU를 무료로 사용할 수 있습니다. 그리고 머신러닝에 필요한 다양한 라이브러리를 쉽게 사용할 수도 있습니다.

하지만 여러분이 만든 코드의 실행 결과가 단 12시간만 저장된다는 단점도 있습니다.

UNIT 10

파이썬 프로그래밍 시작, 천리길도 변수부터

ARTIFICIAL INTELLIGENCE FOR EVERYONE

우리는 "2 더하기 10은 몇이야?"라는 질문에 바로 계산하여 대답할 수 있습니다. 하지만 컴퓨터에게 같은 질문을 한다면 아마 대답을 못할 것입니다. 그 이유는 컴퓨터는 사람의 말을 알아들을 수 없기 때문입니다(단, 사람의 말을 알아들을 수 있는 인공지능이라면 말이 달라지겠죠?). 이처럼 컴퓨터가 사람의 말을 알아듣게 하기 위해 프로그래밍 언어가 개발된 것입니다. 지금부터는 그 프로그래밍 언어 중 파이썬 언어의 문법을 살펴보겠습니다.

먼저 간단한 더하기 프로그램을 만들어 보겠습니다. 첫 번째 수는 2, 두 번째 수는 10인 두 수를 더하는 간단한 프로그램이죠.

코랩을 실행한 후 첫 번째 코드에 다음과 같이 넣은 후 실행 버튼(▶)을 클릭하면 다음과 같이 계산 결과를 바로 아래 줄에서 확인할 수 있습니다.

그림 10-1 | 코랩에서 2+10 입력 후 실행 버튼 클릭

정말 간단하지요? 너무 간단해서 우리가 생각하는 '프로그램'이라고 보기는 힘들 것 같습니

다. 그럼 조금 더 프로그램처럼 보이도록 **변수**라는 개념을 사용해 보겠습니다.

변수는 영어로 variable이라고 하며, 이는 '변할 수 있는'이라는 의미입니다. 변수를 한자로 살펴봐도 '변할 변(變)'자를 사용합니다. 즉, 변수는 변할 수 있는 수를 말합니다.

프로그래밍할 때에는 기본으로 변수를 사용합니다. 특정한 값을 보관할 수 있는 공간이 필요하기 때문입니다. 이 특정한 값은 계산 결과가 될 수도 있고, 사용자가 입력한 값이 될 수도 있으며, 출력해야 하는 값이 될 수도 있습니다.

만약 우리가 공간의 이름을 안다면, 그 값을 다른 곳에서도 쉽게 사용할 수가 있습니다. 프로그래밍에서는 다양한 곳에서 여러 값을 불러서 사용하기 때문에 변수 사용은 필수입니다.

 ## 변수를 사용해서 숫자 더하기 프로그래밍하기

1 코랩에서 코드 추가 버튼(파일 메뉴 아래의 **+코드**)을 클릭합니다.

그림 10-2 | '+코드' 클릭

2 첫 번째 값을 보관할 수 있는 변수를 만들어 봅시다. 다음과 같이 코드를 입력합니다.

그림 10-3 | a라는 변수를 만들고 2를 저장

```
a = 2    # a라는 변수를 만들고, a라는 공간에 2라는 값을 넣는다는 의미입니다.
a        # a라는 변수의 값에 무엇이 들어 있는지 확인하겠다는 의미입니다.
```

TIP 코랩이 아닌 환경에서 변수의 값을 확인하려면 print() 함수를 사용하세요. print(a)와 같이 작성하면 됩니다.

3 **+코드** 버튼을 클릭하여 두 번째 값을 보관할 수 있는 변수를 만들어 봅시다. 다음과 같이 코드를 입력합니다.

그림 10-4 | b라는 변수를 만들고 10을 저장

```
b = 10    # b라는 변수를 만들고, b라는 공간에 10이라는 값을 넣는다는 의미입니다.
b         # b라는 변수의 값에 무엇이 들어 있는지 확인하겠다는 의미입니다.
```

4 세 번째로 더한 값을 저장할 수 있는 변수(c)를 추가하고, 첫 번째 값을 가지고 있는 변수(a)와 두 번째 값을 가지고 있는 변수(b)를 더한 값을 저장하겠습니다.

```
c = a + b    # c에 a의 값과 b의 값을 더한 새로운 값을 넣는다는 의미입니다.
c            # c 변수의 값에 무엇이 들어 있는지 확인하겠다는 의미입니다.
```

TIP 지금부터 효율적인 지면 활용을 위해 코랩에서 입력하는 코드는 스크린샷 없이 텍스트로만 소개하겠습니다.

2 변수를 사용해서 문자 더하기 프로그래밍하기

변수에는 숫자뿐만 아니라 문자도 넣을 수 있습니다. 이번에는 문자를 넣은 후 문자를 더하는 프로그램을 만들어 보겠습니다(단, 문자는 문자끼리, 숫자는 숫자끼리 더할 수 있습니다).

 잠깐만요

변수명 정하기
지금까지 a, b, c라는 변수를 만들고 손쉽게 값을 저장해 보았습니다. 이때 변수명은 꼭 a나 b가 아니어도 됩니다. 변수를 만들 때 의미가 드러나는 변수명(다음 예에서 제시되는 first, second 등)을 작성하면 다음에 해당 변수를 쉽게 찾아서 사용할 수 있으며, 다른 사람들도 쉽게 프로그램을 읽을 수 있답니다.
파이썬에서 변수를 만들 때 사용할 수 없는 단어도 있습니다. 바로 예약어라는 것인데요. 이 예약어는 파이썬 프로그램에서 특정한 기능을 수행하는 명령어로, True, False, None, if, else, def 등이 있습니다.

1 **+코드** 버튼을 눌러 첫 번째 변수를 만들겠습니다.

```
first = '안녕'    # first라는 변수를 만들고 '안녕'이라는 값을 넣습니다.
first            # first라는 변수의 값에 무엇이 들어 있는지 확인합니다.
```

실행 결과
'안녕'

> **TIP** '안녕'과 같은 문자열을 입력할 때는 작은따옴표(' ') 혹은 큰따옴표(" ")를 꼭 사용해 주어야 합니다.

2 **+코드** 버튼을 눌러 두 번째 변수를 만들겠습니다.

```
second = '하세요'   # second라는 변수를 만들고 '하세요'라는 값을 넣습니다.
second             # second라는 변수의 값에 무엇이 들어 있는지 확인합니다.
```

실행 결과
'하세요'

3 hello라는 변수를 만든 후, first와 second 변수를 합친 값을 넣겠습니다.

```
hello= first + second   # hello에 first와 second 변수 안에 있는 값을 더한 값을 넣습니다.
hello                    # hello라는 변수의 값에 무엇이 들어 있는지 확인합니다.
```

실행 결과
'안녕하세요'

3 변수의 자료형 살펴보기

변수는 어떤 값을 가지는지에 따라 변수의 자료형 또한 달라집니다. 문자값을 담고 있는 변수는 문자형 변수라고 하며, 숫자값을 담고 있는 변수는 숫자가 정수일 때에는 정수형 변수, 실수일 때에는 실수형 변수라고 합니다. 예를 들어, 같은 3이라고 해도 변수가 가진 값에 따라 다른 이름으로 불립니다. 그냥 3은 정수형 데이터이고, 3.0은 실수형 데이터, '3'(글자일 경우)은 문자형 데이터입니다.

이 내용은 앞으로 딥러닝 개발 실습에서 중요하게 다룰 내용입니다. 데이터 값을 계산할 때 그 형태에 따라서 계산될 수도, 되지 않을 수도 있기 때문입니다. 그러므로 데이터 형태가 무엇인지 아는 것이 중요하며, 데이터 형태를 내가 사용하기 알맞게 변경할 수 있는 것도 중요합니다.

 잠깐만요

정수형 변수와 실수형 변수
정수형 변수는 정수형 데이터를 담을 수 있는 변수를 의미합니다. 여기서 정수(integer)는 양의 정수(1, 2, 3, 4, 5, 6, 7, 8, ...), 음의 정수(-1, -2, -3, -4, -5, -6, -7, -8...) 및 0으로 이루어진 수를 의미합니다.
실수형 변수는 실수 형태의 데이터를 담을 수 있는 변수를 의미합니다. 여기서 실수 형태의 데이터는 소수점이 있는 데이터를 말하며 실수형 데이터 타입이라고 합니다.

- 정수형 데이터: 1, 3, 4, -100, -53424 등
- 실수형 데이터: 1.0, 3.2, 3.3435, -33.5345 등

그럼 지금부터 변수의 자료형을 살펴보기 위해 간단한 실습을 해 보겠습니다.

type( ) 함수를 사용하면 변수의 자료형을 살펴볼 수 있습니다. 코랩에서 **+코드**를 누르고 다음과 같이 작성합니다.

```
type(hello)    # hello라는 변수의 자료형을 확인합니다.
```

실행 결과
```
str
```

결과를 보니 hello는 문자형 변수(str)라고 알려주네요!

이번에는 2의 값을 담고 있는 변수 a의 자료형을 살펴보겠습니다.

```
type(a)    # a라는 변수의 자료형을 확인합니다.
```

실행 결과
```
int
```

a라는 변수는 정수형 변수(int)임을 알려줍니다.

a 변수에 다른 값을 넣을 수 있습니다. 실수를 넣은 후 a의 자료형을 살펴보겠습니다.

```
a = 2.5    # a라는 변수에 2.5를 넣습니다.
type(a)    # a라는 변수의 자료형을 확인합니다
```

실행 결과
```
float
```

변수 a에 실수 데이터 2.5를 넣으니, 변수 a는 실수형 변수(float)임을 알려줍니다.

 4 ## 강제로 변수형 바꾸기

프로그래밍하다 보면 강제로 자료형을 바꾸어야 할 때가 있습니다. 예를 들어 1을 문자 1이 아닌 숫자 1로 사용할 때입니다.

다음과 같이 새로운 문자형 변수를 만들어 보겠습니다.

```
string2int = '10'    # 변수 string2int에 문자값인 10을 넣습니다
type(string2int)     # string2int라는 변수의 자료형을 확인합니다.
```

str

문자형 변수(str)라고 알려줍니다.

이번에는 문자형 변수를 정수형 변수로 만들어 보겠습니다.

```
int(string2int)    # string2int 변수의 자료형을 정수형(int)으로 바꿉니다.
```

10

```
type(int(string2int))    # string2int 변수의 자료형을 정수형(int)으로 바꾼 후, 자료형을 확인합니다.
```

int

정수형 변수(int)로 바뀌었음을 알 수 있습니다.

이번에는 문자형 변수를 실수형 변수로 만들어 보겠습니다.

```
float(string2int)
```

10.0

결과를 보니 10.0과 같이 소수점이 생성된 것을 확인할 수 있습니다. type( ) 함수로 자료형을 살펴보면 실수형 변수(float)임을 알 수 있습니다.

```
type(float(string2int))    # string2int 변수의 자료형을 실수형(float)으로 바꾼 후, 자료형을 확인합니다.
```

float

 잠깐만요

파일은 어떻게 저장하나요?

코랩에서 작성한 작성한 파일은 자동으로 저장됩니다. 파일을 쉽게 구분하고 싶을 때는 다음과 같이 '변수.ipynb'(물론 다른 이름으로 해도 됩니다)라고 직접 파일명을 바꿔 주면 됩니다.

UNIT 11

인공지능 파이썬 코딩의 주춧돌, 배열

ARTIFICIAL INTELLIGENCE FOR EVERYONE

10장에서 변수를 살펴봤습니다. 인공지능 코딩에서 변수만큼, 아니 변수보다 더 중요한 것은 바로 **배열**이라는 개념입니다.

인공지능 코딩과 배열은 무슨 관계일까요? 인공지능은 기본적으로 데이터를 다룹니다. 그리고 데이터에는 1~2개 값이 아닌 수많은 값이 들어 있습니다. 변수는 하나의 값을 넣을 수 있지만, 배열에서는 여러 값을 넣을 수 있습니다. 따라서 여러 데이터를 다루는 인공지능에서, 배열의 개념은 반드시 알아야 하는 개념입니다.

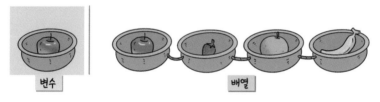

그림 11-1 | 여러 값을 넣을 수 있는 배열

또한 배열을 사용하면 특정한 공간에 여러 값을 넣을 수 있으며, 특정한 공간에 있는 값을 손쉽게 가져올 수 있습니다.

그림 11-2 | 배열을 사용하면 특정한 공간에 있는 값을 손쉽게 가져올 수 있다

1 배열 만들기

배열을 만드는 방법은 간단합니다. 배열의 이름을 쓰고, 배열에 넣을 값들을 대괄호([ ])로 감싸주면 됩니다.

```
list = [1, 3, 5, 7, 9, 11, 13, 15]    # list라는 배열을 만들고 그 안에 여러 값을 넣는 의미입니다.
list                                   # list 배열을 출력하는 모습입니다.
```

실행 결과

[1, 3, 5, 7, 9, 11, 13, 15]

결과를 살펴보면 list라는 배열이 생성된 모습을 볼 수 있습니다. 그리고 배열을 의미하는 대괄호([ ]) 안에 원소들이 들어 있습니다.

2 배열의 길이 살펴보기

앞에서 방금 만든 배열은 각 값(원소)의 개수가 8개입니다. 눈으로 살펴봐도 금방 8개라는 것을 알 수 있습니다. 하지만 인공 신경망을 만들 때 사용하는 데이터의 개수는 눈으로 세기 힘들 정도로 많기 때문에 배열의 길이를 살펴볼 수 있는 방법을 알고 있어야 합니다.

len( ) 함수는 배열 원소의 길이(length)를 알려주는 함수입니다.

```
len(list)    # list 배열 원소의 값을 알려달라는 의미입니다.
```

실행 결과

8

배열 list 안에 총 8개 원소가 있다는 것을 알 수 있네요.

3 배열의 각 원소에 접근하기

배열의 장점 중 하나는 바로 각각의 원소에 바로 접근할 수 있다는 것입니다. 이는 배열을 만든 후 배열 안에 있는 각각의 원소를 뽑아서 사용하거나 심지어 그 값을 바꿀 수도 있다는 의미입니다.

다음과 같이 날짜별 온도를 나타내는 배열(temp)이 있다고 생각해 봅시다.

- 첫 번째 날: 25.6
- 두 번째 날: 26.5
- 세 번째 날: 26.7
- 네 번째 날: 27.9
- 다섯 번째 날: 28.9
- temp = [25.6, 26.5, 26.7, 27.9, 28.9]

각 원소에 접근할 수 있는 배열의 특성상 첫 번째 날의 온도나 두 번째 날의 온도 등 특정한 날의 온도를 가져와서 사용할 수 있습니다. 이를 위해서는 각 원소의 번호(인덱스)를 알고 있어야 합니다. 이때 주의해야 할 점이 있는데, 배열의 가장 앞에 있는 원소의 번호는 1이 아니라 0이라는 것입니다.

 흔히 가장 앞에 있는 원소의 번호를 1이라고 생각하기 쉽지만, 파이썬 프로그래밍에서는 0이라는 점을 꼭 기억하세요!

먼저 첫 번째 원소와 마지막 원소에 접근해 보겠습니다. 첫 번째 원소에 접근하기 위해서는 1이 아니라 인덱스 번호인 0을 넣어야 하며, 대괄호를 사용합니다.

```
list[0]    # list 배열의 첫 번째 원소의 값에 접근한다는 의미입니다.
```

실행 결과
```
1
```

첫 번째 원소인 1이 출력되는 것을 볼 수 있습니다.

마지막 원소에 접근하기 위해서는 7을 적어도 되지만, −1을 적어도 됩니다.

```
list[-1]    # list 배열의 가장 마지막 원소에 접근한다는 의미입니다.
```

실행 결과
15

TIP 파이썬 프로그래밍에서 −1은 마지막을 의미합니다. 그래서 마지막 원소의 인덱스 번호 대신에 −1을 넣어도 되는 것이죠.

 4 **슬라이싱 살펴보기**

다음으로 배열의 원소 중 일정한 부분만 가져올 수 있는 슬라이싱을 살펴보겠습니다. 우리가 앞으로 딥러닝 모델을 만들 때에는 상당히 많은 데이터를 사용합니다. 그리고 그 데이터를 모두 딥러닝 모델을 만들 때 사용할 수도 있지만 일부분만 가져와서 사용하는 경우가 더 많죠. 전체 데이터를 여러 부분으로 나누어서 사용하기도 한답니다. 이와 같이 데이터를 나눌 때 슬라이싱을 사용하며, 이 슬라이싱은 빅데이터를 다룰 때 유용하게 사용됩니다.

다음과 같이 배열을 하나 만든 후 실습을 진행하겠습니다.

```
list = [1, 3, 5, 7, 9, 11, 13, 15]
```

이때 각 원소의 값과 인덱스 번호는 다음과 같습니다.

- 1번째 원소는 1(인덱스 번호는 0)
- 2번째 원소는 3(인덱스 번호는 1)
- 3번째 원소는 5(인덱스 번호는 2)
- 4번째 원소는 7(인덱스 번호는 3)
- 5번째 원소는 9(인덱스 번호는 4)

- 6번째 원소는 11(인덱스 번호는 5)
- 7번째 원소는 13(인덱스 번호는 6)
- 8번째 원소는 15(인덱스 번호는 7)

그림 11-3 | list 배열의 인덱스와 원소의 값

슬라이싱할 때 처음 위치와 마지막 위치를 정해주면 그 사이의 값을 가져옵니다. 그러므로 내가 어디서부터 어디까지 자를지 알고 있어야 합니다.

그런데 슬라이싱할 때 주의할 점이 한 가지 있습니다. 범위를 정할 때 처음 위치는 그대로 정하면 되지만 마지막 위치는 그렇지가 않습니다. 파이썬에서 슬라이싱할 때에는 마지막 인덱스 번호 앞까지를 가져옵니다. 이 부분은 상당히 헷갈리므로 잘 살펴보아야 합니다.

다음과 같이 슬라이싱해 보겠습니다.

■ 인덱스 2번부터 5번까지 가져오기

첫 번째 슬라이싱은 바로 list[2:6]입니다. 바로 인덱스 2번부터 6번 앞까지만 가져옵니다. 3번째 원소(인덱스 번호는 2)부터 6번째 원소(인덱스 번호는 5)까지 가져올 때에는 다음과 같이 [2:6]으로 정해줘야 합니다.

```
list[2:6]    # list 배열의 3번째 원소(인덱스 번호는 2)부터 6번째 원소(인덱스 번호는 5)까지 가져옵니다.
```

실행 결과

[5, 7, 9, 11]

3번째부터 6번째 전까지, 즉 5번째까지의 원소를 가져온 것을 확인할 수 있습니다.

■ 인덱스 2번부터 마지막까지 가져오기

인덱스 2번인 3번째 원소부터 가져오려면 인덱스 번호 2와 마지막을 의미하는 '빈칸'을 넣으면 됩니다. 이처럼 빈칸을 넣을 때에는 [Space]로 띄어쓰기를 할 필요가 없습니다.

```
list[2:]    # list 배열의 3번째부터 마지막 원소까지 가져옵니다.
```

실행 결과

[5, 7, 9, 11, 13, 15]

이처럼 3번째부터 마지막까지의 원소를 가져온 것을 확인할 수 있습니다.

■ 인덱스 0번부터 인덱스 4번까지 가져오기

list [:5]

0	1	2	3	4	5	6	7
1	3	5	7	9	11	13	15

처음부터 가져오려면 마찬가지로 처음을 의미하는 '빈칸'을 먼저 넣습니다. 그리고 인덱스 4번인 5번째 원소까지 가져오려면 인덱스 번호 5를 알려줘야 합니다.

> **TIP**
> 빈칸은 마지막을 의미하기도 하지만 처음을 의미하기도 합니다.

```
list[:5]    # list 배열의 처음부터 5번째 원소(인덱스 번호는 4)까지 가져옵니다.
```

실행 결과

[1, 3, 5, 7, 9]

처음부터 5번째 원소까지를 가져온 것을 볼 수 있습니다.

■ 처음부터 마지막 원소 앞까지 가져오기

	0	1	2	3	4	5	6	7(-1)
list [:-1]	1	3	5	7	9	11	13	15

처음을 의미하는 '빈칸'과 마지막을 의미하는 -1을 넣으면, 처음부터 마지막 원소 앞까지 가져올 수 있습니다.

```
list[:-1]    # list 배열의 처음부터 마지막 원소 앞까지 가져옵니다.
```

실행 결과

[1, 3, 5, 7, 9, 11, 13]

-1을 넣었기 때문에 마지막 번호인 인덱스 번호 7의 앞까지(인덱스 번호 0부터 6까지)를 가져옵니다.

인공지능을 위한 배열, 넘파이

ARTIFICIAL INTELLIGENCE FOR EVERYONE

앞에서 이야기했듯이 인공 신경망을 설계하고, 직접 프로그래밍할 때 가장 많이 사용하는 부분이 바로 배열입니다. 이러한 배열을 앞에서 하였던 방식으로 생성할 수 있지만, 더 간편하게 인공 신경망에 적합한 배열을 생성할 수 있는 방법이 있습니다. 바로 넘파이(Numpy) 라이브러리를 사용하는 것입니다.

그림 12-1 | 넘파이 라이브러리

 잠 깐 만 요

파이썬의 다양한 라이브러리

라이브러리는 함수들의 모음입니다. 프로그램을 만들 때 필요한 함수를 필요할 때마다 새롭게 만들어 프로그래밍할 수 있지만, 그렇게 하면 프로그래밍의 효율이 떨어집니다. 그렇기 때문에 이미 만들어 놓은 함수들을 하나로 모아서 다른 사람들이 사용할 수 있게 하였는데, 이렇게 함수를 모아 놓은 것이 바로 라이브러리인 것이죠.

파이썬에는 다양한 라이브러리가 있습니다. 그 예로 그래프를 쉽게 그릴 수 있는 라이브러리(matplotlib), 데이터를 쉽게 다룰 수 있는 라이브러리(pandas) 등이 있죠. 그리고 이렇게 라이브러리가 많다는 것이 바로 파이썬의 가장 큰 장점입니다. 우리가 이번 장에서 사용할 넘파이는 배열이나 행렬의 계산에 필요한 함수들을 모아 놓은 파이썬 라이브러리입니다.

1 넘파이 설치하기

파이썬의 수많은 라이브러리는 내 컴퓨터에 설치되어 있지 않으므로 필요한 라이브러리는 설치하여 사용합니다.

> **TIP** 현재 우리가 사용하고 있는 코랩에서는 인공지능을 개발하는 데 필요한 다양한 라이브러리를 지원하고 있기 때문에, 코랩을 사용하고 있다면 넘파이를 따로 설치하지 않아도 됩니다. 하지만 여러분이 코랩을 사용하지 않고 개인 컴퓨터에서 환경을 구성한다면 다양한 라이브러리를 설치해야 합니다.

라이브러리를 설치하는 방법 중 하나는 바로 pip 명령어를 사용하는 것입니다. 다음과 같은 방법으로 넘파이 라이브러리를 설치해 봅시다. 코랩을 사용한다면 기본적으로 설치되어 있기 때문에 이 부분은 건너뛰어도 됩니다. 자세한 설치 방법은 부록 A를 참고하세요.

```
pip install numpy    # pip 도구를 사용해서 numpy 라이브러리를 설치(install)하겠다는 의미입니다.
```

> **TIP** pip는 파이썬으로 작성된 패키지 소프트웨어(다양한 라이브러리)를 설치하고 관리할 수 있는 패키지 관리 시스템입니다.

2 넘파이 불러오기

넘파이 라이브러리 역시 파이썬에 있는 기본 기능이 아닙니다. 넘파이 라이브러리를 사용하려면 넘파이 라이브러리를 불어와야 합니다. 지금부터 넘파이 라이브러리를 불러오는 방법을 살펴보겠습니다.

넘파이뿐만 아니라 모든 종류의 라이브러리를 불러올 때에는 import문을 사용합니다. 물론 라이브러리를 불러올 때에는 불러올 라이브러리의 정확한 이름을 알고 있어야 합니다.

```
import numpy     # numpy라는 이름의 라이브러리를 가져오겠다(import)는 의미입니다.
```

라이브러리를 불러온 이후 라이브러리를 사용하기 위해서는 해당 라이브러리의 이름을 항상 입력해야 합니다. 라이브러리의 이름이 짧다면 괜찮겠지만, 이름이 길다면 매번 타이핑하기가 쉽지 않겠죠? 이때 as 명령어를 사용하면 해당 라이브러리 이름을 부르기 쉽게 줄여서 사용할 수 있습니다. 우리는 앞으로 numpy를 np라고 줄여서 사용하겠습니다.

```
import numpy as np    # numpy 라이브러리를 가져오며, 이를 호출할 때 np라는 이름으로 부르겠다(as)라는 의미입니다.
```

> **TIP**
> 앞으로 진행할 인공지능 코딩에서는 다양한 라이브러리를 불러옵니다. 그리고 그 라이브러리를 쉽게 사용하기 위해 앞에서 살펴본 as문을 많이 사용하니, 꼭 기억해 두세요.

③ 넘파이 배열 만들기

이제 넘파이 배열을 만들어 보겠습니다. 단, 넘파이 라이브러리를 사용한다는 의미로 앞부분에 꼭 넘파이를 적어 줘야 합니다.

■ 넘파이 배열 만들기

넘파이의 array( ) 함수를 사용하면 넘파이 배열을 만들 수 있습니다. 이를 코드로 나타내면 np.array( )입니다. narray라는 배열의 이름을 설정하고 생성할 배열의 값을 대괄호를 사용하여 np.array( ) 함수의 괄호 안에 넣습니다.

```
narray = np.array([1, 3, 5, 7, 9])    # narray라는 배열을 만들고 그 값은 1, 3, 5, 7, 9라는 의미입니다.
```

실행 결과
```
array([1, 3, 5, 7, 9])
```

배열이 만들어졌으며, 그 값이 [1, 3, 5, 7, 9]라고 보여줍니다.

np.array에서 마침표(.)의 의미

앞에서 넘파이 라이브러리 중 array() 함수를 사용하였습니다. 이때 array() 함수를 사용하기 위해 사용한 것이 마침표(.)입니다. 너무 작아서 안 보였나요? 파이썬 프로그래밍에서 마침표는 하위 단계로 내려간다는 의미입니다.

넘파이 라이브러리 안에는 다양한 함수들이 있습니다. 그 함수들을 사용하려면 그 함수가 어디에 있는지를 설명해 주어야 합니다. 예를 들어 한 마을에 시윤이라는 이름이 두 명이 있다고 합시다. 그냥 시윤이라고 하면 누구인지 알기 어렵죠. 그래서 '빨간 지붕집 시윤이'라고 부르면 정확하게 파악할 수 있습니다. 그리고 시윤에게는 동생 세인이가 있습니다. 세인이 또한 '빨간 지붕집 세인이'라고 부르면 누군지 정확하게 알 수 있겠죠?

이와 같이 빨간 지붕집이 라이브러리의 이름, 시윤이와 세인이가 각각의 함수라고 보면, 이를 파이썬 문법에 따라 다음과 같이 쓸 수 있습니다.

```
빨간 지붕집.시윤()
빨간 지붕집.세인()
```

이와 같이 마침표를 사용하여 라이브러리 내부의 함수에 접근할 수 있습니다. 우리는 앞으로 다양한 라이브러리의 함수를 사용할 예정입니다. 그때마다 등장하는 마침표의 의미를 잘 기억하기 바랍니다.

■ **넘파이 배열의 모습 살펴보기**

넘파이 배열을 만드는 것도 중요하지만, 배열의 형태를 살펴보는 것 또한 중요합니다. 내가 데이터를 어떠한 형태로 넣는지가 인공 신경망을 설계할 때 중요하기 때문이죠.

그림 12-2와 같이 4개의 원소로 구성된 여러 배열이 있습니다. 이 배열은 원소가 모두 같다는 공통점이 있지만, 배열의 형태는 모두 다릅니다. 가로와 세로가 몇 줄인지 각각 다르기 때문입니다.

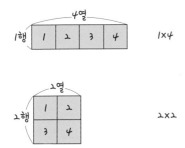

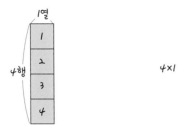

그림 12-2 | 다양한 배열의 형태

우리가 인공 신경망을 설계하고 딥러닝 모델을 만들 때 어떤 배열의 형태로 입력할 것인지를 결정해야 합니다. 그리고 그 결정에 맞는 배열을 입력하려면 배열의 형태를 정할 필요가 있고, 우리가 정한 배열이 의도한 대로 구성되었는지 살펴보는 과정 또한 필요합니다.

이와 같이 배열의 형태를 살펴볼 때 사용하는 명령어가 바로 '형태'를 의미하는 단어인 shape입니다. 내가 만든 narray라는 배열은 이미 넘파이 배열이기 때문에, 다음과 같이 넘파이 라이브러리 안에 있는 다양한 명령어를 사용할 수 있습니다.

```
narray.shape    # narray라는 넘파이 배열의 형태(shape)를 보여 달라는 의미입니다.
```

실행 결과

(5,)

narray 배열에는 5개의 원소가 있다는 것을 확인할 수 있습니다.

 넘파이 2차원 배열 만들기

2차원이라고 하니 말이 어렵죠? 우리가 지금까지 만든 배열의 형태는 1차원입니다. 다음 그림을 살펴볼까요?

그림 12-3 | 1차원, 2차원, 3차원 형태

이와 같이 1차원 배열은 지금까지 만든 것처럼 [1, 3, 5, 7, 9]와 같이 각 값들이 1차원 형태로 구성된 것을 의미합니다.

| 1 | 3 | 5 | 7 | 9 |

그림 12-4 | 1차원 배열의 형태

그러면 2차원 배열은 어떠할까요? 아래와 같은 형태입니다.

| 1 | 3 | 5 | 7 | 9 |
| 2 | 4 | 6 | 8 | 10 |

그림 12-5 | 2차원 배열의 형태

이때 6이라는 값은 배열의 어디에 있는 걸까요? 이를 위해 행렬의 개념이 필요합니다. 2차원 배열에서 가로의 각 줄을 '행'이라고 하며, 세로의 각 줄을 '열'이라고 합니다.

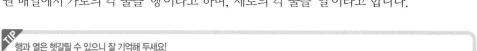

행과 열은 헷갈릴 수 있으니 잘 기억해 두세요!

그래서 2차원 배열을 행렬이라고 하고 영어로 매트릭스(matrix)라고 합니다. 그러면 6이라는 값은 2행, 3열에 있다고 볼 수 있죠. 그리고 위와 같은 배열을 2×5 배열이라고 합니다.

이제 2차원 배열을 만들어 보겠습니다. 1차원 배열로 만드는 것과 비슷하지만 조금 다릅니다. 먼저 대괄호 안에 다시 각 행을 대괄호([ ])로 묶어서 넣습니다.

다음과 같이 darray라는 넘파이 배열을 2차원 배열로 만듭니다. 배열의 값을 [[1행의 값들], [2행의 값들]]로 넣어줍니다.

```
darray = np.array([[1, 3, 5, 7, 9], [2, 4, 6, 8, 10]])
darray
```

```
array([[ 1,  3,  5,  7,  9],
       [ 2,  4,  6,  8, 10]])
```

배열의 형태이며 첫 번째 행과 두 번째 행에 들어 있는 원소의 값을 보여주는 것을 볼 수 있습니다.

 지금 만든 이 배열을 사용하여 앞으로 다양한 넘파이 배열을 만들어 보겠습니다.

이번에는 shape 명령어를 사용하여 darray 배열의 모습을 살펴보겠습니다.

```
darray.shape      # darray라는 넘파이 배열의 형태(shape)를 보여 달라는 의미입니다.
```

```
(2, 5)
```

행렬의 가로가 2줄, 세로가 5줄이라고 알려줍니다.

5 넘파이 배열 형태 바꾸기

넘파이의 강력한 기능 중 하나는 바로 배열의 형태를 바꿀 수 있다는 점입니다. 이때 사용하는 함수가 바로 reshape( )입니다. 이 함수의 괄호 안에 여러분이 바꾸려는 형태를 적어주면 됩니다. 이 함수 또한 인공지능 프로그래밍에서 상당히 많이 사용됩니다.

■ 2차원의 행렬 바꾸기

생성한 darray는 가로 2, 세로 5인 행렬이었습니다. 이를 가로가 5, 세로가 2인 형태로 바꾸어 보겠습니다.

```
d52 = darray.reshape(5, 2)    # darray 배열의 형태를 5개의 행과 2개의 열로 바꾸겠다는 의미입니다.
```

실행 결과

```
array([[ 1,  3],
       [ 5,  7],
       [ 9,  2],
       [ 4,  6],
       [ 8, 10]])
```

■ 2차원을 1차원으로 바꾸기

이번에는 앞에서 사용하던 2차원의 배열(darray)을 1차원으로 나타내 보겠습니다.

```
d10 = darray.reshape(10, )    # darray의 형태를 가로가 10인 형태인 1차원 배열로 바꾸겠다는 의미입니다.
```

실행 결과

```
array([ 1,  3,  5,  7,  9,  2,  4,  6,  8, 10])
```

배열이 하나의 행에 10개의 원소가 있는 형태로 바뀌었네요. 이때 두 번째 행이 첫 번째 행의 마지막 원소 뒤에 붙습니다.

이때 배열의 모습에서 뭔가 이상한 점을 발견하셨나요? 앞에서 배열의 형태를 말할 때 (행, 열)로 표시한다고 하였습니다. 이 규칙대로 하면 (10,)가 아니라 (1, 10)으로 나타내어야 하죠.

하지만 여기서 볼 수 있듯이 1차원 배열일 경우의 형태를 나타낼 때에는 (원소의 개수,)로 나타내기도 합니다.

넘파이 배열 darray가 변하는 모습은 다음과 같습니다.

처음	darray.reshape(5, 2) 명령 후	darray.reshape(10,) 명령 후

array = ([1, 3, 5, 7, 9],
         [2, 4, 6, 8, 10])
	array([[1, 3],
	       [5, 7],
	       [9, 2],
	       [4, 6],
	       [8, 10]])
		array([1, 3, 5, 7, 9,
		2, 4, 6, 8, 10])

6 넘파이 함수 살펴보기

넘파이 라이브러리에서는 다양한 함수들을 사용할 수 있습니다. 다양한 함수 중에서도 특히 이 책에서 사용하는 함수 위주로 살펴보겠습니다. 넘파이 라이브러리가 행렬이나 다차원 배열을 쉽게 처리할 수 있도록 도와주는 도구인 만큼 배열과 관련한 함수들이 많이 있습니다.

넘파이 라이브러리에는 사용자가 원하는 배열을 만들어 주는 함수가 있습니다. 그중 0으로 이루어진 배열과 1로 이루어진 배열을 만드는 방법, 랜덤한 숫자의 배열을 만드는 방법을 살펴보겠습니다.

■ 0으로 이루어진 넘파이 배열 만들기

zeros( ) 함수를 사용하여 모든 원소가 0인 행렬을 만들어 줍니다.

```
zero = np.zeros((2, 5))    # zero라는 넘파이 배열을 만드는데, 그 값은 모두 0(np.zeros)으로 하고, 형태는 세로로 2줄
                           (행), 가로로 5줄(열)을 만들라는 의미입니다.
zero
```

실행 결과

```
array([[0., 0., 0., 0., 0.],
    [0., 0., 0., 0., 0.]])
```

2×5 행렬이 만들어지며 그 값이 모두 0으로 채워진 것을 볼 수 있습니다.

■ 1로 이루어진 넘파이 배열 만들기

ones( ) 함수를 사용하여 모든 원소가 1인 행렬을 만들어 줍니다.

```
one = np.ones((2, 5))    # one이라는 넘파이 배열을 만드는데, 그 값은 모두 1(np.ones)으로 하고, 형태는 세로로 2줄(행),
                           가로로 5줄(열)을 만들라는 의미입니다.
one
```

실행 결과
```
array([[1., 1., 1., 1., 1.],
       [1., 1., 1., 1., 1.]])
```

2×5 행렬이 만들어지며 그 값이 모두 1(실수형)으로 채워집니다.

■ 무작위 수로 이루어진 배열 만들기

무작위 수로 이루어진 배열을 만들려면 넘파이의 random 라이브러리를 사용하면 됩니다. 지금부터 random 라이브러리를 사용하여 무작위 숫자를 만들어 보겠습니다.

rand

rand( ) 함수는 0부터 1 사이에 무작위 값을 균일한 확률 분포로 생성하는 함수입니다. 이 함수를 사용하면 어느 한 곳에 몰리지 않은 값을 얻을 수 있습니다. 다음은 rand( ) 함수를 사용하여 0과 1 사이의 무작위 값 3개를 만들어 변수 r에 저장해서 출력하는 코드입니다.

```
r = np.random.rand(3)    # r이라는 넘파이 배열을 만드는데, 랜덤한 값(np.random.rand)으로 구성하며, 생성하는 수의 개
                           수가 3개라는 의미입니다.
print(r)
```

실행 결과
```
[0.33176596 0.76271979 0.70570591]
```

> **TIP** 무작위 값이므로 여러분의 결과는 책과 다를 것입니다.

많은 수를 만들어 보면 정말 0과 1 사이의 균등한 분포로 만들어지는지 확인할 수 있습니다.

```
import matplotlib.pyplot as plt    # 그래프를 그리기 위해 matplotlib 라이브러리를 사용하며 그 이름을 plt로 정합니다.
r1000 = np.random.rand(1000)       # 1000개의 무작위 값을 만든 후 이를 r1000 변수에 저장합니다.
plt.hist(r1000)                    # r1000 변수의 값을 히스토그램으로 표시합니다.
plt.grid()                         # 히스토그램을 격자 무늬 형태로 표시합니다.
```

실행 결과

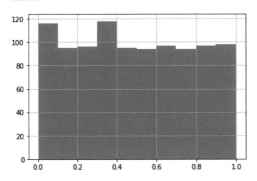

> **TIP**
>
> 히스토그램을 화면에 나타낼 때 가로의 값은 각각의 숫자값, 즉 0부터 1까지의 숫자를 나타내며 세로의 값은 그 값을 가진 값의 개수를 의미합니다.

normal

normal() 함수는 정규 분포(가우시안 분포)로 값을 생성합니다. 이때 평균과 표준편차를 정해 줄 수 있습니다. 다음은 평균이 0, 표준편차가 1인 정규 분포로 무작위 값 3개를 생성하여 화면에 출력하는 코드입니다.

```
rn = np.random.normal(0, 1, 3)
rn
```

실행 결과

array([−1.47268374, −0.12373834, −0.20537594])

이렇게 보면 이 값을 정규 분포로 생성한 것이 맞는지 잘 알 수 없지만, 더 많은 수를 생성하면 그 값들이 정규 분포로 생성되었는지를 살펴볼 수 있습니다.

잠깐만요

정규 분포란 무엇인가요?

다양한 자연 현상 사례를 살펴볼 때 그 사례가 평균에 집중되고, 평균에서 멀수록 그 사례가 적어지는 경향을 나타냅니다. 예를 들어 성인 남자의 키를 살펴볼까요? 대부분 평균 키에 속하며, 키가 아주 작은 사람과 키가 아주 큰 사람은 평균인 사람보다 그 수가 적습니다.

이처럼 일반적인 분포를 정규 분포라고 합니다. 정규 분포를 그래프로 나타내면 평균값을 중심으로 좌우가 똑같은 종 모양을 이루고 있습니다. 이를 조금 더 수학적인 표현으로 설명하면 정규 분포 곡선은 평균에서 좌우로 멀어질수록 x축에 무한히 가까워지는 종 모양을 이룬다고 볼 수 있습니다.

무작위 값을 1000개 만들어 볼까요?

```
rn1000 = np.random.normal(0, 1, 1000)    # 정규 분포 값을 가지는 랜덤한 값 만드는데, 그 값은 0~1 사이고
                                           개수는 1000개입니다.

plt.hist(rn1000)                          # 배열의 값을 히스토그램으로 나타냅니다.
plt.grid()                                # 격자 무늬 형태로 표시합니다.
```

실행 결과

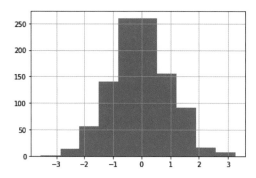

생성된 값들이 0에 몰려 있는 것을 확인할 수 있습니다. 이를 통해 normal() 함수는 정규 분포에 해당하는 값을 생성하는 것을 알 수 있습니다.

randint

randint( ) 함수는 특정한 값 사이에서 무작위 값을 생성하는 함수입니다. 이 함수의 이름 (int)에서 볼 수 있듯이 정수 값을 생성합니다.

```
ni = np.random.randint(1, 100, 5)      # ni 라는 넘파이 배열을 만들며, 그 값을 1~100 사이에서 5개의 무작위 정
                                         수 값(np.random.randint)을 생성한다는 의미입니다.
ni                                     # 생성한 값을 출력합니다.
```

실행 결과

```
array([92,  3, 93, 68, 18])
```

이와 같이 1부터 100까지의 숫자 중 무작위로 정수 5개를 생성한 것을 확인할 수 있습니다.

seed

컴퓨터가 무작위 수를 만든 모습을 살펴보면, 아무런 규칙 없이 무작위로 만든 것 같지만 사실 특정한 알고리즘에 의해서 만든 것입니다. 즉, 일정한 기준이 있다고 볼 수 있죠. 그러므로 우리는 무작위 수를 생성하지만 어떤 수를 생성할 것인지 예측할 수도 있습니다. 그 기준을 정해 주는 것이 바로 seed( ) 함수입니다. 이 함수의 이름(seed)을 직역하면 씨앗으로, 랜덤한 값을 만드는 근본이 된다고 생각하면 됩니다.

```
print(np.random.rand(3))      # 랜덤한 숫자 3개를 출력합니다.
print(np.random.rand(3))      # 랜덤한 숫자 3개를 출력합니다.
```

실행 결과

```
[0.77038256 0.94313997 0.19435926]
[0.58487229 0.6477384  0.65207554]
```

이와 같이 같은 코드를 넣었지만 서로 다른 값이 나오는 것을 볼 수 있습니다. 하지만 seed( ) 함수를 사용하여 기준을 정해 주면 다음과 같이 같은 수가 나오는 것을 볼 수 있습니다.

```
np.random.seed(0)              # seed() 함수에 특정한 숫자를 넣어서 기준을 정합니다.
print(np.random.rand(3))       # 무작위 숫자 3개를 출력합니다.
np.random.seed(0)              # seed() 함수를 사용하여 기준을 앞과 동일하게 정합니다.
print(np.random.rand(3))       # 무작위 숫자 3개를 출력합니다.
```

실행 결과

```
[0.5488135  0.71518937 0.60276338]
[0.5488135  0.71518937 0.60276338]
```

이와 같이 seed( ) 함수를 사용하면 동일한 무작위 수를 만들 수 있습니다.

UNIT 13 인공지능을 위한 반복문

ARTIFICIAL INTELLIGENCE FOR EVERYONE

컴퓨터의 가장 큰 장점은 바로 반복을 잘한다는 것입니다. 컴퓨터는 아무런 불평불만 없이 (물론 전기가 많이 들기는 하지만) 수십, 수만 아니 그보다 훨씬 더 많은 양이라 하더라도 반복 작업할 수 있습니다.

모든 프로그래밍 언어를 배울 때 기본으로 배우는 구문이 바로 반복문입니다. 반복문이 사용되지 않는 프로그램이 드물 정도로 반복문은 프로그램에서 많이 사용합니다. 인공지능과 같이 많은 수의 데이터를 다루는 경우에 반복문은 더욱더 빛을 발합니다.

모든 프로그래밍 언어에서 반복문 구조는 어렵습니다. 하지만 특히 파이썬의 반복문은 사람들에게 프로그래밍 공부를 포기하고 싶어질 정도로, 좀처럼 쉽게 다가오지만은 않습니다. 다른 언어와는 다르게 배열의 개념을 사용하기 때문이죠. 이 장에서는 파이썬에서 반복문을 사용하는 방법을 알아보겠습니다.

반복문이란 말 그대로 어떠한 행동 혹은 프로그램을 계속 실행한다는 의미입니다. 이러한 반복문은 우리의 생활 속에서도 살펴볼 수 있습니다.

예를 들어 카페에서 아르바이트하는 직원의 상황을 살펴봅시다. 환경 보호를 위해 실내에서는 일회용 용기를 사용할 수 없어, 매장에서 음료를 먹는 사람들에게는 머그컵으로 음료를 담아 줘야 합니다. 물론 환경을 지키는 훌륭한 일이지만, 직원에게는 설거지라는 고충이 따르지요.

만약 여러분이 직원이라면 어떤 기계가 있으면 좋을 것 같나요? 네. 식기세척기 또는 설거지해 주는 로봇이 있으면 좋겠지요?

설거지해 주는 로봇은 다음과 같은 작업을 반복할 것입니다.

❶ 컵을 물에 헹군다.

❷ 세제를 사용해서 컵을 닦는다.

❸ 컵을 물에 다시 헹군다.

로봇은 컵을 물에 헹구고, 세제로 닦고, 다시 물에 헹구는 작업을 몇 번 해야 할까요? 컵이 10개이기 때문에 10번 작업해야 하겠죠(설거지할 컵이 없는데 이 동작을 계속 반복하는 것도 웃기겠죠?).

이와 같이 반복문에는 작업을 몇 번 반복할 것인가가 상당히 중요합니다. C나 C++, 자바와 같은 다양한 프로그래밍 언어에 모두 반복문이 있지만, 반복을 몇 번 하게끔 하는지를 지시하는 프로그래밍 문법은 저마다 다릅니다.

지금부터 파이썬에서의 반복문 문법을 살펴보겠습니다.

> **TIP** 파이썬에서 반복문은 for문과 while문이 있습니다. 둘 다 다루면 좋겠지만, 이 책에서는 파이썬의 반복문 중 가장 많이 사용되는 for문을 기준으로 설명하겠습니다.

1 배열과 반복문(for문)

파이썬의 반복문을 이해하려면 앞에서 살펴본 배열과 반복문의 관계부터 살펴봐야 합니다. 결론부터 말하자면 파이썬에서는 사용하는 배열의 원소 수만큼 반복을 진행합니다. 무슨 말인지 이해를 돕기 위해 일단 다음과 같이 원소가 5개인 배열을 만들어 보겠습니다.

```
five = [1, 2, 3, 4, 5]    # 1부터 5까지의 원소가 있는 five 배열을 만듭니다.
len(five)                 # five 배열의 원소 수를 보여줍니다.
```

실행 결과

```
5
```

five 배열의 원소 수는 5임을 알 수 있습니다. 그럼 지금부터 반복문 중 for문을 사용해서 프로그램을 만들어 보겠습니다

2 반복문(for문) 만들기

파이썬에서 사용하는 for문의 문법은 다음과 같습니다.

```
for (변수) in (배열):
    (반복할 내용)
```

잠깐만요

표시가 뭔가요?

위의 ▨▨▨ 표시는 4칸 띄운다는 의미로, 파이썬에서는 인덴트(indent)라고 부릅니다. 이 인덴트가 파이썬과 다른 언어의 가장 큰 차이를 보여주는 대목이라고 볼 수 있습니다.

C, C++, 자바와 같은 언어는 반복문, 조건문, 함수 등 코드 블록을 표시하기 위해서 중괄호 { }를 사용합니다. 하지만 파이썬은 중괄호를 사용하지 않습니다. 중괄호를 사용할 때의 불편한 점(깜빡하고 쓰지 않는 등)을 없애기 위해서죠.

파이썬에서는 들여쓰기 자체가 문법입니다. 그래서 각 구문을 작성할 때 꼭 들여쓰기를 해야 합니다. 들여쓰기는 기본이 4칸입니다. 그리고 수준이 한 단계 깊어질수록 4의 배수, 즉 4칸, 8칸, 12칸… 이렇게 칸이 늘어납니다. 대부분 파이썬 편집기에서는 Space 키로 4칸을 띄워도 되지만, Tab 키를 한 번 누르면 4칸씩 들여쓰기가 됩니다.

이제 실제 프로그램을 만들며 반복문을 자세히 살펴보겠습니다.

■ 설거지하는 프로그램 만들기

지금 만들 프로그램은 설거지를 끝낼 때마다 '설거지 끝'이라고 말합니다. 물론 설거지하는 프로그래밍은 하지 않고, '설거지 끝'이라는 말만 하도록 할게요.

```
for i in five:        # five라는 배열을 사용하는 반복문을 만든다는 의미입니다.
    print("설거지 끝")  # 4칸 띄어쓰기 후 반복하길 원하는 내용(설거지 끝)을 출력
```

설거지 끝
설거지 끝
설거지 끝
설거지 끝
설거지 끝

설거지 끝이라는 말을 5번 반복하네요. 이와 같이 파이썬의 for문에서는 배열에 있는 원소의 수만큼 반복합니다. 여기서 문법을 복습하면, for를 쓰고 (변수)의 자리에 i를 적었습니다. 그리고 in 뒤인 (배열) 자리에 앞에서 만든 five를 적었습니다. 따라서 five 배열의 원소 수인 5만큼 그 아래에 있는 print("설거지 끝") 명령을 수행하게 됩니다. print문은 특정한 값을 화면에 출력할 때 사용하는 함수입니다.

> **TIP** 반복문 안의 i는 반복문에서 사용하는 변수라고 생각하면 됩니다. 이 변수는 무엇이며, 언제 사용하는지는 조금 뒤에 설명합니다.

■ 컵 10개를 설거지하는 프로그램 만들기

카페에 손님이 많아졌네요. 컵 10개를 설거지하는 반복문을 만들려면 어디를 수정해야 할까요? for문은 배열의 원소 수만큼 반복하기 때문에 배열을 바꿔야 합니다. 바로 원소 수가 10개인 배열로 말이죠.

```
ten = [9, 8, 7, 6, 5, 4, 3, 2, 1, 0]    # 원소 수가 10개인 배열 ten을 만듭니다.
len(ten)                                  # 배열 ten의 원소 수를 살펴봅니다.
```

10

원소의 수가 10개네요. 정말 10번 반복하는지 확인해 볼까요?

```
for i in ten:          # in 뒤인 (배열) 자리에 앞에서 만든 ten을 적었습니다.
    print("설거지 끝")   # 4칸 띄어쓰기 후 반복하길 원하는 내용(설거지 끝) 입력
```

실행 결과

설거지 끝
설거지 끝
설거지 끝
설거지 끝
설거지 끝
설거지 끝
설거지 끝
설거지 끝
설거지 끝
설거지 끝

■ 반복문의 변수(i)는 어디에 쓰나요?

여러분은 혹시 반복문 프로그램을 작성하면서 궁금한 점이 생기지 않았나요? 도대체 for 뒤에 쓴 i는 어디에 쓰는 걸까요? 사용하지도 않는데 꼭 필요한지 의문이 들지 않나요? 여기에 바로 파이썬 반복문의 특징이 있습니다.

파이썬 반복문에서는 사용하는 배열의 원소 숫자만을 사용하지 않습니다. 바로 반복할 때마다 배열의 원소에 접근합니다.

그림 13-1 | 반복할 때마다 배열의 원소에 접근

실제 코드를 통해 for문에서 반복할 때마다 해당 순서의 배열의 원소를 가져오는지 확인해 봅시다.

```
for i in five:                    # 원소가 5개인 five 배열을 가져와서 반복문을 만듭니다.
    print(i, "번째 설거지 끝")   # 변수 i를 사용합니다.
```

1 번째 설거지 끝
2 번째 설거지 끝
3 번째 설거지 끝
4 번째 설거지 끝
5 번째 설거지 끝

변수 i의 자리에 배열의 각 원소가 들어간 것을 확인할 수 있습니다.

이번에는 원소가 10개인 배열을 확인해 봅시다.

```
for i in ten:                     # 원소가 10개인 ten 배열을 가져와서 반복문은 만듭니다.
    print(i, "개  남았습니다.")  # 변수 i를 사용합니다.
```

9 개 남았습니다.
8 개 남았습니다.
7 개 남았습니다.
6 개 남았습니다.
5 개 남았습니다.
4 개 남았습니다.
3 개 남았습니다.
2 개 남았습니다.
1 개 남았습니다.
0 개 남았습니다.

변수 i의 자리에 배열의 각 원소가 들어간 것을 확인할 수 있습니다.

3 range() 함수 살펴보기

만약 설거지할 컵이 100개, 아니 1000개라면 어떻게 해야 할까요? 원소의 수가 1000개인 배열을 일일이 만들어야 할까요? 만약 그렇게 해야 한다면 반복문을 사용하는 의미가 없습니다. 이럴 때 사용하는 함수가 바로 range( ) 함수입니다.

■ range() 함수란 무엇인가요?

range( ) 함수는 특정 구간의 숫자를 만들어 주는 함수입니다. 예를 들어 range(10)의 의미는 10개의 숫자를 만드는 것입니다. 그런데 앞에서는 특정 구간이라고 했는데 10개의 숫자가 어떤 구간인지를 말하지 않았죠? 일단 한번 만들어 봅시다.

```
rten = range(10)      # 10개의 숫자를 만들고 rten에 넣습니다.
list(rten)            # list() 함수를 사용해서 rten에 넣은 10개 숫자를 배열로 만듭니다.
```

실행 결과

[0, 1, 2, 3, 4, 5, 6, 7, 8, 9]

원소의 수가 10개인 배열이 만들어졌습니다. 만들어진 숫자를 살펴보니 0부터 시작해서 1씩 증가하는 규칙이 눈에 보이네요.

■ range() 함수 더 알아보기

이와 같이 range( ) 함수는 사용자가 지정하는 만큼 숫자를 만들어 줍니다. 그렇다면 특정한 구간은 어떻게 정하는 걸까요?

range( ) 함수를 사용하니 시작하는 숫자가 0이었습니다. 특정한 구간이라고 하면 [1, 2, 3, 4, 5]처럼 시작하는 숫자를 바꿀 수 있어야겠죠? 이를 위해서 range( ) 함수에는 특정 구간을 정하는 규칙이 있습니다.

```
range(시작 숫자, 끝 숫자, 건너뛰기)
```

이때 시작 숫자가 0일 때와 건너뛰기 숫자가 1일 때에는 생략해도 됩니다. 먼저 숫자 1, 2, 3, 4, 5를 만들어 보겠습니다. 1로 시작하는 숫자인 five1을 만들기 위해 range( ) 함수를 사용합니다. 시작하는 숫자가 1, 끝 숫자가 6인데 그 이유는 끝 숫자 전까지만 만들기 때문입니다. 1씩 건너뛰기 때문에 건너뛰는 숫자는 1로 하였습니다.

```
five1 = range(1, 6, 1)
list(five1)
```

실행 결과

[1, 2, 3, 4, 5]

1부터 시작해서 6 바로 전 숫자인 5까지를 원소로 하는 배열이 만들어진 것을 볼 수 있습니다.

다음으로 [9, 8, 7, 6, 5, 4, 3, 2, 1, 0] 숫자를 만들어 보겠습니다. 이번에는 9로 시작하는 숫자인 ten9를 만들기 위해 range( ) 함수를 사용합니다. 시작하는 숫자가 9, 끝 숫자가 -1 인데 그 이유는 끝 숫자 전까지만 만들기 때문입니다. -1씩 건너뛰기 때문에 건너뛰는 숫자는 -1로 하였습니다.

```
ten9 = range(9, -1, -1)
list(ten9)
```

실행 결과

[9, 8, 7, 6, 5, 4, 3, 2, 1, 0]

9부터 시작해서 -1 전까지인 0까지 원소로 가지는 배열이 만들어졌습니다.

■ range( ) 함수로 for문 만들기

이제 range( ) 함수를 사용하여 for문을 만들어 보겠습니다. 앞에서 작성한 몇 번째 설거지 끝이라는 것을 말하는 프로그램을 만들어 보겠습니다.

```
for i in range(1, 6):
    print(i, "번째 설거지 끝")
```

1번째 설거지 끝
2번째 설거지 끝
3번째 설거지 끝
4번째 설거지 끝
5번째 설거지 끝

앞에서 만든 코드와 같은 결과가 나오네요.

> **TIP**
> 코드의 for문을 보면 (배열) 자리에 range() 함수를 사용하였으며, 시작 숫자가 1, 끝 숫자가 6입니다. 건너뛰기 숫자는 1일 때 생략 가능하므로 넣지 않았습니다.

5 대신에 10, 100과 같이 큰 숫자를 넣어본 후 실행하면, 해당 숫자만큼 반복되는 것을 확인할 수 있습니다.

그림 13-2 | 100번 반복한 결과

> **TIP**
> range() 함수의 값을 변형하면 반복문의 횟수 및 반복문 내부에 들어가는 값을 바꿀 수 있습니다. range() 함수를 변경하여 다양한 값을 출력하는 반복문을 만들어 보세요.

UNIT 14 인공지능을 위한 조건문

ARTIFICIAL INTELLIGENCE FOR EVERYONE

파이썬 프로그래밍을 할 때 반복문과 함께 자주 사용되는 것이 바로 조건문입니다. 조건이라는 말에서 알 수 있듯이, 특정한 조건에 해당되는지(조건이 참인지), 아니면 해당되지 않는지(조건이 거짓인지)에 따라 서로 다르게 명령할 수 있는 방법이 바로 조건문입니다.

예를 들어 자동문에서 '누군가 열림 버튼을 누른다면'이 바로 조건입니다. 만약 사람이 열림 버튼을 누른다면 이 조건이 참이 되는 것입니다. 조건이 참일 경우에는 문이 열리도록 프로그래밍했기 때문에 자동문이 스스로 열리게 되는 것입니다.

조건문은 다양한 상황이 예상되는 프로그래밍에서 유용하게 사용됩니다. 그럼 지금부터 파이썬에서 사용하는 조건문을 살펴봅시다.

1 if문 살펴보기

파이썬뿐만 아니라 거의 모든 프로그래밍 언어에서 조건문은 if문을 사용합니다. "만약 내가 여자라면"이라는 말을 영어로 하면 "if I were a woman"인 것과 같이 if는 '만약 ~라면'이라는 뜻입니다. 파이썬에서도 이와 비슷하게 조건문을 사용합니다.

```
if (조건):          # if 뒤에 조건을 작성하고 마지막에 콜론(:)을 붙입니다.
    명령문          # 4칸을 띄운 후 명령문을 작성합니다.
```

> **TIP** 조건문에서도 함수를 사용한 이후 파이썬 문법인 인덴트(4의 배수로 들여쓰기)를 꼭 사용해야 합니다. 함수 뒤에 콜론(:)을 넣으면 자동으로 아랫줄부터 들여쓰기가 되지만, 그렇게 되지 않을 때도 있으니 잘 확인하여야 합니다.

if문을 사용하여 특정 숫자가 10보다 큰지를 말해 주는 프로그램을 만들어 보겠습니다.

먼저 특정한 숫자를 넣습니다. 다음 코드를 넣은 실행 버튼을 누릅니다.

```
num = 15    # num이라는 변수를 만들고 그 안에 15라는 값을 넣습니다.
```

+코드를 누르고 다음과 같이 if문을 작성한 후 실행 버튼을 눌러 결과를 확인합니다.

```
if num >= 10:          # num이라는 변수의 값이 '10 이상일 때'라는 조건을 만들어 줍니다.
    print("10보다 큽니다.")    # 조건이 참일 때 출력합니다.
```

> **실행 결과**
>
> **10보다 큽니다.**

2 if else문 살펴보기

앞에서 우리가 살펴본 if문은 조건이 참일 경우에만 어떠한 명령을 실행할 수 있습니다. 하지만 조건이 참이 아닐 경우에도 어떠한 명령을 내려야 할 경우가 있습니다.

예를 들어 만약 내가 짜장면이 먹고 싶다면 중국집에 짜장면을 주문한다는 조건문이 있습니다. 이 경우에 만약 짜장면을 먹고 싶지 않다면 어떻게 될까요?

여기에서는 짜장면을 먹고 싶지 않을 경우에는 어떻게 하는지 알 수 없습니다. 짜장면을 먹고 싶지 않을 때 어떻게 할지에 대한 명령이 없기 때문입니다. 하지만 짜장면이 먹고 싶지 않다고 해서 배가 고프지 않은 것은 아닙니다. 짬뽕이 먹고 싶을 수도 있고, 볶음밥이 먹고 싶을 수도 있습니다.

이럴 때 짜장면이 먹고 싶지 않다면, 즉 '짜장면이 먹고 싶다가 아니라면'일 때는 짬뽕을 시킨다는 명령어가 있으면 이러한 문제는 해결되겠죠?

이때 사용하는 것이 바로 if else문입니다. if else문은 '만약 ~라면, 만약 ~가 아니면'이라는 뜻으로 읽을 때는 '이프엘스문'이라고 읽습니다.

```
if (조건):              # if 뒤에 조건을 작성하고 마지막에 콜론(:)을 붙입니다.
    ▮▮명령문           # 4칸을 띄운 후 조건이 참일 때의 명령문을 작성합니다.
else:                  # else 뒤에 조건을 작성할 필요는 없습니다.
    ▮▮명령문           # 4칸을 띄운 후 조건이 아닐 때의 명령문을 작성합니다.
```

if else문을 사용하여 숫자가 홀수인지 짝수인지 구별하는 프로그램을 만들어 보겠습니다.

구별하고 싶은 숫자를 적습니다. 여기서는 숫자 10을 num2라는 변수에 넣습니다.

```
num2 = 10   # num2라는 변수를 만들고 10의 값을 넣습니다.
```

홀수와 짝수를 구별하는 프로그램을 다음과 같이 만듭니다.

```
if num2 %2 == 0:             # if 뒤에 조건을 넣습니다.
    print("짝수입니다.")      # 조건이 참일 때 수행할 명령을 작성합니다.
else:                        # '그렇지 않으면'에 해당합니다.
    print("홀수입니다.")      # 조건이 참이 아닐 때 수행할 명령을 작성합니다.
```

실행 결과

짝수입니다.

if문에 작성한 조건(num2 %2 == 0)은 무슨 뜻일까요? 'num2 변수의 값을 2로 나누었을 때의 나머지가 0이면'이라는 의미로, 만약 어떤 수를 2로 나누었을 때 나머지가 0이면, 즉 나누어 떨어지면 그 수는 짝수입니다(4 나누기 2, 18 나누기 2를 생각해 보세요).

따라서 이 조건이 참일 경우 "짝수입니다."라는 문장을 출력하는 것입니다. 그렇지 않을 경우, 즉 나머지가 0이 아니라면(1이라면) "홀수입니다."를 출력합니다. 여기서는 num2의 값이 10, 즉 짝수이므로 "짝수입니다."가 출력됩니다.

3 홀짝 구별하는 함수 만들기

홀수와 짝수를 구별하는 프로그램을 만들어 봤습니다. 물론 이 프로그램은 숫자 10만을 구별할 수 있습니다. 만약 숫자 9를 구별하려면 어떻게 해야 할까요?

프로그램 전체를 수정해야 합니다. 이렇듯 앞에서 만든 프로그램은 다양한 숫자의 홀수와 짝수 여부를 판별해 볼 수 없기 때문에 조금 불편합니다. 이러한 불편함을 줄일 수 있는 방법이 바로 함수를 만드는 것입니다.

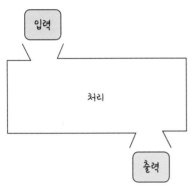

그림 14-1 | 어떤 값을 입력하면 처리 과정을 거쳐 특정한 값을 출력하는 함수

함수라고 하면 수학에서의 함수가 떠오르지 않나요? 프로그래밍의 함수 또한 이와 비슷한 개념입니다.

함수에 어떠한 값을 입력하면 함수 내부의 처리 과정을 거쳐 특정한 값을 출력합니다. 예를 들어 입력받는 값을 홀수와 짝수로 구분하라는 함수가 있다고 생각해 봅시다. 그러면 이 함수에 4를 입력하면 짝수, 5를 입력하면 홀수라는 출력값이 나오겠죠? 이처럼 함수를 만들면 다양한 입력값에 대한 출력값을 도출할 수 있습니다.

프로그래밍에서 사용되는 함수 구조는 다음과 같습니다. 함수를 만드는 키워드는 def입니다.

> **TIP**
> def는 '정의하다'라는 뜻의 definition에서 유래하였습니다. def는 함수를 정의할 때 사용하는 예약어(키워드)이므로 함수 이름이나 변수 이름으로 사용할 수 없습니다.

```
def (함수 이름)(매개변수):        # def 뒤에 여러분이 사용하고 싶은 함수 이름과 매개변수(파라미터)를 넣습니다.
    (함수의 내용)               # 4칸을 띄우고 함수에 넣고 싶은 프로그램을 넣으면 됩니다.
```

잠깐만요

매개변수가 무엇인가요?

매개변수(파라미터, parameter)란 함수 내부에서 사용하는 변수를 의미합니다. 매개변수는 변수의 특별한 한 종류입니다. 함수 내부에서는 이 인자를 사용하여 다양한 처리를 하게 됩니다. 이와 같이 이 변수를 함수 내부에서 사용하기 때문에 이를 매개변수라고 합니다.

먼저 홀수와 짝수를 구별하는 함수인 number_check( ) 함수를 만듭니다. 이때 num이라는 인수를 받아서 함수 안에서 사용하겠습니다.

```
def number_check(num):        # 함수를 정의합니다.
    if num %2 == 0:           # num의 값을 2로 나눈 값이 0이라면
        print("짝수입니다.")    # 짝수라고 말합니다.
    else:                     # 그렇지 않으면
        print("홀수입니다.")    # 홀수라고 말합니다.
```

 TIP print('짝수입니다.') 부분은 if문에 해당하기 때문에 8칸을 띄어야 합니다.

함수를 사용하여 10이 홀수인지 짝수인지 알아봅시다. 함수를 사용하려면 다음과 같이 함수의 이름을 적고 괄호( ) 안에 어떤 값을 살펴볼지 넣습니다.

```
number_check(10)        # number_check 함수를 호출하며 그 함수에 10이라는 전달 인자를 넣어줍니다.
```

실행 결과

짝수입니다.

이와 같이 함수에 10이라는 숫자를 넣으면 2로 나눈 나머지가 0이기 때문에 "짝수입니다."
라는 메시지가 출력됩니다.

 잠깐만요

전달 인자가 무엇인가요?
전달 인자(argument)란 함수를 호출할 때 사용하는 값입니다. number_check라는 함수를 호출할 때에는 어떤 값을 체크해 볼 것인지 그 값을 넣어줘야 합니다. 함수에서 사용하는 매개변수는 변수의 의미로, 함수를 호출할 때 사용하는 전달 인자는 값의 의미로 생각하면 됩니다.

이번에는 11이 홀수인지 짝수인지 알아봅시다.

```
number_check(11)        # number_check 함수를 호출하며 그 함수에 11을 넣어줍니다.
```

실행 결과

홀수입니다.

함수에 11이라는 숫자를 넣으면 2로 나눈 나머지가 1이기 때문에 "홀수입니다."라는 메시지
를 출력합니다.

지금까지 파이썬의 기초 문법을 살펴봤습니다. 물론 여기서 배운 내용이 파이썬의 전체를 설
명한다고는 할 수 없습니다. 하지만 지금까지 살펴본 내용은 앞으로 실습할 인공지능 프로그
래밍에서 알아야 하는 기초입니다. 첫 술에 배부를 수는 없지만, 여러분이 이 내용을 잘 숙지
한다면 뒷부분에서 실습할 인공지능 프로그래밍을 자신감을 있게 해볼 수 있을 것입니다.

넷째
마당

딥러닝 프로그래밍
시작하기

여기까지 오느라 수고 많았습니다. 이제 드디어 딥러닝을 사
용하여 인공지능 모델을 만들어 볼 차례입니다. 딥러닝 모델
을 만들기 위해서는 알아야 할 지식들이 많습니다. 이를 위해
지금까지 인공지능이란 무엇인지, 인공 신경망에서 시작한
딥러닝이란 무엇인지 살펴봤습니다. 또 우리가 실제로 딥러
닝을 만들어 보기 위해 알아야 할 기본적인 파이썬 문법도 살
펴봤습니다. 물론 딥러닝을 사용하여 인공지능을 만드는 것
은 쉽지 않은 과정입니다. 더군다나 프로그래밍에 익숙하지
않은 분이라면 더욱더 그렇게 느껴질 것입니다. 그래서 프로
그래밍 초보자도 쉽게 프로그래밍할 수 있도록 코드 한 줄 한
줄 자세한 설명을 달아 두었습니다. 지금부터 이 책과 함께
딥러닝 프로그래밍의 세계로 들어가 봅시다.

UNIT 15 딥러닝 개발 환경 살펴보기

ARTIFICIAL INTELLIGENCE FOR EVERYONE

딥러닝을 개발하는 방법에는 여러 가지가 있습니다. 물론 딥러닝을 개발하는 것 또한 프로그래밍이기에 프로그래밍 언어를 사용해야 합니다. 그렇다면 프로그래밍 언어만으로도 딥러닝을 개발할 수 있을까요?

어떤 사람이 무엇인가를 만들기 위해 모래를 옮기고 있다고 합시다. 그런데 이 사람이 삽 한 자루만 가지고 있다면 어떨까요? 물론 이 모래를 다 옮길 수는 있겠지만, 그만큼 많이 노력하고 시간을 아주 오래 들여야겠지요. 이 일을 쉽게 하는 방법은 무엇일까요? 바로 한 번에 모래를 많이 옮길 수 있는 굴삭기를 사용하는 것입니다.

딥러닝을 만들 때에도 마찬가지입니다. 프로그래밍 언어를 사용하여 처음부터 하나하나 만들 수 있지만, 그러기에는 너무나 많은 노력이 필요합니다. 모래를 옮길 때 굴삭기를 사용하는 것처럼 딥러닝을 만들 때에도 쉽게 작업할 수 있게 도와주는 도구들이 있습니다. 지금부터 그 도구들을 소개하고, 이 도구들을 이용해서 딥러닝 인공지능을 직접 만들어 보겠습니다.

> **TIP** 만약 프로그래밍 언어를 사용해서 기초부터 인공지능을 만들어 보고 싶다면 《밑바닥부터 시작하는 딥러닝(한빛미디어, 2017)》이라는 책을 참고하세요.

1 텐서플로 살펴보기

첫 번째로 소개할 도구는 텐서플로(Tensorflow)입니다. 텐서플로는 특정한 프로그래밍 언어가 아니라, 손쉽게 딥러닝 모델을 만들 수 있게 도와주는 프로그래밍 라이브러리입니다. C++ 언어를 기본으로 만들어졌지만, 파이썬, 자바 등 다양한 언어에서 사용할 수 있습니다. 대부분 기능이 파이썬 라이브러리로 구성되어, 파이썬에서 가장 편하게 사용할 수 있답니다.

딥러닝을 만들기 위한 재료는 데이터입니다. 그리고 이 데이터를 사용하여 모델을 학습시킵니다. 텐서플로에서는 이러한 데이터의 모습을 텐서(Tensor)라고 합니다. 이 데이터의 흐름(flow)을 바탕으로 딥러닝이 완성되기 때문에 텐서플로라는 이름이 붙여진 것입니다. 텐서플로는 1.0 버전과 2.0 버전이 있으며, 이 책에 나오는 코드는 2.0 버전에 최적화되었습니다.

그림 15-1 | 텐서플로의 로고

앞서 우리가 프로그래밍 개념을 코랩에서 실습하며 배웠듯이, 지금부터 딥러닝 모델 개발 또한 코랩에서 실시하겠습니다.

혹시 라이브러리를 추가하는 방법을 기억하나요? 라이브러리를 추가하기 위해서는 먼저 여러분의 컴퓨터에 라이브러리가 있어야 합니다. 즉, 라이브러리를 먼저 다운로드해야 한다는 의미죠. 다행히도 우리가 사용하는 코랩은 기본적으로 텐서플로 라이브러리가 설치되어 있습니다. 한번 확인해 볼까요?

TIP 만약 코랩이 아닌 여러분의 개인 컴퓨터에서 텐서플로를 사용하려면 텐서플로 라이브러리를 별도로 다운로드부터 해야 합니다. 이 부분은 부록 A를 참고하세요.

코랩에 접속하여 **새 노트**를 만듭니다.

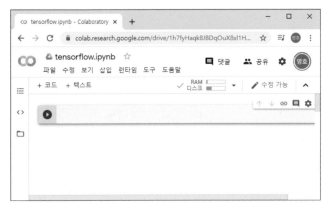

그림 15-2 | 코랩 접속 후 새 노트 생성

코랩에서 텐서플로 라이브러리가 정상적으로 사용 가능한지 확인해 보겠습니다. 정상적으로 설치되었을 경우, 다음과 같이 입력하면 현재 사용 가능한 텐서플로 라이브러리 버전을 알 수 있습니다.

```
%tensorflow_version    # 텐서플로 라이브러리의 버전을 확인하는 코드입니다.
```

실행 결과
```
Currently selected TF version: 2.x
Available versions:
* 1.x
* 2.x
```

현재 텐서플로의 버전은 2.0 버전임을 알려주네요.

 2   케라스 살펴보기

다음으로 소개할 도구는 바로 케라스(keras)입니다. 케라스 또한 텐서플로와 마찬가지로 딥러닝을 만들 때 사용하는 라이브러리입니다. 그럼 케라스와 텐서플로는 같은 것일까요? 정답을 미리 말하자면 그렇지 않습니다.

텐서플로를 사용하면 심층적인 인공 신경망을 손쉽게 만들 수 있습니다. 하지만 케라스를 사용하면 텐서플로만 사용했을 때보다 더 쉽게 이를 만들 수 있죠. 즉, 케라스는 텐서플로를 사용하기 쉽게 만들어 주는 도구라고 볼 수 있습니다. 따라서 케라스를 사용하려면 텐서플로 라이브러리를 불러온 상태여야 합니다.

 잠깐만요

텐서플로 이외의 다양한 도구를 사용할 때 케라스를 쓸 수 있나요?

텐서플로는 심층 신경망을 만들기 위해 구글이 만든 도구입니다. 심층 신경망을 만드는 도구에는 텐서플로 이외에도 테아노(theano)나 마이크로소프트에서 만든 CNTK라는 도구가 있습니다. 케라스는 텐서플로 이외에도 테아노나 CNTK를 사용할 수 있습니다. 케라스는 이러한 심층 신경망을 만들기 위한 도구들을 쉽게 사용할 수 있도록 도와주는 도구입니다.

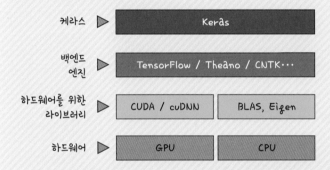

딥러닝 모델을 만들려면 CPU나 GPU와 같은 하드웨어, 이러한 하드웨어를 구동하기 위한 라이브러리가 필요합니다. 그리고 이를 사용하여 인공지능을 만들 수 있는 텐서플로, 케라스 같은 소프트웨어가 필요합니다. 즉, CPU나 GPU 같은 하드웨어를 다룰 수 있는 다양한 라이브러리를 텐서플로, 테아노, CNTK 등에서 제어할 수 있죠. 그리고 텐서플로, 테아노, CNTK 등과 같은 도구를 쉽게 다룰 수 있도록 해주는 것이 바로 케라스입니다.

케라스 홈페이지(https://keras.io/ko/)에서 살펴볼 수 있듯이 케라스는 사용자에게 친화적입니다. 여기서 친화적이라는 말은 사용자가 더 편리하게 사용할 수 있다는 의미죠.

그림 15-3 | 케라스 홈페이지

케라스 홈페이지의 이념 부분에 '기계가 아닌 사람을 위해 디자인된 API'라고 밝히고 있듯이, 케라스는 사람들이 쉽게 사용할 수 있도록 구성되었습니다. 이에 텐서플로를 만든 구글은 사용자들이 케라스를 이용하여 텐서플로를 더 잘 사용할 수 있다고 판단하였습니다.

그래서 2017년부터 텐서플로의 케라스를 통해 핵심 라이브러리를 사용할 수 있게 하였는데, 이는 곧 텐서플로의 다양하고 강력한 기능들을 케라스를 사용하여 구현할 수 있다는 의미입니다.

그럼 지금부터 케라스를 사용하는 방법을 살펴보겠습니다. 일반적인 라이브러리를 불러오듯이 불러오면 됩니다.

```
import keras    # 케라스 라이브러리를 불러오는 코드입니다.
```

그림 15-4 | 케라스 불러오기

이렇게 케라스 라이브러리를 불러왔을 때 아무런 오류가 나지 않으면 정상적으로 동작한 것입니다.

3 GPU 살펴보기

심층 신경망 모델을 구성해서 딥러닝을 구현하려면 수많은 계산 과정이 필요합니다. 이러한 계산은 컴퓨터의 중앙처리장치(CPU)가 담당합니다. 잠시 CPU가 작동하는 원리를 살펴볼까요?

CPU는 데이터를 읽어와서, 그 값을 계산한 후 답을 넘겨주는 과정을 수행합니다. 그래서 성능이 좋은 CPU는 한 번에 데이터를 읽어들일 수 있는 능력이 뛰어납니다. 그리고 그 데이터를 계산할 수 있는 능력 또한 뛰어납니다.

CPU는 일의 순서를 잘 계산한 후 순서에 맞춰 계산을 수행합니다. 대부분 프로그램이 복잡한 순서를 가진 알고리즘으로 구현되었기 때문에 CPU는 이러한 프로그램을 잘 순서화해서 일을 처리할 수 있습니다.

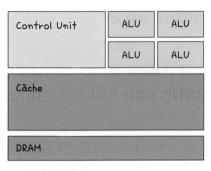

그림 15-5 | CPU 내부

CPU의 처리 과정은 다음과 같습니다. 처리할 일을 메모리(DRAM)에 불러 들어와서 어떤 식으로 처리할 것인지를 결정한 다음(Control Unit) 계산을 처리합니다(ALU, Arithmetic Logic Unit). 이 같은 특징 때문에 CPU는 복잡한 계산을 빠르게 수행할 수 있습니다.

 잠깐만요

혹시 코어(core)라고 들어 봤나요?

CPU에서는 한 번에 하나의 일을 수행하기 때문에 동시에 수행할 수 있도록 명령어를 해석하고 계산을 수행하는 부분을 늘리기 시작했습니다. 이 부분이 바로 코어입니다. 그래서 코어가 1개이면 한 번에 하나의 계산을 수행하고, 2개이면 한 번에 두 개의 계산을 수행할 수 있습니다. 일반적으로(물론 항상 그렇지는 않지만) 코어 수가 많을수록 CPU 성능이 좋다고 말합니다.

딥러닝에서 사용하는 계산들은 기존에 CPU가 수행한 계산보다 훨씬 덜 복잡합니다. 따라서 '복잡한 계산을 빠르게 하는' CPU의 장점이 빛을 발하지 못하게 되고, 그러다 보니 딥러닝 계산에 최적화된 처리 장치를 개발하게 됩니다. 복잡한 명령어를 해석하는 장치 부분을 줄이고, 실제 계산을 수행하는 부분을 많이 늘린 것이죠.

GPU는 그 이름에서도 알 수 있듯이 그래픽 작업을 처리하는 용도로 개발되었습니다. 픽셀로 이루어진 그래픽 작업을 수행할 때 계산이 빨라야 더 부드럽고 사실적인 모습을 보여줄 수 있기 때문에 간단하지만 많은 계산을 할 수 있도록 설계된 것입니다.

그림 15-6을 보면 알 수 있듯이, GPU에는 어떤 식으로 처리할 것인지를 결정하고(Control Unit) 계산을 처리하는 부분(ALU)이 CPU에 비해 상대적으로 많이 있습니다. 물론 처리할 수 있는 능력은 CPU보다 떨어지지만 그 수가 많아, 많은 계산을 동시에 수행하므로 빠른 속

도를 나타낼 수 있는 것이죠. 즉, CPU와 달리 GPU는 단순한 계산을 동시에, 그리고 순식간에 할 수 있다는 장점이 있습니다.

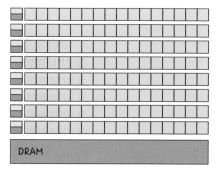

그림 15-6 | GPU 내부

딥러닝 또한 간단하지만 많은 문제를 해결해야 하므로 GPU를 사용하기 시작했습니다. 또한, GPU가 계산 성능이 좋긴 하지만 복잡한 문제를 빠르게 해결할 수 없기 때문에 CPU와 GPU를 적절히 사용하는 것이 중요합니다.

물론 이러한 GPU를 인공 신경망에 사용하기 위해서는 여러분의 컴퓨터에 GPU가 설치되어 있어야 합니다. 하지만 우리가 사용하고 있는 환경인 코랩에서는 구글의 GPU와 TPU를 무료로 사용할 수 있습니다.

 잠깐만요

TPU는 무엇인가요?

TPU(Tensor Processing Unit)는 텐서를 처리하기 위해 만들어진 처리 장치입니다. 텐서는 텐서플로 라이브러리에서 사용하는 데이터를 의미합니다. 구글은 이러한 텐서플로라는 머신러닝 라이브러리를 구체적으로 처리하기 위해 자체적으로 TPU를 개발했습니다.

지금부터 코랩에서 GPU를 사용하는 방법을 알아보겠습니다. 그림 15-7과 같이 **런타임** 메뉴 중 **런타임 유형 변경**을 클릭합니다.

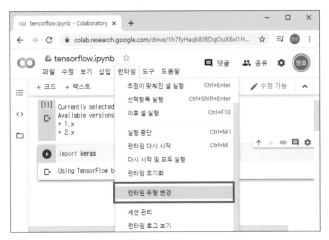

그림 15-7 | 런타임 → 런타임 유형 변경 클릭

노트 설정 메뉴에서 하드웨어 가속기를 선택할 수 있습니다. 다음과 같이 GPU와 TPU를 선택할 수 있습니다.

그림 15-8 | 노트 설정 화면

다음과 같이 GPU와 TPU를 선택할 수 있습니다. 여기서는 GPU를 선택하고 **저장** 버튼을 클릭합니다.

그림 15-9 | GPU를 선택한 후 저장

'필요하지 않은 경우 GPU나 TPU를 사용하지 않는 것이 좋다'는 메시지가 나옵니다. 왜 그런가요?

GPU와 TPU를 사용할 때 구글에서 누구에게 먼저 사용할 수 있게 할 것인지 우선순위를 정하였습니다. 오래 실행되는 계산을 사용하는 사용자보다, 대화식으로 코랩을 사용하는 사용자 또는 최근 코랩에서 더 적은 리소스를 사용한 사용자에게 우선순위가 부여됩니다.

결과적으로 장기 실행 계산에 코랩을 사용하는 사용자 또는 최근 코랩에서 더 많은 리소스를 사용한 사용자는 사용이 제한될 가능성이 높아지고 GPU 및 TPU에 대한 액세스가 일시적으로 제한됩니다.

'GPU 런타임에 연결되어 있지만 GPU를 활용하고 있지 않다'는 메시지가 나옵니다. 왜 그런가요?

코랩의 설명을 살펴보면 코랩에서는 GPU와 TPU를 포함한 가속 컴퓨팅 환경을 선택 사항으로 제공합니다. GPU 또는 TPU 런타임에서 코드를 실행한다고 해서 반드시 GPU 또는 TPU가 활용되는 것은 아닙니다. GPU 사용량 한도에 도달하지 않도록 GPU를 활용하지 않는 경우 표준 런타임으로 전환하는 것이 좋습니다.

경고: GPU 런타임에 연결되어 있지만 GPU를 활용하고 있지 않습니다. **표준 런타임으로 변경** ✕

지금까지 구글 코랩을 사용하여 딥러닝 모델을 만들어 볼 준비를 끝마쳤습니다. 물론 코랩이 아닌 여러분만의 환경을 만들어서 딥러닝 모델을 만들어도 아무런 문제가 없습니다. 하지만 그렇게 하기 위해서는 부록을 참고하여 파이썬과 텐서플로, 케라스 등 다양한 라이브러리를 설치한 다음, 다음 장으로 넘어가는 것을 추천드립니다.

이제 다음 장부터 코랩을 사용하여 숫자 인식, 코로나 19 확진자 수 예측, 숫자 생성 딥러닝 모델을 각각 만들어 보겠습니다.

UNIT 16

숫자 인식 인공지능 만들기

ARTIFICIAL INTELLIGENCE FOR EVERYONE

이제부터 본격적으로 딥러닝을 이용한 인공지능을 만들어 보겠습니다. 이 장에서는 손으로 쓴 숫자를 인식하는 인공지능을 만들어 볼 텐데요. 이 숫자 인식 인공지능 개발은 마치 컴퓨터 프로그래밍을 배울 때의 'Hello world'를 화면에 나타내는 것만큼이나 딥러닝에서 기본적으로 사용하는 예제입니다. 하지만 기본이라고 해서 그리 녹록하지는 않을 수 있습니다. 그럼 한걸음씩 차근차근 인공지능을 만들어 봅시다. 다음 그림은 숫자 0~9까지의 숫자 중 하나입니다. 여러분은 각각 어떤 숫자라고 생각하나요?

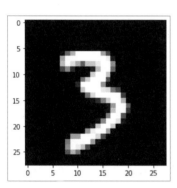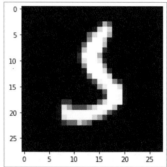

그림 16-1 | 어떤 숫자일까?

왼쪽 그림은 누구나 3이라고 생각할 수 있습니다. 하지만 오른쪽 그림은 무엇인지 한눈에 알아차리기 쉽지 않습니다. 인공지능은 과연 두 번째 그림을 맞힐 수 있을까요? 만약 알아맞힌다면 성능이 좋은 인공지능일 것입니다. 지금부터 우리는 이러한 숫자를 알아맞히는 인공지능을 만들어 보도록 하겠습니다. 먼저 인공지능을 만들려면 무엇이 필요할까요? 바로 인공지능이 학습할 수 있는 데이터가 필요합니다. 우리가 사용할 데이터는 MNIST 데이터셋입니다. 이 데이터에는 아래와 같이 70,000개 손글씨 숫자가 있습니다. 숫자는 0~9까지 총 10개로 구성되며, 이 데이터 역시 인공지능 모델을 만들 때 기본으로 사용하는 데이터셋입니다.

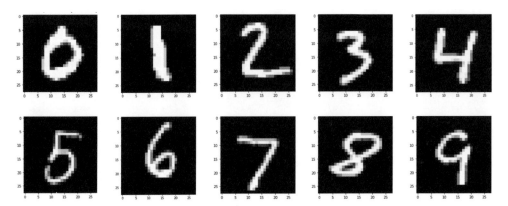

그림 16-2 | MNIST 데이터셋

 개발 환경 만들기

앞에서 소개하였듯이 우리는 코랩을 사용하겠습니다. 먼저 코랩에서 **새 노트**를 생성하고 이름을 **mnist_deeplearning.ipynb**으로 변경합니다.

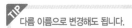
TIP
다른 이름으로 변경해도 됩니다.

이 책에서는 딥러닝 모델을 개발하기 위해 다양한 라이브러리를 사용합니다. 이를 위해서는 가장 먼저, 사용할 라이브러리를 추가하는 작업이 필요하죠. 다음 코드를 입력한 후 왼쪽의 실행 버튼을 눌러서 잘 실행되는지 확인합니다.

```
from tensorflow.keras.models import Sequential
from tensorflow.keras.layers import Dense, Activation
from tensorflow.keras.utils import to_categorical
from tensorflow.keras.datasets import mnist
import numpy as np
import matplotlib.pyplot as plt
```

TIP
코랩에서는 파이썬에서 사용하는 대부분의 라이브러리를 이미 제공하고 있기 때문에 라이브러리를 별도로 설치할 필요는 없습니다. 혹시 개별 환경에서 사용한다면 부록 A를 참고하세요.

■ from tensorflow.keras.models import Sequential

우리는 앞에서 인공 신경망의 종류를 살펴봤습니다. 기본적인 인공 신경망은 레이어가 순차적으로 구성되어 있습니다.

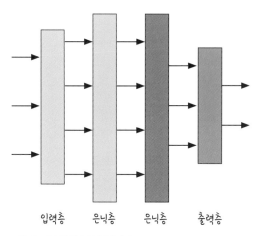

입력층   은닉층   은닉층   출력층

그림 16-3 | 순차 형태의 인공 신경망

> **TIP**
> 순차 형태의 인공 신경망은 데이터를 입력하는 입력층, 데이터를 학습하는 은닉층, 결과를 출력하는 출력층이 한 방향으로 순차적으로 구성된 인공 신경망을 의미합니다.

이렇게 순차적인 신경망을 구성할 때 사용할 수 있는 함수가 바로 케라스의 모델 도구 (models) 중 시퀀셜 모델(Sequential) 함수입니다. 위 코드는 바로 시퀀셜 모델을 불러오는 명령어입니다. from 명령어는 어디에서 가지고 오는지를 의미하고, import 명령어는 특정 함수를 의미합니다.

■ from tensorflow.keras.layers import Dense, Activation

레이어 도구(layers) 중 Dense와 Activation 도구를 불러오는 명령어입니다. Dense는 전결합층(fully-connected layer)을 의미합니다. 인공 신경망에는 입력층, 은닉층, 출력층과 같이 각각의 층이 있습니다. 이러한 층들이 바로 앞의 층과 서로 연결되어 있는 것을 전결합층이라고 합니다. Dense를 사용하여 각 레이어의 뉴런 개수를 설정할 수 있습니다. 그리고 Activation은 활성화 함수를 의미합니다.

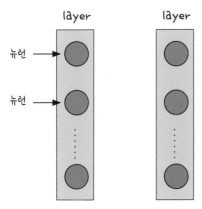

그림 16-4 | 레이어의 뉴런(노드) 개수 설정

■ **from tensorflow.keras.utils import to_categorical**

유틸 도구(utils) 중 to_categorical 함수를 불러오는 명령어입니다. 우리가 만들 인공지능 모델은 0부터 9 사이에 있는 숫자 이미지를 구별하는 인공지능입니다. 이때 이미지를 잘 학습시키기 위한 방법 중 하나로 원-핫 인코딩을 사용하는데, 원-핫 인코딩을 구현할 수 있는 함수가 바로 to_categorical 함수입니다.

 잠깐만요

원-핫 인코딩이란 무엇인가요?

원-핫 인코딩(one-hot incoding)이란 하나의 값만 1로 나타내고, 나머지 값은 모두 0으로 표시하는 방법입니다. 예를 들어 살펴볼까요?

mnist 데이터의 각 이미지가 나타내는 숫자는 0~9의 숫자 중 하나입니다. 원-핫 인코딩은 각 숫자를 0, 1, 2, 3… 같은 하나의 숫자로 나타내는 것이 아니라 벡터로 표현합니다. 즉, 숫자 0을 0이라고 나타내는 것이 아니라 [1, 0, 0, 0, 0, 0, 0, 0, 0, 0]으로 나타내는 것이죠. 이렇게 표현하면 숫자 0은 첫 번째에 해당하는 값이라는 것을 알려줄 수 있습니다. 마찬가지로 9의 경우에는 열 번째에 해당하는 숫자이기 때문에 [0, 0, 0, 0, 0, 0, 0, 0, 0, 1]로 나타낼 수 있습니다. 원-핫 인코딩은 16.4절(196쪽)에서 자세히 설명하겠습니다.

■ **from tensorflow.keras.datasets import mnist**

케라스를 사용하여 딥러닝 모델 개발을 연습할 수 있는 여러 데이터가 있습니다. 그 데이터는 데이터셋 도구(datasets)에 있으며, mnist 데이터셋을 불러오는 명령어입니다.

- **import numpy as np**

넘파이라는 수학 계산 라이브러리를 사용합니다. 이때 as 명령어로 함수 이름을 바꿀 수 있습니다. 이제 우리는 numpy를 np로 줄여서 사용할 수 있습니다.

- **import matplotlib.pyplot as plt**

맷플로립(matplotlib)이라는 그래프 라이브러리를 사용합니다. 이 라이브러리를 사용하면 파이썬을 사용하여 막대그래프나 꺾은선그래프, 히스토그램 등 다양한 그래프를 쉽게 그릴 수 있습니다. 그중에서 그림을 그리는 pyplot 라이브러리를 사용하며 그것을 plt라고 줄여서 사용하겠습니다.

개발 환경을 설정했으니 이제 데이터셋을 불러오겠습니다.

2 데이터셋 불러오기

인공지능 모델을 만들려면 훈련(train) 데이터와 검증(test) 데이터가 필요합니다. 이것은 마치 우리가 학교에서 보는 시험과 비슷합니다.

시험 공부할 때는 시험에 무엇이 나올지 알 수 없습니다. 그래서 여러 내용을 공부한 후 이를 바탕으로 시험을 봅니다. 인공지능도 마찬가지입니다. 인공지능의 성능을 살펴보기 위해서 학습에 사용한 데이터로 성능을 평가하는 것은 의미가 없습니다. 학습에 사용하지 않은 데이터를 얼마나 잘 알아맞히는지가 그 인공지능의 성능을 결정합니다.

그럼 mnist 데이터셋을 불러와 보겠습니다. 화면 상단의 **+코드**를 클릭하여 코드 입력줄을 추가합니다.

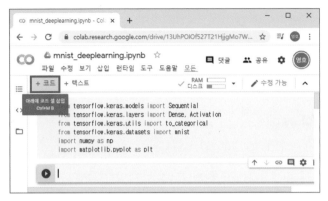

그림 16-5 | 코드 입력줄 추가

TIP 앞으로 코드 셀 하나의 내용을 입력한 이후에는 이처럼 화면 상단의 +코드를 클릭하여 코드 입력줄을 추가한 후 작성합니다.

```
(x_train, y_train), (x_test, y_test) = mnist.load_data()
print("x_train shape", x_train.shape)
print("y_train shape", y_train.shape)
print("x_test shape", x_test.shape)
print("y_test shape", y_test.shape)
```

실행 결과

Downloading data from https://storage.googleapis.com/tensorflow/tf-keras-datasets/mnist.npz
11493376/11490434 [==============================] - 0s 0us/step
x_train shape (60000, 28, 28)
y_train shape (60000,)
x_test shape (10000, 28, 28)
y_test shape (10000,)

■ (x_train, y_train), (x_test, y_test) = mnist.load_data()

mnist 데이터셋에는 load_data()라는 함수가 포함되어 있는데 mnist 데이터셋에서 데이터를 불러오라는 명령어입니다. mnist 데이터는 이미 네 부분으로 나뉘어 있는데, 첫 번째 부분을 x_train으로, 두 번째 부분을 y_train으로, 세 번째 부분을 x_test로, 마지막 부분을 y_test로 불러오라는 명령어입니다. 그리고 이 값들은 모두 넘파이 라이브러리를 사용하여 만든 값입니다. 앞으로 이 값들을 사용할 때 넘파이 라이브러리의 다양한 함수, 예를 들어 데이터의 형태를 바꾸는 reshape 함수 같은 여러 함수를 사용할 수 있습니다.

그림 16-6에서 볼 수 있듯이 mnit 데이터셋은 훈련 데이터와 검증 데이터로 구성되어 있습니다. 훈련 데이터에는 각 손글씨 그림과 그 그림이 어떤 숫자를 의미하는지(정답)가 있으며 검증 데이터에도 마찬가지입니다.

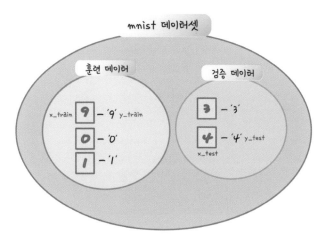

그림 16-6 | mnist 데이터셋 형태

▪ print("x_train shape", x_train.shape)

파이썬 명령어 중 print문을 사용하여 x_train 데이터의 형태를 출력하는 명령어입니다. print문을 사용할 때 따옴표 안에 있는 문자(x_train shape)는 문자 그대로 출력됩니다. 하지만 따옴표 안에 있지 않은 문자는 그 값이 출력됩니다. 따라서 이 명령어를 실행하면 x_train.shape가 가진 값이 출력됩니다.

그렇다면 x_train.shape는 어떤 값을 가지고 있을까요? shape 명령어는 넘파이 라이브러리에서 사용하는 명령어로, 이 명령어를 사용하면 데이터의 형태를 볼 수 있습니다.

이 코드를 실행한 결과는 x_train shape (60000, 28, 28)입니다. 그럼 한번 실제 x_train 데이터를 살펴볼까요?

x_train 데이터에는 총 60,000개의 데이터가 있으며, 각 데이터에는 가로 28개, 세로 28개의 데이터가 있으므로 x_train 데이터의 모습은 60000, 28, 28입니다. 이 중에서 첫 번째 데이터의 실제 모습이 바로 그림 16-7입니다. 어떤 숫자처럼 보이나요? 숫자 7을 나타내는

그림입니다. 검은색은 0, 흰색은 255, 회색은 1~254 사이의 숫자로 나타내며, 가로 28개의 숫자, 세로 28개의 숫자로 이루어진 것을 볼 수 있습니다.

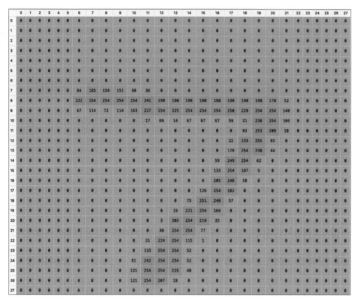

그림 16-7 | x_train 데이터 중 첫 번째 데이터: 숫자 7을 나타냄

- ## print("y_train shape", y_train.shape)

print문을 사용하여 y_train 데이터의 형태를 출력하는 명령어입니다. y_train 데이터는 x_train 데이터의 정답이라고 생각하면 됩니다. x_train의 데이터 개수가 60,000개였으니 y_train 데이터 또한 60,000개겠죠? 실행 결과는 다음과 같습니다.

> **실행 결과**
>
> y_train shape (60000,)

데이터의 개수가 60,000개이며, 그 뒷부분에는 아무런 정보가 없습니다. 이렇게 콤마(,) 이후에 아무것도 나오지 않으면 이는 1차원 배열을 의미합니다.

실제 y_train 데이터를 살펴봅시다. 첫 번째 7은 x_train 중 1번째 데이터의 값이 무엇인지를 나타내고 있습니다.

0	7
1	2
2	1
3	0
4	4
5	1
6	4
7	9
8	5
9	9
10	0

그림 16-8 | y_train 데이터(정답)의 모습

> **TIP** 첫 번째인데 인덱스 번호가 0인 이유는, 파이썬을 포함하여 대부분 프로그래밍 언어에서는 첫 번째를 1이 아닌 0으로 설정하기 때문입니다.

앞에서 살펴본 x_train의 첫 번째 데이터의 정답과 일치하네요. 이러한 데이터가 각각 60,000개가 있다고 보면 됩니다.

■ print("x_test shape", x_test.shape)

print문을 사용하여 x_test 데이터의 형태를 출력하는 명령어로, 결괏값은 x_test shape(10000, 28, 28)입니다. x_train 데이터와 다른 점은 데이터의 총 개수인데요. x_train 데이터는 60,000개였지만 x_test 데이터는 10,000개입니다.

■ print("y_test shape", y_test.shape)

print문을 사용하여 y_test 데이터의 형태를 출력하는 명령어로, 결괏값은 y_test shape(10000,)입니다. 마찬가지로 y_train 데이터와 다른 점은 데이터의 총 개수입니다. y_train 데이터는 60,000개였지만 y_test 데이터는 10,000개입니다.

갑자기 코드가 여러 줄 나오니 어려워진 느낌이 들어요!

앞에서 파이썬 문법을 배운지 얼마 되지 않았는데 라이브러리를 사용하는 고급 프로그래밍으로 넘어왔기 때문에 어렵게 느껴지는 것은 당연합니다.

지금 우리는 숫자 이미지를 구분하는 인공지능을 만들고 있습니다. 지금까지 한 과정은 요리할 때 필요한 재료를 준비하듯이, 인공지능을 만드는 데 꼭 필요한 데이터를 준비하는 과정이었습니다. 이제는 재료를 손질할 차례입니다. 이 데이터를 딥러닝 모델에 잘 넣을 수 있도록 형태를 조금 바꿔 보겠습니다.

3 mnist 데이터셋에서 X의 형태 바꾸기

28×28 형태의 데이터를 인공지능 모델에 넣으려면 형태를 바꿀 필요가 있습니다. 이제부터 만들 인공 신경망의 입력층에 데이터를 넣을 때는 한 줄로 만들어서 넣어야 하기 때문입니다.

 인공지능을 만들때 항상 입력 데이터를 한 줄로 만들 필요는 없습니다. 인공지능 개발자가 모델을 설계하는 방식에 따라 입력 형태는 바뀔 수 있습니다.

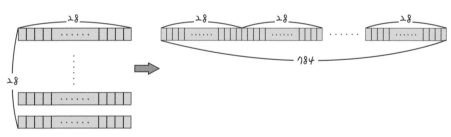

그림 16-9 | 28×28을 1×784로 변환하여 딥러닝 모델에 입력하는 과정

우리가 준비한 데이터의 모습은 28×28의 모습입니다. 이 데이터를 1×784 형태처럼 한 줄로 만든 후 이를 딥러닝 모델에 입력하려 합니다. 지금부터 이 과정을 코딩하여 보겠습니다.

```
X_train = x_train.reshape(60000, 784)
X_test = x_test.reshape(10000, 784)
X_train = X_train.astype('float32')
X_test = X_test.astype('float32')
X_train /= 255
X_test /= 255
print("X Training matrix shape", X_train.shape)
print("X Testing matrix shape", X_test.shape)
```

X Training matrix shape (60000, 784)
X Testing matrix shape (10000, 784)

■ X_train = x_train.reshape(60000, 784)

28×28 형태인 x_train 데이터를 1×784로 바꾸는 명령어입니다. 이때 사용하는 reshape 명령어는 넘파이의 명령어입니다. 이 명령어를 사용하면 데이터의 형태를 원하는 대로 바꿀 수 있습니다. 784는 28×28을 한 값입니다. 그렇기 때문에 reshape 함수에 (60000, 784)를 넣으면 (60000, 28, 28) → (60000, 784)로 데이터의 형태가 바뀝니다.

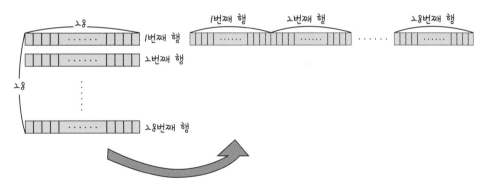

그림 16-10 | 28×28을 1×784로 변환하여 딥러닝 모델에 입력하는 과정

그림 16-10과 같이 첫 번째 행 바로 옆에 두 번째 행이 붙고, 마지막으로 28번째 행이 붙어서 데이터가 한 줄로 만들어지는 모습을 볼 수 있습니다.

■ X_test = x_test.reshape(10000, 784)

이 명령어 또한 28×28 형태인 x_test 데이터를 1×784로 바꾸는 명령어입니다. (10000, 28, 28) → (10000, 784)로 데이터의 형태가 바뀝니다.

■ X_train = X_train.astype('float32')

이제부터는 정규화하기 위해 데이터를 0~1 사이의 값으로 바꿔 주려고 합니다. 이 값들은 모두 실수값인데 지금 가진 X_train 데이터는 정수형이기 때문에 자료형을 바꿔 주어야 합니다. 이를 위해 X_train 데이터의 형태를 실수 형태로 바꾸고 그 데이터를 다시 X_train 변수에 넣습니다.

■ X_test = X_test.astype('float32')

X_test 데이터 또한 정규화하기 때문에 자료형을 실수 형태로 바꿔 줍니다. 그리고 바꿔 준 데이터를 다시 X_test 변수에 넣습니다.

■ X_train /= 255

앞에서 mnist 데이터의 각 형태를 살펴봤듯이 검은색은 0, 흰색은 255, 회색은 1~254 사이의 값으로 이루어져 있습니다. 이를 0~1 사이의 값으로 바꾸는 방법은 바로 255로 나누는 것입니다. X_train의 각 데이터를 255로 나눈 값을 다시 X_train에 저장하는 코드입니다. 프로그래밍에서 나누기 기호는 /입니다.

■ X_test /= 255

X_test의 각 데이터를 255로 나눈 값을 다시 X_test에 저장하는 코드입니다.

- **print("X Training matrix shape", X_train.shape)**

X_train 데이터의 바뀐 형태를 출력해 봅시다. 출력 결괏값은 (60000, 784)입니다.

- **print("X Testing matrix shape ", X_test.shape)**

X_test 데이터의 바뀐 형태를 출력해 봅시다. 출력 결괏값은 (10000, 784)입니다.

 4   mnist 데이터셋에서 Y의 형태 바꾸기

지금부터 y_train 데이터와 y_test 데이터의 형태를 바꾸겠습니다. 인공지능이 분류를 잘할 수 있도록 하기 위해서입니다. 우리가 만들고 있는 인공지능은 이미지를 0~9 사이의 숫자로 분류하는 인공지능입니다. 이를 다시 살펴보면 인공지능은 이미지가 가진 숫자의 특성, 즉 "이 숫자는 3이고 2보다 1 더 큰 수이다."와 같은 특성을 알 필요는 없습니다. 우리가 만드는 인공지능의 목표는 3과 2를 잘 구분하면 되는 것이죠.

그림 16-11 | 숫자의 특성을 학습하는 인공지능

그러므로 이미지의 레이블(정답)을 인공지능에게 0, 1, 2, 3, 4..와 같이 숫자로 알려주는 것이 아니라 더 잘 구분할 수 있는 방법으로 알려줄 필요가 있습니다. 바로 0은 0이라는 숫자의 의미보다 인공지능이 구분할 10개의 숫자 중 첫 번째 숫자로, 1은 1이라는 숫자의 의미보다 두 번째 숫자로 말해 주는 것이죠.

이를 조금 어려운 말로 표현하면 수치형 데이터를 범주형 데이터로 변환하는 것이라고 말할 수 있습니다. 이와 같이 몇 번째라는 식으로 알려주면 인공지능은 더 높은 성능으로 분류할 수 있습니다. 그래서 예측이 아닌 분류 문제에서는 대부분 정답 레이블을 첫 번째, 두 번째, 세 번째와 같이 순서로 나타내도록 데이터의 형태를 바꿉니다. 이때 사용하는 방법이 바로 원-핫 인코딩(one-hot incoding)입니다.

```
Y_train = to_categorical(y_train, 10)
Y_test = to_categorical(y_test, 10)
print("Y Training matrix shape", Y_train.shape)
print("Y Testing matrix shape", Y_test.shape)
```

실행 결과

Y Training matrix shape (60000, 10)
Y Testing matrix shape (10000, 10)

■ Y_train = to_categorical(y_train, 10)

Y_train 데이터를 원-핫 인코딩합니다. 이때 사용하는 함수가 텐서플로의 케라스 내부의 유틸(utils) 도구 중 to_categorical입니다. 구조가 참 복잡하죠? 이 구조에 대해선 굳이 신경 쓸 필요는 없습니다.

to_categorical 함수는 수치형 데이터를 범주형 데이터로 만들어 주는 함수입니다. 함수를 사용하기 위해서는 변경 전 데이터(y_train)와 원-핫 인코딩할 숫자, 즉 몇 개로 구분하고자 하는지가 필요합니다. 인공지능이 예측하는 결과는 0~9까지의 숫자이므로 분류하고자 하는 값은 열 개입니다. 따라서 원-핫 인코딩을 위해 구분하려는 수를 10으로 설정합니다.

> **TIP**
> 16.1절(186쪽)에서 살펴본 바와 같이, 원-핫 인코딩은 한 숫자만 1로 나타내는 것입니다. 예를 들어 7이라는 숫자를 10개의 순서 중 하나로 나타내면 (0, 0, 0, 0, 0, 0, 0, 1, 0, 0)과 같이 나타낼 수 있습니다. 7은 0부터 9까지 중 8번째 숫자이기 때문에 8번째(7)에만 1로 표시한 것입니다.

원-핫 인코딩 결과 Y_train 데이터가 그림 16-12와 같은 형태로 바뀌었습니다.

	0	1	2	3	4	5	6	7	8	9
0	0	0	0	0	0	0	0	1	0	0
1	0	0	1	0	0	0	0	0	0	0
2	0	1	0	0	0	0	0	0	0	0
3	1	0	0	0	0	0	0	0	0	0
4	0	0	0	0	1	0	0	0	0	0
5	0	1	0	0	0	0	0	0	0	0
6	0	0	0	0	1	0	0	0	0	0
7	0	0	0	0	0	0	0	0	0	1
8	0	0	0	0	0	1	0	0	0	0
9	0	0	0	0	0	0	0	0	0	1
10	1	0	0	0	0	0	0	0	0	0

그림 16-12 | 원-핫 인코딩 후 Y_train 데이터의 모습

첫 번째 데이터는 7에서 [0, 0, 0, 0, 0, 0, 0, 1, 0, 0]으로 바뀌었습니다. 여덟 번째에만 1로 표시된 모습을 볼 수 있는데, 0, 1, 2, 3, 4, 5, 6, 7에서 7의 위치가 여덟 번째이기 때문입니다. 같은 방법으로 두 번째 데이터는 2에서 [0, 0, 1, 0, 0, 0, 0, 0, 0, 0]으로 바뀌었습니다.

- **Y_test = to_categorical(y_test, 10)**

y_test 데이터를 원-핫 인코딩하여 Y_test에 넣습니다.

- **print("Y Training matrix shape", Y_train.shape)**

Y_train 데이터의 바뀐 형태를 출력해 봅시다. 출력 결괏값은 (60000, 10)입니다. (60000,)과 달라진 점이 보이나요? 각 행의 데이터의 수가 1개에서 10개로 늘어났기 때문입니다.

- **print("Y Testing matrix shape", Y_test.shape)**

Y_test 데이터의 바뀐 형태를 출력해 봅시다. 이 또한 출력 결괏값은 (10000, 10)입니다.

데이터만 있으면 바로 인공지능을 만들 것 같았지만 그렇지 않았죠? 이와 같이 인공지능을 만들기 위해서는 데이터를 내가 만들기 원하는 방향으로 변환하는 것이 중요합니다. 그렇기 때문에 데이터 분석 및 변환은 인공지능 개발에서 빼놓고 생각할 수 없습니다. 지금까지 데이터를 준비하였으니 이제 인공지능 모델 설계를 시작할 차례입니다.

인공지능 모델 설계하기

우리가 설계하고 있는 인공지능 모델은 4개의 층으로 이루어졌습니다. 첫 번째 층은 입력층으로 데이터를 넣는 곳이죠. 두 번째와 세 번째 층은 은닉층입니다. 마지막 네 번째 층은 결과가 출력되는 출력층입니다.

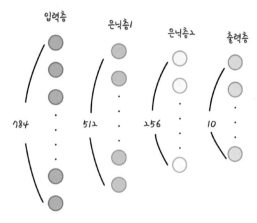

그림 16-13 | 4개의 층으로 이루어진 인공지능 모델

> TIP
> 입력층, 은닉층, 출력층은 4.1절에서 살펴보았습니다. 뉴런(노드)의 수는 설계하기 나름입니다. 여러분이 노드의 수를 변경해가며 모델을 실행시키면서, 성능이 어떻게 차이가 나는지 살펴보세요.

입력층의 뉴런의 수는 784입니다. 우리가 넣는 데이터의 모습이 784개의 데이터가 한 줄로 이루어져있기 때문입니다. 앞에서 우리는 28×28개 픽셀로 이루어진 숫자의 모습을 이렇게 바꾸었습니다. 이제 이 데이터를 딥러닝 모델에 넣을 예정이며, 첫 번째 은닉층의 노드는 512개로 해보겠습니다. 그리고 첫 번째 은닉층에서 두 번째 은닉층으로 갈 때 활성화 함수는 렐루(ReLU) 함수를 사용할 예정입니다.

> TIP
> 렐루 함수는 활성화 함수 중 하나입니다. 0보다 작은 값이 입력되면 0을 반환하고, 0보다 큰 값이 입력되면 그 값을 그대로 반환하는 함수입니다. 시그모이드 함수에 비해 학습이 더 잘 되기 때문에 최근 많이 사용하고 있습니다.

두 번째 은닉층의 노드는 256개로 해보겠습니다. 여기에서 마지막 층으로 갈 때에도 활성화 함수는 렐루 함수를 사용할 예정입니다. 마지막 노드가 10개인 이유는 입력된 이미지를 10

개로 구분하기 위해서입니다. 그리고 가장 높은 확률의 값으로 분류하기 위해서 각 노드의 최종 값을 소프트맥스(softmax) 함수를 사용하여 나타냅니다.

```
model = Sequential()
model.add(Dense(512, input_shape=(784,)))
model.add(Activation('relu'))
model.add(Dense(256))
model.add(Activation('relu'))
model.add(Dense(10))
model.add(Activation('softmax'))
model.summary()
```

실행 결과

Model: "sequential"

Layer (type)	Output Shape	Param #
dense (Dense)	(None, 512)	401920
activation (Activation)	(None, 512)	0
dense_1 (Dense)	(None, 256)	131328
activation_1 (Activation)	(None, 256)	0
dense_2 (Dense)	(None, 10)	2570
activation_2 (Activation)	(None, 10)	0

Total params: 535,818
Trainable params: 535,818
Non-trainable params: 0

그럼 코드가 의미하는 내용이 무엇인지 한 줄씩 살펴보겠습니다.

- **model = Sequential( )**

우리는 이 인공지능 모델을 시퀀셜(Sequential) 방식으로 개발합니다. 케라스는 시퀀셜 모델을 통해 이러한 형태의 딥러닝 모델을 쉽게 개발할 수 있도록 도와줍니다. 지금부터 딥러닝에 사용할 모델(model)을 시퀀셜 모델(Sequential)로 정의합니다.

- **model.add(Dense(512, input_shape=(784,)))**

모델에 층을 추가합니다. 추가하는 명령어는 add입니다. 바로 앞에서 만든 딥러닝 모델(model)이 가지고 있는 함수를 사용하기 때문에 model 뒤에 점을 찍은 후 add 함수를 적습니다. 이때 층이 어떤 형태인지를 설정하기 위해 Dense 함수를 사용합니다. Dense 함수의 첫 번째 인자는 해당 은닉층의 노드 수이며, 두 번째 인자인 input_shape은 입력하는 데이터의 형태입니다.

우리가 입력하는 데이터의 형태(input_shape)는 (784,)이며, 첫 번째 은닉층의 노드는 512개로 구성되어 있습니다.

- **model.add(Activation('relu'))**

다음 층으로 값을 전달할 때 어떤 활성화 함수를 사용하여 전달할지를 결정합니다. 여기서는 렐루(relu) 함수를 사용합니다. 렐루 함수는 5.2절 활성화 함수에서 살펴보았습니다.

- **model.add(Dense(256))**

다음 층을 추가합니다. 두 번째 은닉층은 256개의 노드로 구성되어 있습니다. 두 번째 은닉층부터는 입력받는 노드를 설정해 줄 필요가 없습니다. 따라서 사용자가 굳이 신경 쓰지 않아도 되죠. 이러한 점이 바로 케라스를 사용하는 이유입니다.

- **model.add(Activation('relu'))**

역시 relu 방식으로 값을 전달합니다.

■ model.add(Dense(10))

마지막 층을 추가합니다. 마지막 층은 10개의 노드로 구성되어 있습니다. 그 이유는 최종 결 괏값이 0부터 9까지의 수 중 하나로 결정되기 때문입니다.

■ model.add(Activation('softmax'))

각 노드에서 전달되는 값의 총 합이 1이 되도록 소프트맥스 함수를 사용합니다.

■ model.summary( )

summary 함수는 모델이 어떻게 구성되었는지 살펴보는 함수입니다.

실행 결과를 해석하여 보겠습니다.

실행 결과

```
Model: "sequential"
_____
Layer (type)                 Output Shape              Param #
=================================================================
dense (Dense)                (None, 512)               401920

activation (Activation)      (None, 512)               0

dense_1 (Dense)              (None, 256)               131328

activation_1 (Activation)    (None, 256)               0

dense_2 (Dense)              (None, 10)                2570

activation_2 (Activation)    (None, 10)                0
=================================================================
Total params: 535,818
Trainable params: 535,818
Non-trainable params: 0
_____
```

일단 모델은 시퀀셜(sequential) 모델로 구성되어 있습니다. 레이어를 나타내는 Layer 부분과 레이어의 모습을 나타내는 Output Shape 부분, 각 노드와 편향을 연결하는 가중치의 수를 나타내는 Param 부분으로 나누어져 있습니다.

먼저 첫 번째 레이어는 512개 노드로 이루어져 있으며, 총 401,920(784×512+512)개 파라미터로 이루어져 있습니다. 바로 784개 입력층에서 512개 은닉층으로 각각 연결되어 있어서 784×512개만큼 가중치가 있고, 은닉층 각 노드 수만큼 편향(512)이 있기 때문입니다.

다음 레이어는 256개의 노드로 이루어져 있으며, 총 131,328(512×256+256)개 파라미터로 이루어져 있습니다. 마지막 레이어는 0부터 9까지의 수를 구분하기 위한 10개 노드로 이루어져 있으며, 총 2,570(256×10+10)개 파라미터로 이루어져 있습니다.

6 모델 학습시키기

모델을 설계한 후 할 일은 바로 이 모델을 실행하는 것입니다. 심층 신경망에 데이터를 흘려보낸 후 정답을 예측할 수 있도록 신경망을 학습하는 과정이 필요합니다. 바로 딥러닝을 할 차례죠.

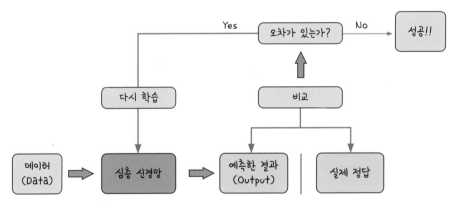

그림 16-14 | 모델 실행 과정

위와 같이 데이터를 사용하여 심층 신경망을 딥러닝 기법으로 학습시킵니다. 이때 신경망이 예측한 결과와 실제 정답을 비교한 후 오차가 있다면 다시 신경망을 학습시키는 과정을 거칩니다. 오차가 없다면 더 학습시킬 필요는 없지만 웬만해서는 오차가 0으로 나오는 경우는 거의 없습니다. 보통 학습시키는 횟수를 정해 준 후 그만큼만 학습시킵니다.

이처럼 신경망을 잘 학습시키려면 학습한 신경망이 분류한 값과 실제 값의 오차부터 계산해야 합니다. 그리고 오차를 줄이기 위해 경사 하강법을 사용합니다. 지금부터 모델을 학습시켜 봅시다.

TIP
경사 하강법은 5.2절 인공 신경망의 핵심! 오차 줄이기에서 살펴보았습니다.

```
model.compile(loss='categorical_crossentropy', optimizer='adam', metrics=['accuracy'])
model.fit(X_train, Y_train, batch_size=128, epochs=10, verbose=1)
```

실행 결과

```
Epoch 1/10
469/469 [==============================] - 4s 9ms/step - loss: 0.2277 - accuracy: 0.9339
Epoch 2/10
469/469 [==============================] - 4s 9ms/step - loss: 0.0816 - accuracy: 0.9747
Epoch 3/10
469/469 [==============================] - 4s 9ms/step - loss: 0.0522 - accuracy: 0.9840
Epoch 4/10
469/469 [==============================] - 4s 9ms/step - loss: 0.0348 - accuracy: 0.9890
Epoch 5/10
469/469 [==============================] - 4s 9ms/step - loss: 0.0267 - accuracy: 0.9915
Epoch 6/10
469/469 [==============================] - 4s 9ms/step - loss: 0.0222 - accuracy: 0.9926
Epoch 7/10
469/469 [==============================] - 4s 9ms/step - loss: 0.0179 - accuracy: 0.9940
Epoch 8/10
469/469 [==============================] - 4s 9ms/step - loss: 0.0173 - accuracy: 0.9941
Epoch 9/10
469/469 [==============================] - 4s 9ms/step - loss: 0.0144 - accuracy: 0.9952
Epoch 10/10
469/469 [==============================] - 4s 9ms/step - loss: 0.0112 - accuracy: 0.9963
<tensorflow.python.keras.callbacks.History at 0x7f92a1ff7f28>
```

첫 번째 에포크부터 10번째 에포크로 갈수록 오차값(loss)이 줄어드는 모습을 볼 수 있습니다. 정확도(accuracy) 또한 지속적으로 증가하는 것을 볼 수 있습니다.

- **model.compile(loss='categorical_crossentropy', optimizer='adam', metrics =['accuracy'])**

케라스는 심층 신경망의 학습하는 방법을 정하는 명령어를 제공합니다. 그 명령어는 바로 compile 함수입니다. 이 함수를 사용하기 위해서는 몇 가지 규칙이 있습니다. 첫 번째로는 오차값을 계산하는 방법을 알려줘야 합니다. 이 인공지능은 이미지를 10개 중 하나로 분류해야 하므로 다중 분류 문제에 해당합니다. 그렇기 때문에 categorical_crossentropy 방법을 사용하면 됩니다.

두 번째로는 오차를 줄이는 방법을 알려줘야 합니다. 오차를 줄이기 위해 옵티마이저 (optimizer)를 사용하면 됩니다. 옵티마이저에는 다양한 방법이 있지만 여기에서는 adam이라는 방법을 사용합니다.

잠깐만요

옵티마이저란 무엇인가요?
딥러닝을 통해 인공지능 모델을 학습시킬 때 발생하는 오차를 줄이기 위해 경사 하강법이라는 알고리즘을 사용합니다. 이때 경사 하강법을 어떠한 방식으로 사용할지 다양한 알고리즘이 있는데 그러한 알고리즘들을 케라스에서 모아 놓은 것이 바로 옵티마이저 라이브러리입니다. 옵티마이저의 종류에는 아담(adam)뿐만 아니라 확률적 경사 하강법(SGD) 등이 있습니다.

마지막으로는 학습 결과를 어떻게 확인할지 알려줘야 합니다. 여기에서는 정확도로 모델의 학습 결과를 확인해 보겠습니다. 정확도(accuracy)는 실제 60,000개 데이터의 예측 결과와 실제 값을 비교해 본 후 정답 비율을 알려줍니다.

- **model.fit(X_train, Y_train, batch_size=128, epochs=10, verbose=1)**

이제 실제로 학습시킬 차례입니다. 케라스는 학습시키기 위해 '맞춘다'는 의미를 가진 fit 함수를 제공합니다. 이 함수를 사용하려면 마찬가지로 규칙을 따라야 합니다. 첫 번째로 입력할 데이터를 정합니다. 우리는 X_train, Y_train 데이터를 사용하여 인공지능 모델을 학습하기 때문에 이 두 가지를 넣습니다.

두 번째로 배치 사이즈(batch_size)를 정합니다. 배치 사이즈란 인공지능 모델이 한 번에 학습하는 데이터의 수를 의미합니다. 여기에서는 한 번에 128개 데이터를 학습시키겠습니다. 즉, 배치 사이즈는 128로 하겠습니다.

세 번째로 에포크(epochs)를 정합니다. 에포크는 모든 데이터를 1번 학습하는 것을 의미합니다. 여기에서는 모든 데이터를 10번 반복해서 학습시키겠습니다. 에포크는 10으로, verbose는 1로 설정하였습니다. verbose는 케라스 fit 함수의 결괏값을 출력하는 방법을 의미합니다.

verbose 값은 0, 1, 2 중 하나로 결정할 수 있습니다.

표 16-1 | verbose 값의 의미

verbose 값	의미
0	아무런 표시를 하지 않음
1	에포크별 진행 사항을 알려줌
2	에포크별 학습 결과를 알려줌

실행 결과

```
Epoch 1/10
469/469 [==============================] − 4s 9ms/step − loss: 0.2277 − accuracy: 0.9339
Epoch 2/10
469/469 [==============================] − 4s 9ms/step − loss: 0.0816 − accuracy: 0.9747
Epoch 3/10
469/469 [==============================] − 4s 9ms/step − loss: 0.0522 − accuracy: 0.9840
Epoch 4/10
469/469 [==============================] − 4s 9ms/step − loss: 0.0348 − accuracy: 0.9890
Epoch 5/10
469/469 [==============================] − 4s 9ms/step − loss: 0.0267 − accuracy: 0.9915
Epoch 6/10
469/469 [==============================] − 4s 9ms/step − loss: 0.0222 − accuracy: 0.9926
Epoch 7/10
469/469 [==============================] − 4s 9ms/step − loss: 0.0179 − accuracy: 0.9940
Epoch 8/10
469/469 [==============================] − 4s 9ms/step − loss: 0.0173 − accuracy: 0.9941
Epoch 9/10
469/469 [==============================] − 4s 9ms/step − loss: 0.0144 − accuracy: 0.9952
Epoch 10/10
469/469 [==============================] − 4s 9ms/step − loss: 0.0112 − accuracy: 0.9963
```

TIP 실행 결과는 컴퓨터 환경마다 차이가 있으므로 책과 다를 수 있습니다.

7 모델 정확도 살펴보기

지금까지 심층 신경망 모델을 설계하고, 그 모델을 학습시켰습니다. 이제 그 모델의 성능이 어느 정도인지 확인해 봐야겠죠? 지금부터 인공지능 모델이 얼마나 잘 학습하였는지 시험해 보겠습니다. 시험 내용은 '검증 데이터를 얼마나 잘 맞히는가'입니다.

```
score = model.evaluate(X_test, Y_test)
print('Test score:', score[0])
print('Test accuracy:', score[1])
```

실행 결과

```
313/313 [==============================] - 1s 2ms/step - loss: 0.0817 - accuracy: 0.9800
Test score: 0.08166316896677017
Test accuracy: 0.9800000190734863
```

■ score = model.evaluate(X_test, Y_test)

케라스의 evaluate 함수는 모델의 정확도를 평가할 수 있는 기능을 제공합니다. 이 함수를 사용하려면 두 가지 데이터를 넣어야 합니다. 첫 번째 데이터는 테스트할 데이터로, 여기에서는 X_test를 입력합니다. 두 번째 데이터는 테스트할 데이터의 정답으로, 여기에서는 Y_test를 입력합니다.

evaluate 함수에 데이터를 넣으면 두 가지 결과를 보여주는데 첫 번째는 바로 오차값(loss)입니다. 오차값은 0~1 사이의 값으로, 0이면 오차가 없는 것이고 1이면 오차가 아주 크다는 것을 의미합니다. 두 번째는 정확도(accuracy)입니다. 모델이 예측한 값과 정답이 얼마나 정확한지에 대해서 0과 1 사이의 값으로 보여줍니다. 1에 가까울 수록 정답을 많이 맞춘 것을 의미합니다.

생성한 모델에 X_test, Y_test 데이터를 입력하여 얻은 두 가지 결괏값인 오차와 정확도를 score 변수에 넣습니다.

■ **print('Test score:', score[0])**

score 변수에는 오차값과 정확도가 들어 있습니다. 여기에서는 오차값을 출력하기 위해 score 변수의 첫 번째 항목인 점수를 출력합니다. score[0]에서 숫자가 1이 아니고 0인 이유는 이제 다들 알죠? 프로그래밍에서는 첫 번째가 0으로 시작하기 때문입니다.

■ **print('Test accuracy:', score[1])**

score 변수의 두 번째 항목인 정확도를 출력합니다. 최종 오차는 0.08, 정확도는 0.98이 나온 것을 확인할 수 있습니다.

8 모델 학습 결과 확인하기

지금까지 심층 신경망 모델의 구조를 만들고 그 모델을 학습시킨 후, 학습 결과까지 살펴보았습니다. 사실 여기까지만 해도 이미 인공지능을 만든 것입니다. 하지만 실제로 인공지능이 어떤 그림을 무엇으로 예측했는지 궁금하지 않나요? 지금부터는 인공지능이 잘 구분한 그림과 잘 구분하지 않은 그림을 살펴보겠습니다.

```
predicted_classes = np.argmax(model.predict(X_test), axis=1)
correct_indices = np.nonzero(predicted_classes == y_test)[0]
incorrect_indices = np.nonzero(predicted_classes != y_test)[0]
```

TIP 여기서부터 조금 코드가 복잡해집니다. 딥러닝 프로그래밍이라기보다 시각화 프로그래밍에 가까우니 가볍게 살펴보고 넘어가도 좋습니다.

■ **predicted_classes = np.argmax(model.predict(X_test), axis=1)**

우리가 만든 인공지능 모델인 model에서 결과를 예측하는 함수인 predict 함수에 X_test 데이터를 입력하여 보겠습니다. X_test 데이터의 개수가 몇 개였는지 기억나나요? 10,000개였습니다. 따라서 예측한 값 또한 10,000개가 나오며, 그 모습은 다음과 같습니다.

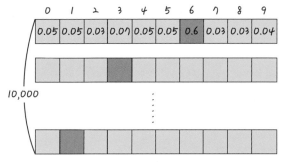

그림 16-15 | X_test의 예측 값

각 입력 데이터를 보고 인공지능이 0부터 9까지의 수 중에서 어떤 수로 예상하는지 알려주는 모습입니다. 첫 번째 줄에서는 인덱스 값 6에 0.6이라는 값이 들어 있습니다. 나머지 숫자는 그보다 작은 숫자들이 있죠. 이는 인공지능 모델이 이미지를 보고, 그 이미지가 숫자 6일 확률이 가장 높다고 생각한 것입니다.

이렇게 예상한 모습이 총 10,000개가 있습니다. 이러한 모습으로 출력될 수 있었던 이유는 소프트맥스 함수를 사용하였기 때문입니다.

> **TIP**
> 소프트맥스 함수를 사용하면 출력값을 0부터 1까지의 숫자 중 하나로 변환해 줍니다. 그리고 모든 출력값을 더하면 1이 된다는 특징이 있습니다.

그렇다면 우리가 만든 인공지능은 결과를 무엇이라고 나타내어야 할까요? 바로 가장 높은 확률이 나온 6이겠죠? 이때 넘파이의 argmax 함수를 사용합니다. argmax 함수는 여러 데이터 중에서 가장 큰 값이 어디에 있는지를 나타내기 때문입니다.

그림 16-15와 같은 행렬 데이터에서 argmax 함수를 사용하기 위해서는 열 중에서 가장 큰 것을 고를지, 행 중에서 가장 큰 것을 고를지 알려줘야 합니다. 이때 기준을 정해주는 것이 바로 axis입니다. axis=0은 각 열(세로)에서 가장 큰 수를 고르는 것이고 axis=1은 각 행(가로)에서 가장 큰 수를 고른다는 의미입니다. 우리는 각 행(가로)에서 가장 큰 값을 찾아야 하기 때문에 axis=1로 설정합니다. 그 결과 첫 번째 넣은 데이터의 정답이 6이라는 것을 알 수 있습니다. 이제 argmax 함수를 사용하여 인공지능 모델이 예측한 모든 값을 predicted_classes 변수에 넣겠습니다.

- **correct_indices = np.nonzero(predicted_classes == y_test)[0]**

인공지능이 잘 예측한 숫자의 모습이 무엇인지 찾아보겠습니다. 이 과정은 생각보다 복잡합니다.

먼저 실제 값과 예측 값이 일치하는 값을 찾아내어 correct_indices 변수에 저장하는 과정입니다.

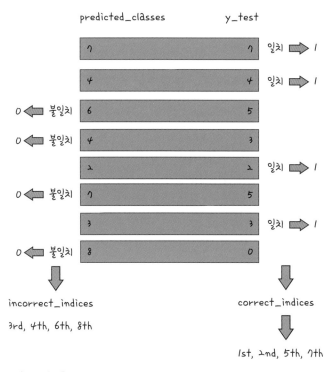

그림 16-16 | 예측 값과 실제 값이 일치하는지를 판별하는 nonzero 함수

논리 연산자를 사용하여 예측 값(predicted_classes)과 실제 값(y_test)을 비교해 보겠습니다. 먼저 두 개의 값이 일치하는(==, 프로그래밍에서 같다는 의미는 ==로 표시합니다) 값을 찾아보겠습니다. 즉, 어떤 그림을 정확하게 예측하였는지 살펴보는 과정입니다.

논리 연산의 결과 두 값이 같으면 1(참), 같지 않으면 0(거짓)이 나옵니다. 위 코드에서는 예측한 결괏값(predicted_classes)과 실제 결괏값(y_test)의 데이터를 비교하여 결과가 같으면 1이, 다르면 0이 나옵니다.

같은 값을 찾기 위해서 10,000개의 수 모두를 하나하나 확인하기란 쉽지 않은 일이지요. 이때 사용할 수 있는 함수가 바로 넘파이 함수의 nonzero 함수입니다. nonzero 함수는 넘파이 배열에서 0이 아닌 값, 즉 여기에서는 1(인공지능이 예측한 값과 정답이 일치하는 수)을 찾아내는 함수입니다. 이 함수를 사용하면 다음과 같이 정확하게 예측한 데이터의 위치를 알아냅니다.

이제 nonzero 함수를 사용하여 0 아닌 값(여기에서는 1인 값)을 찾아줍니다. 이때 정확하게 예측한 데이터의 위치, 즉 첫 번째, 두 번째, 다섯 번째, 일곱 번째, ...를 correct_indices 변수에 넣어줍니다.

- **incorrect_indices = np.nonzero(predicted_classes != y_test)[0]**

이제 인공지능이 예측하지 못한 값은 무엇이며, 그 숫자는 어떤 모양인지를 찾아보겠습니다. 앞의 과정과 비슷하지만 조금 다른 점이 있습니다.

실제 값과 예측 값이 일치하지 않는 값을 찾아내는 incorrect_indices 변수에 저장하되, 바로 윗줄의 코드와 다른 점은 일치하지 않는(!=, 프로그래밍에서 같지 않다는 의미는 !=로 표시합니다) 값을 찾는 것입니다. 따라서 윗줄의 코드와는 달리, 논리 연산의 결과 예측 값과 실제 값이 같으면 0(거짓), 같지 않으면 1(참)의 값이 나옵니다. 마찬가지로 nonzero 함수를 사용하여 일치하지 않는 값을 찾습니다.

그림 16-16에서 볼 수 있듯이 정확하게 예측하지 못한 데이터의 위치, 즉 세 번째, 네 번째, 여섯 번째, 여덟 번째를 incorrect_indices 변수에 넣습니다. 결과적으로 incorrect_indices 변수에는 인공지능이 정확하게 예측하지 못한 데이터의 위치가 저장됩니다.

 ## 9 잘 예측한 데이터 살펴보기

이제 정확하게 예측한 데이터의 위치와 그렇지 않은 데이터의 위치를 알게 되었습니다. 그렇다면 그 데이터는 어떻게 생겼는지 확인해 보겠습니다. 실제로 우리가 그 결과를 눈으로 살펴볼 수 있도록 matplotlib 라이브러리를 사용해서 화면에 그래프를 출력해 보겠습니다.

```
plt.figure()
for i in range(9):
    plt.subplot(3,3,i+1)
    correct = correct_indices[i]
    plt.imshow(X_test[correct].reshape(28,28), cmap='gray')
    plt.title("Predicted {}, Class {}".format(predicted_classes[correct], y_test
[correct]))
plt.tight_layout()
```

실행 결과

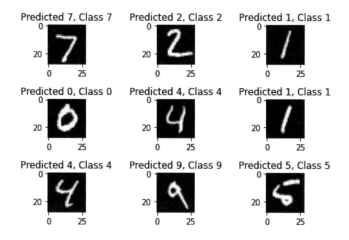

실행 결과를 보면 총 9개 이미지가 나타나며, 예측한 값과 실제 값이 보입니다. 가장 첫 번째 그림을 보면 예측 값은 7이고 실제 값은 7로 정확하게 예측한 것을 볼 수 있습니다.

각 코드의 의미를 더 자세히 알아보겠습니다.

▪ plt.figure()

matplotlib을 사용하여 그래프를 그리려면, 그래프를 그리겠다는 명령을 먼저 수행해야 합니다. 그 명령어가 바로 figure 함수이며, 이를 사용하여 그림을 그릴 준비를 합니다.

▪ for i in range(9):

파이썬의 for 반복문으로 지금부터 그림 9개를 그립니다.

■ plt.subplot(3,3,i+1)

for문의 내부입니다. 그러므로 4칸을 띄우고 코드를 입력하여야 합니다. subplot 함수는 그림의 위치를 정해주는 함수로, 세 개의 인자가 들어갑니다. 첫 번째 인자는 그림의 가로 개수이고, 두 번째 인자는 그림의 세로 개수입니다. 마지막 인자는 순서입니다.

이와 같이 subplot(3,3,i+1)으로 지정하면 가로 3개, 세로 3개의 그림을 그릴 것이고, 지금 그림은 i+1번째에 넣게 됩니다. 첫 번째 반복에서는 i의 값이 0이고 i+1의 값이 1이기 때문에 첫 번째에 넣는다는 의미가 됩니다. 반복되어 가며 9번째 그림까지 순서가 맞아집니다.

■ correct = correct_indices[i]

for문의 내부입니다. 그러므로 4칸을 띄우고 코드를 입력하여야 합니다. 앞에서 만든 correct_indices 배열에서 첫 번째부터 아홉 번째까지의 값을 반복할 때마다 correct 변수에 넣습니다. 첫 번째 반복에서 i의 값은 0이라고 가정해 봅시다. 그러면 correct 변수에는 정답을 모아 놓은 배열인 correct_indices의 첫 번째 값이 들어갑니다. 이 예제에서는 0(첫 번째 숫자 데이터)의 값이 들어갑니다.

■ plt.imshow(X_test[correct].reshape(28,28), cmap='gray')

for문의 내부입니다. 그러므로 4칸을 띄우고 코드를 입력해야 합니다. imshow 함수는 어떤 이미지를 보여줄지에 대한 내용을 담고 있습니다. 첫 번째 반복에서는 X_test 변수에 들어 있는 첫 번째 그림(correct 변수에 첫 번째 그림을 의미하는 0이 들어있으니까)을 가져옵니다.

하지만 이 그림은 각 데이터가 28×28의 형태가 아니라 각 데이터 한 줄로 늘어선 모습을 하고 있습니다. 우리가 처음에 데이터를 한 줄로 바꾸었기 때문이죠. 이 형태를 다시 28×28의 형태로 바꿔 주어야 하는데, 이때 사용하는 함수가 바로 reshape(28,28) 함수입니다. 그리고 그림을 회색조로 나타내기 위해 cmap='gray'를 입력합니다.

- **plt.title("Predicted {}, Class {}".format(predicted_classes[correct], y_test[correct]))**

for문의 내부입니다. 그러므로 4칸을 띄우고 코드를 입력해야 합니다. 이는 그림 설명을 넣는 코드입니다. 예측한 값을 나타내기 위해 Predicted {(값이 들어가는 공간)}에 예측한 결괏값(predicted_classes[correct])을 넣습니다. 그리고 실제 값을 나타내고자 Class {(값이 들어가는 공간)}에 실제 값(y_test[correct])을 넣습니다. 이때 format 함수를 사용하여 값을 넣어줍니다.

- **plt.tight_layout()**

이제 for문을 빠져나와서 화면에 그림을 보여주기 위해 tight_layout 함수를 사용합니다.

실행 결과를 보면, 왼쪽 상단부터 첫 번째 이미지에 대한 예측 결과와 실제 값이 표시된 모습을 볼 수 있습니다. 첫 번째 이미지를 예측한 값(Predicted)은 7이고 실제 값(Class) 또한 7입니다. 두 번째 이미지 또한 예측한 값(Predicted)은 2이고, 실제 값(Class)도 2입니다.

10 잘 예측하지 못한 데이터 살펴보기

이제 어떤 숫자를 잘 예측하지 못했는지 살펴봅시다. 코드는 앞의 코드, 즉 잘 예측한 데이터 살펴보기 코드와 동일합니다. 하지만 변수만 잘 예측하지 못한 그림으로 바뀔 뿐입니다.

```python
plt.figure()
for i in range(9):
    plt.subplot(3,3,i+1)
    incorrect = incorrect_indices[i]
    plt.imshow(X_test[incorrect].reshape(28,28), cmap='gray')
    plt.title("Predicted {}, Class {}".format(predicted_classes[incorrect], y_test[incorrect]))
plt.tight_layout()
```

실행 결과

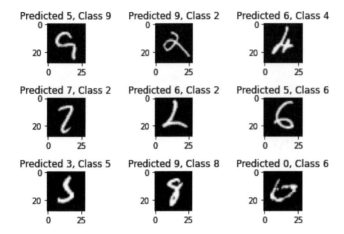

위 실행 결과는 실제 에포크를 10으로 설정한 후 코드를 실행한 결과입니다. 어떤가요? 인공지능의 성능을 한눈에 확인해 볼 수 있죠? 사실 마지막 값은 사람이 봐도 0인지 6인지 헷갈립니다. 인공지능도 피해가지는 못했네요. 이와 같이 잘못 예측한 값을 확인해 보겠습니다.

 잠깐만요

인공지능의 성능이 높지 않아 보이는데, 왜 그런가요?

맞습니다. 생각보다 인공지능의 성능이 높지 않네요. 왜 그런 것일까요? 바로 인공지능 모델 학습이 잘 되지 않았기 때문입니다. 인공지능 모델 학습이 잘 이루어지기 위해서는 모델의 학습 횟수를 늘려야 합니다.

■ **plt.figure()**

matplotlib을 사용하여 그래프를 그리려면, 그래프를 그리겠다는 명령을 먼저 해야 합니다. 그 명령어가 바로 figure 함수이며, 이를 사용하여 그림을 그릴 준비를 합니다.

■ **for i in range(9):**

파이썬의 for 반복문을 사용하여 그림 9개를 그립니다.

■ **plt.subplot(3,3,i+1)**

for문의 내부입니다. 그림의 순서를 정해 줍니다.

- **incorrect = incorrect_indices[i]**

for문의 내부입니다. 앞에서 만든 incorrect_indices 배열에서 첫 번째부터 아홉 번째까지의 값을 반복할 때마다 incorrect 변수에 넣습니다. 첫 번째 반복에서 i의 값은 0입니다. 이때 incorrect_indices 배열의 첫 번째 값이 13이라고 가정해 봅시다. 이는 13번째의 그림을 맞히지 못했다는 의미이고, incorrect 변수에는 13이 들어갑니다.

- **plt.imshow(X_test[incorrect].reshape(28,28), cmap='gray')**

for문의 내부입니다. imshow 함수는 어떤 이미지를 보여줄지에 대한 내용을 담고 있습니다. 첫 번째 반복에서는 X_test 변수에 들어 있는 열세 번째 그림(incorrect 변수에 13가 들어 있으니까)을 가져옵니다. 그림의 형태를 바꾸기 위해 reshape(28,28) 함수를 사용하고, 마찬가지로 그림을 회색조로 나타내기 위해 cmap='gray'를 입력합니다.

- **plt.title("Predicted {}, Class {}".format(predicted_classes[incorrect], y_test[incorrect]))**

for문의 내부입니다. 그림 설명을 넣습니다. 예측한 값을 나타내기 위해 Predicted {(값이 들어가는 공간)}에 예측한 결괏값(predicted_classes[incorrect])을, 실제 값을 나타내기 위해 Class {(값이 들어가는 공간)}에 실제 값(y_test[incorrect])을 넣습니다. 이때 format 함수를 사용하여 값을 넣어줍니다.

- **plt.tight_layout()**

이제 for문을 빠져나와서 화면에 그림을 보여주기 위해 tight_layout 함수를 사용합니다.

실행 결과를 보면 화면의 왼쪽 상단부터 첫 번째 이미지에 대한 예측 값과 실제 값이 표시된 모습을 볼 수 있습니다. 첫 번째 이미지를 예측한 값(Predicted)은 6이지만 실제 값(Class)이 5입니다. 두 번째 이미지 또한 예측한 값(Predicted)은 9이지만, 실제 값(Class)이 2입니다.

과적합 문제가 생길 수 있어요!

인공지능 모델의 학습 횟수를 무작정 늘린다고 해서 인공지능의 성능이 계속 높아지는 것은 아닙니다. 바로 과적합(overfitting)의 문제가 일어날 수 있기 때문입니다.

과적합이란 인공지능이 훈련 데이터에만 최적화되는 것을 의미합니다. 인공지능 모델을 계속 학습시킨다면 인공지능 모델이 학습하고 있는 데이터, 즉 훈련 데이터만 잘 구별할 수 있습니다. 이 경우 새로운 데이터인 검증 데이터를 인공지능 모델에 넣었을 때 잘 구별하지 못하는, 즉 성능이 나빠지는 현상을 볼 수 있습니다. 이러한 현상을 바로 '과적합'이라고 합니다. 그렇기 때문에 인공지능 모델을 학습시킬 때 얼만큼 학습시키는 것이 좋은지 결정하는 것 또한 인공지능 모델 설계에서 중요한 부분입니다.

지금까지 첫 번째 인공지능, 숫자를 구분하는 인공지능을 만들어 보았습니다. 갑자기 어려운 코드들이 나와서 많이 당황스러웠나요? 코드 하나하나를 세부 의미까지 이해하는 것도 중요하지만 딥러닝의 개발 흐름을 알아보는 것이 이 책의 목표이기 때문에 전반적인 흐름에 대한 이해를 먼저 하는 것을 추천합니다.

그리고 우리가 설계한 모델 이외에 다양한, 수많은 새로운 모델을 만들 수 있습니다. 레이어의 수나 각 레이어의 노드 수, 활성화 함수, 에포크 수 등 다양한 파라미터를 수정하여 인공지능을 설계할 수 있습니다.

숫자를 구분하는 인공지능을 만드는 방법은 우리가 만든 방법 이외에도 CNN이라는 기법을 사용하여 만들 수 있습니다. CNN 기법은 이미지를 인식하는 데 높은 성능을 보이고 있기 때문에 영상 인식 분야에서 주로 사용되고 있습니다.

우리가 만든 이 신경망이 여러 신경망 알고리즘의 기초가 됩니다. 이 신경망을 기초로 하여 순환 신경망, 적대적 생성 신경망 등 다양한 딥러닝 알고리즘이 만들어지게 되었습니다. 그만큼 기초가 되는 신경망이라고 할 수 있습니다.

따라서 지금까지 여러분이 잘 따라오셨다면 앞으로 살펴볼 딥러닝의 심화된 모델을 학습할 준비가 된 것입니다. 그럼 지금부터 딥러닝의 새로운 모델을 만들어 볼까요?

UNIT 17 전염병 예측 인공지능 만들기

ARTIFICIAL INTELLIGENCE FOR EVERYONE

최근 우리 사회의 큰 이슈는 전염병입니다. 전염병으로 우리 삶의 모습이 급격하게 변했습니다.

블루닷이라는 서비스는 코로나 19의 확산을 누구보다 먼저 예측한 인공지능으로 유명합니다. 사실 블루닷을 개발한 캄람 칸 박사는 코로나 19의 확산 이전에도 데이터 분석 기술을 사용하여 다양한 질병의 확산을 예측하였습니다.

2016년 지카 바이러스가 전 세계적으로 이슈가 되었던 것을 기억하나요? 지카 바이러스는 모기를 통해 전염되며, 만약 임산부가 걸릴 경우 태아가 소두증이라는 병에 걸리는 무서운 질병이었습니다. 캄란 칸 박사는 항공 데이터를 사용하여 지카 바이러스가 어디로 퍼져 나가며, 그 범위는 어디까지인지 정확하게 예측하였습니다. 지카 바이러스의 확산 경로를 예측한 인공지능이 코로나 19 바이러스의 확산 초기에 확산 경로 및 감염자 수를 정확하게 예측하여 전 세계적인 관심을 받았습니다.

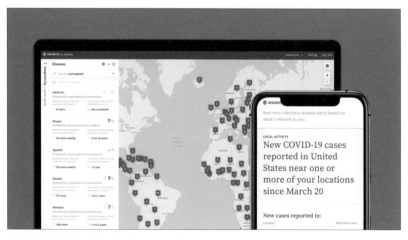

그림 17-1 │ 블루닷(https://bluedot.global/products/)

이와 같이 인공지능을 사용하여 전염병이 발생할 수 있는 곳을 예측하는 기술이 이미 사용되고 있으며, 인공지능을 사용하여 전염병의 발병률을 예측하기도 합니다.

이 장에서는 전염병의 발병률을 예측하는 인공지능을 만들어 보겠습니다. 이번에 만드는 인공지능은 이전 3일(일수는 물론 변경할 수 있습니다)의 확진자 수를 토대로 다음 날의 확진자 수를 예측하는 간단한 인공지능입니다.

그림 17-2는 이 장에서 만들 인공지능이 코로나 19 확진자 수를 예측한 모습입니다. 파란색 선은 실제 확진자 수이고, 주황색 선과 초록색 선은 인공지능이 예측한 확진자 수입니다. 실제 확진자 수와 비슷하게 예측하는 모습을 볼 수 있죠? 그럼 지금부터 확진자 수 예측 인공지능을 만들어 보겠습니다.

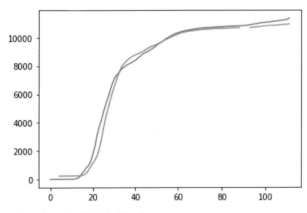

그림 17-2 | 코로나 19 확진자 수 예측 그래프

 코로나 19 확진자 수 예측 인공지능 개발 원리

코로나 19 확진자 수를 예측하는 인공지능을 만드는 방법은 다양합니다. 이 장에서는 이전 며칠 동안의 확진자 수 추이를 통해 바로 다음 날의 확진자 수를 예측하는 방법을 사용하겠습니다. 이 방법을 사용하기 전에, '며칠' 동안의 확진자 수 추이를 통해 예측할지를 결정해야 합니다.

이 책에서는 3일 동안의 확진자 수 추이를 보고 다음 날의 확진자 수를 예측하겠습니다. 따라서 인공지능은 3일 동안의 확진자 수를 보고 다음 날의 확진자 수가 어떻게 되었는지 학습합니다. 만약 100일 동안의 확진자 수가 있다면 가장 먼저 1, 2, 3일차의 확진자 수가 어떻게 변하였는지 살펴보고 4일차의 확진자 수를 학습합니다. 그리고 2, 3, 4일차의 확진자 수가 어떻게 변하였는지 살펴보고 5일차의 확진자 수를 학습합니다. 이러한 방식으로 계속 학습하여 97, 98, 99일차의 확진자 수로 100일차의 확진자 수를 학습하게 됩니다.

혹시 이러한 방식이 딥러닝의 여러 알고리즘 중 어떤 알고리즘인지 눈치챈 사람이 있나요? 맞습니다. 바로 연속된 데이터의 형태에서 그 패턴을 찾아내는 순환 신경망(RNN) 방식입니다. 우리는 이 장에서 RNN의 기본적인 형태를 설계하고 학습시켜 보겠습니다.

> **TIP** 순환 신경망은 8.2절 순환 신경망 살펴보기를 참고하세요.

먼저 코랩에서 **새 노트**를 만들고 빈 노트의 이름을 **corona_rnn.ipynb**으로 변경합니다.

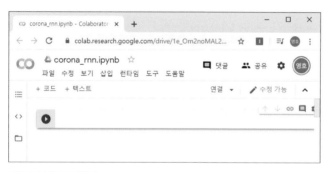

그림 17-3 | 새 노트 만들기

확진자 수를 예측하는 인공지능을 만들려면 다음과 같은 라이브러리를 사용해야 합니다.

```python
from keras.models import Sequential
from keras.layers import SimpleRNN, Dense
from sklearn.preprocessing import MinMaxScaler
from sklearn.metrics import mean_squared_error
from sklearn.model_selection import train_test_split
import math
import numpy as np
import matplotlib.pyplot as plt
from pandas import read_csv
```

각 라이브러리가 어떤 기능을 하며, 어떤 명령어로 이를 불러왔는지 하나씩 살펴볼까요?

■ **from keras.models import Sequential**

케라스의 모델 도구(models) 중 시퀀셜 모델을 불러오는 명령어입니다.

■ **from keras.layers import SimpleRNN, Dense**

레이어 도구(layers) 중 SimpleRNN과 Dense 도구를 불러오는 명령어입니다. 순환 신경망 (RNN) 기법에는 LSTM, GRU 등 다양한 기법이 있는데, SimpleRNN은 가장 기본적인 순환 신경망의 모습입니다. LSTM과 GRU는 SimpleRNN을 한층 더 발전시킨 순환 신경망입니다. 그리고 이때 Dense는 각 레이어에서 뉴런의 수를 의미합니다. 순환 신경망 역시 레이어를 가지고 있는데, 각 레이어에 들어가는 뉴런의 수를 정할 때 사용합니다.

■ **from sklearn.preprocessing import MinMaxScaler**

데이터를 정규화하기 위한 MinMaxScaler 함수를 불러오는 명령어입니다. 16장에서는 데이터를 정규화하기 위해서 수식으로 계산하였습니다. 물론 이 방법도 있지만, 누군가 만들어 놓은 함수를 사용하면 더 쉽겠죠. 바로 sklearn 라이브러리의 전처리 함수를 사용하는 방법입니다. 이 장에서는 데이터 전처리, 즉 데이터를 인공지능에서 사용하기 전에 인공지능 모델에 적합하게 만드는 함수인 MinMaxScaler를 사용합니다.

■ **from sklearn.metrics import mean_squared_error**

결과의 정확도를 계산하기 위한 함수인 mean_squared_error를 불러오는 명령어입니다. 코로나 확진자 수를 예측하는 모델의 결과는 16장에서 만든 손글씨 분류 모델과는 달리 특정한 숫자로 나옵니다. 바로 연속된 값을 예측하는 회귀의 문제입니다. 그래서 오차를 계산하는 방법 또한 분류 문제와는 다릅니다. 이때 사용할 수 있는 함수가 바로 mean_squared_error로, 이 함수는 실제 값과 예측 값의 차이를 사용하여 오류를 구하는 역할을 합니다.

■ **from sklearn.model_selection import train_test_split**

데이터를 훈련 데이터와 검증 데이터로 나누는 명령어입니다. 데이터를 나누는 이유는 인공지능의 성능을 측정하기 위함입니다.

- **import math**
  import numpy as np
  import matplotlib.pyplot as plt

각각 수학 계산을 도와주는 math 라이브러리와 수학 계산 라이브러리인 numpy를 불러옵니다. 이때 넘파이는 np로 줄여서 사용합니다. 또한, 그래프 라이브러리인 matplotlib을 불러오고 그중에서 pyplot 라이브러리를 사용합니다. 그리고 이를 plt라고 줄여서 사용하겠습니다.

- **from pandas import read_csv**

csv 파일을 불러올 수 있는 read_csv 함수를 pandas 라이브러리에서 불러오는 명령어입니다. pandas는 파이썬에서 데이터를 처리할 때 유용하게 사용할 수 있는 라이브러리입니다.

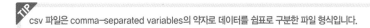

TIP csv 파일은 comma-separated variables의 약자로 데이터를 쉼표로 구분한 파일 형식입니다.

자, 그럼 이제 셀을 실행하여 위 코드가 잘 실행되는지 살펴봅시다.

2 데이터 가져오기

이번 예제에서는 외부 데이터를 사용합니다. 이를 위해 깃허브에 있는 데이터를 불러와서 사용합니다.

+코드를 누르고 빈 칸에 아래 코드를 입력합니다.

```
!git clone https://github.com/yhlee1627/deeplearning.git
dataframe = read_csv('/content/deeplearning/corona_daily.csv', usecols=[3], engine='
python', skipfooter=3)
print(dataframe)
dataset = dataframe.values
dataset = dataset.astype('float32')
```

Cloning into 'deeplearning'...

remote: Enumerating objects: 3, done.

remote: Counting objects: 100% (3/3), done.

remote: Compressing objects: 100% (2/2), done.

remote: Total 3 (delta 0), reused 0 (delta 0), pack-reused 0

Unpacking objects: 100% (3/3), done.

```
     Confirmed
0        24
1        24
2        27
3        27
4        28
..       ...
107      11190
108      11206
109      11225
110      11265
111      11344

[112 rows x 1 columns]
```

> **TIP**
>
> 깃허브(https://github.com/)란 오픈 소스 코드 저장소입니다. 깃허브를 사용하면 내가 작성하고 있는 다양한 소스 코드들을 웹에 저장할 수 있으며, 다른 사람들과 공동 작업을 하는 데 편리합니다.

■ !git clone https://github.com/yhlee1627/deeplearning.git

데이터를 불러오는 코드입니다. 저자의 깃허브 저장소인 yhlee1627의 deeplearning이라는 공간에 있는 자료를 불러오겠습니다. 이때 사용하는 명령어는 !git clone이며 이 뒤에 주소를 적으면 됩니다. 사용하는 주소는 https://github.com/yhlee1627/deeplearning.git 입니다.

그럼 어떻게 자료가 저장되었는지 살펴보겠습니다. 코랩에서 자료가 저장된 공간을 보려면 왼쪽 위의 폴더 모양의 아이콘을 클릭합니다.

그림 17-4 | 폴더 모양 아이콘 클릭

우리가 사용하는 데이터는 corona_daily.csv입니다. 이 파일을 더블 클릭하여 저장된 데이터의 모습을 살펴보겠습니다.

Date	Inspected	Negative	Confirmed	Recovered	Deaths
2020-02-06	1352	1001	24	2	0
2020-02-07	2097	1134	24	2	0
2020-02-08	2598	1683	27	3	0
2020-02-09	3110	2552	27	3	0
2020-02-10	4325	3535	28	4	0
2020-02-11	5624	4811	28	7	0
2020-02-12	6511	5921	28	7	0
2020-02-13	7242	6679	28	7	0
2020-02-14	7734	7148	28	9	0
2020-02-15	8161	7647	29	9	0

그림 17-5 | corona_daily.csv 파일 열기

첫 번째 열(Date)은 날짜를 의미하며, 두 번째 열(Inspected)은 검사자 수를 의미합니다. 세 번째 열(Negative)은 검사자 중 음성인 사람 수, 네 번째 열(Confirmed)은 확진자 수를 의미합니다. 다섯 번째 열(Recovered)은 회복한 사람 수, 마지막 열(Deaths)은 사망자 수를 의미합니다.

- **dataframe = read_csv('/content/deeplearning/corona_daily.csv', usecols=[3], engine='python', skipfooter=3)**

우리는 네 번째 행, 즉 확진자 수만 사용하여 인공지능 모델을 생성합니다. 파일을 읽어와서 dataframe 변수에 저장하며, 이때 읽어오는 파일의 형식은 csv 파일입니다.

csv 파일을 읽어오는 여러 방법 중 여기에서는 pandas 라이브러리의 함수인 read_csv를 사용합니다. 첫 번째 '/content/deeplearning/corona_daily.csv'는 파일 경로를, 두 번째 usecols=[3]는 사용할 데이터를 의미합니다. 사용할 데이터가 4번째 열에 있는 확진자 수이므로 3(파이썬은 0부터 시작하죠?)을 넣어줍니다. 마지막 engine='python'은 사용할 언어를 의미합니다.

- **print(dataframe)**

읽어온 데이터(dataframe)의 모습을 출력하는 코드입니다.

- **dataset = dataframe.values**

읽어온 데이터(dataframe) 중 우리가 사용할 데이터, 즉 확진자 수 데이터만 가져옵니다. 우리가 읽어온 데이터에는 각 데이터에 대한 설명과, 데이터의 순서에 대한 값이 포함되어 있습니다. 인공지능 개발에 필요한 데이터에는 확진자 수만 필요하기 때문에 필요하지 않은 값들은 빼고, 꼭 필요한 값만 가져오기 위해서 위와 같은 코드를 입력합니다.

- **dataset = dataset.astype('float32')**

정규화를 실시할 수 있도록 두 번째 행의 값을 실수로 바꿔 줍니다. 모델이 더 좋은 성능을 가질 수 있도록 정규화하며, 정규화하기 위해서 보통 나눗셈을 사용합니다. 지금 읽어온 데이터는 정수형 데이터이므로 정수형 데이터를 소수점 단위까지 나누기 위해서는 실수로 바꿔 줄 필요가 있습니다.

3 데이터 정규화 및 분류하기

인공지능 모델의 성능을 높이려면 데이터 정규화가 필요합니다. 여기에서는 데이터를 0과 1 사이의 값으로 바꾸어서 사용합니다.

```
scaler = MinMaxScaler(feature_range=(0, 1))
Dataset = scaler.fit_transform(dataset)
train_data, test_data = train_test_split(Dataset, test_size=0.2, shuffle=False)
print(len(train_data), len(test_data))
```

실행 결과

89 23

표 17-1 | 정규화 과정을 거친 데이터의 모습

1일차	5
2일차	7
...	...
99일차	9,000
100일차	9,500

1일차	0.1
2일차	0.12
...	...
99일차	0.97
100일차	0.99

훈련 데이터

검증 데이터

- **scaler = MinMaxScaler(feature_range=(0, 1))**

정규화하기 위한 방법을 scaler로 정하고, 이를 위해 사이킷런 라이브러리 중 MinMax Scaler 함수를 사용합니다. 또한, 데이터를 정규화하는 범위를 0~1 사이의 값(feature_range=(0, 1))으로 결정합니다.

- **Dataset = scaler.fit_transform(dataset)**

바로 앞에서 만든 정규화 방법인 scaler를 사용한 후, MinMaxScaler 함수 중 fit_trans form 함수를 사용하여 데이터를 정규화합니다. 그리고 이렇게 정규화한 데이터를 Dataset 으로 정합니다.

- **train_data, test_data = train_test_split(Dataset, test_size=0.2, shuffle=False)**

인공지능 모델을 만들 때에는 훈련 데이터와 검증 데이터를 사용합니다. 이렇게 구분하는 까닭은 바로 인공지능을 성능을 정확하게 측정하기 위함입니다. 만약 검증 데이터가 없이 훈련 데이터로만 인공지능의 성능을 측정하면 어떻게 될까요?

훈련한 데이터에는 너무나도 정확한 성능을 보이겠지만, 미처 훈련하지 않은 데이터를 가져가면 그 성능이 좋다고 단정할 수 없겠죠? 이를 위해 인공지능 모델을 개발할 때 훈련 데이터와 검증 데이터로 구분합니다.

전체 데이터

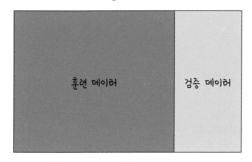

그림 17-6 | 훈련 데이터와 검증 데이터로 구분

train_test_split 함수를 사용하여 전체 데이터를 훈련 데이터와 검증 데이터로 분류합니다. 이 함수를 사용할 때, 분류할 데이터(Dataset), 검증 데이터 비율(test_size=0.2), 추출하는 방법(shuffle=False)을 결정합니다. 이렇게 분류한 후 훈련 데이터를 train_data 변수에, 검증 데이터를 test_data에 넣습니다.

그럼 지금부터 분류가 잘 이루어졌는지 확인해 봅시다. 훈련 데이터의 개수와 검증 데이터의 개수를 출력합니다.

잠깐만요

훈련 데이터와 검증 데이터 추출 방법
추출하는 방법에는 2가지가 있습니다. 첫 번째는 무작위 추출(shuffle=True)이고 두 번째는 순차 추출(shuffle =False)입니다. 지금과 같이 순서가 중요한 시계열 데이터, 즉 여기에서는 날짜별 데이터를 사용할 때에는 순서를 맞춰서 데이터를 추출할 필요가 있습니다.

- print(len(train_data), len(test_data))

훈련 데이터의 개수와 검증 데이터의 개수를 출력하는 코드입니다.

4 데이터 형태 변경하기

우리가 만드는 순환 신경망(RNN) 모델은 이전의 연속된 데이터를 사용하여 이후의 값을 예측합니다. 예를 들어 이전 3일치의 데이터를 사용하여 4번째 날짜의 값을 예측하는 형식으로 말이죠.

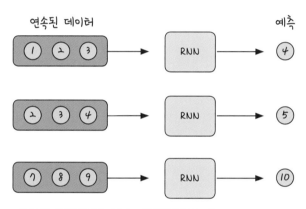

그림 17-7 | 3일치 확진자 수 데이터로 다음 날의 확진자 수 예측

1, 2, 3일차의 확진자 수(연속된 데이터)를 순환 신경망 모델에 넣으면 그다음 날짜의 확진자 수, 즉 4일차 확진자 수를 예측해서 반환해 줍니다. 그리고 7, 8, 9일차의 확진자 수를 순환 신경망 모델에 넣으면 그다음 날짜의 확진자 수인 10일차 확진자 수를 예측해서 반환합니다.

그런데 이러한 형태의 예측을 위해서는 데이터의 모습 또한 이에 맞게끔 변경해야 합니다. 현재 우리가 가지고 있는 데이터는 한 줄로 쭉 나열된 모습입니다. 1일차 확진자 다음에 2일차 확진자, 3일차, 4일차, 5일차… 이렇게 말이죠.

그렇기 때문에 우리가 인공지능 모델에 데이터를 입력하려면 형태를 조금 바꿔야 합니다.

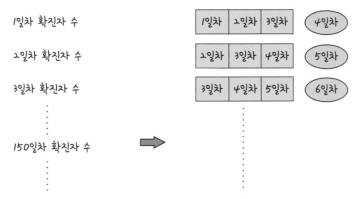

1일차 확진자 수

2일차 확진자 수

3일차 확진자 수

150일차 확진자 수

그림 17-8 | 예측 데이터의 모습을 연속된 값의 형태로 바꾸어야 함

즉, 위와 같이 한 줄로 나열된 데이터를 연속된 데이터의 형태로 바꾸어 주는 과정이 필요합니다. 순환 신경망에서는 어떠한 방식으로 데이터를 넣을지 정하는 것이 아주 중요합니다. 지금부터 우리가 살펴볼 코드가 조금은 복잡해 보이지만 꼭 넘어야 할 산이기도 합니다.

앞에서 말한 내용이지만 우리가 만드는 인공지능은 3일치의 확진자 수를 바탕으로 그다음 날의 확진자 수를 예측합니다.

더 이해하기 쉽도록 10일치의 데이터가 있다고 가정해 봅시다. 다시 말해 1, 2, 3일차를 바탕으로 4일차를 예상하고, 2, 3, 4일차를 바탕으로 5일차를 예상합니다. 그리고 마지막은 7, 8, 9일차를 바탕으로 10일차를 예측하는 방식으로 끝납니다. 그러면 데이터를 다음과 같은 형태로 구분하여야 합니다.

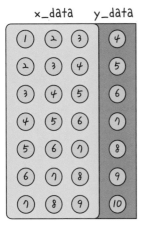

그림 17-9 | x_data의 형태와 y_data의 형태

이러한 형태로 바꾸기 위해서는 다음과 같은 과정이 필요합니다. 지금부터 데이터의 형태를 바꿔 주는 함수를 만들어 보겠습니다.

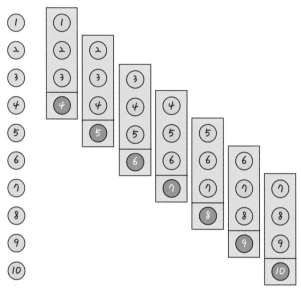

그림 17-10 | 데이터의 형태를 바꾸기 위한 과정

쉽게 이해하기 위해, 총 10일차까지의 데이터만 있다고 가정해 봅시다. 먼저 1일차부터 3일차까지를 뽑아서 x_data에 넣고, 그다음 4일차를 y_data에 넣는 것이죠. 그리고 2일차부터 4일차까지를 뽑아서 x_data에 넣고, 그다음 5일차를 y_data에 넣으면 됩니다. 이 과정을 총 7번 하면 됩니다. 이러한 과정을 통해 10일치의 데이터를 우리가 원하는 형태로 바꿀 수 있습니다. 이제 여러 날의 데이터를 변환할 수 있는 함수를 만들어 보겠습니다. 파이썬 문법에서 학습한 함수의 개념을 사용합니다.

잠깐만요

왜 함수를 만드는 것인가요?

우리가 프로그래밍할 때 함수를 만드는 이유는 동일한 프로그래밍을 반복하지 않기 위함입니다. 프로그래밍에서 특정 작업을 반복할 경우에 함수를 만들면 더 쉽게 코딩할 수 있습니다. 지금 함수를 만드는 이유도 이와 같습니다. 함수를 만들면 10일치의 확진자 데이터가 아니라 20일치, 30일치, 혹은 150일치의 확진자 데이터가 들어 왔을 때에도 데이터를 손쉽게 변환할 수 있습니다.

이 과정을 프로그래밍하면 다음과 같습니다.

```python
def create_dataset(dataset, look_back):
    x_data = []
    y_data = []
    for i in range(len(dataset)-look_back):
        data = dataset[i:(i+look_back), 0]
        x_data.append(data)
        y_data.append(dataset[i + look_back, 0])
    return np.array(x_data), np.array(y_data)
```

▪ def create_dataset(dataset, look_back):

def를 사용하여 create_dataset 함수를 만들어 줍니다. 이때 함수에 들어가는 인자는 2가지로, 첫 번째는 원래의 데이터(dataset)이며, 두 번째는 연속되는 데이터의 개수(look_back)입니다.

▪ x_data = []와 y_data = []

배열([ ])을 사용하여 각각 x_data와 y_data를 넣을 수 있는 공간을 만듭니다.

▪ for i in range(len(dataset)−look_back):

range 함수를 사용하여 몇 번을 반복할지 정해 줍니다. 반복하는 횟수가 조금 복잡한데요. 앞에서 예를 든 것과 같이 전체 데이터가 10개라면 총 7번을 반복하면 됩니다. 그림 17−10을 다시 보면 총 7번의 과정이 필요한 것을 알 수 있습니다. 3일치를 바탕으로 예측하기 때문이죠.

파이썬의 반복문에서 반복 횟수를 정할 때 range 함수를 사용합니다. 총 7번 반복하려면 range(7)을 하면 됩니다. 그렇기 때문에 len(dataset)-look_back과 같은 식이 필요합니다.

> **TIP**
> range 함수는 연속된 정수를 만들어 주는 함수입니다. range(7)처럼 숫자가 하나만 있을 경우 0부터 그 숫자에 해당하는 숫자까지, 즉 0, 1, 2, 3, 4, 5, 6 이렇게 7개의 숫자를 생성해 줍니다.

■ data = dataset[i:(i+look_back), 0]

이제 반복문의 내부입니다. 첫 번째 반복에서의 i는 0입니다. 먼저 1일차부터 3일차까지의 데이터를 뽑아야 하기 때문에 전체 데이터(dataset)의 첫 번째부터 세 번째까지 열의 데이터를 추출합니다(dataset[0:3, 0]). 그리고 이렇게 데이터를 추출할 때 확진자 수를 나타내는 첫 번째 열(0번째 열)에서만 추출하기 때문에 숫자 0을 입력합니다.

두 번째 반복에서의 i는 1입니다. 2일차부터 4일차까지의 데이터를 뽑아야 하므로 dataset (1:4, 0)과 같이 프로그래밍됩니다.

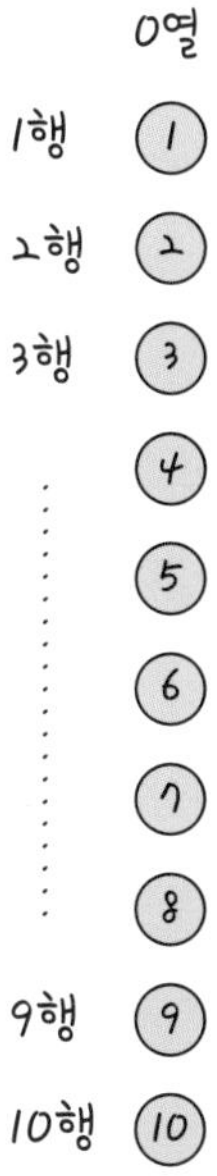

그림 17-11 | 사용하는 데이터의 형태

■ x_data.append(data)

append 함수를 사용하여 바로 앞에서 추출한 3개의 연속된 데이터(data)를 x_data 배열에 넣어줍니다.

■ y_data.append(dataset[i + look_back, 0])

이제 데이터를 추출하는 과정과 추출할 데이터를 배열에 넣는 과정을 한 번에 해보겠습니다. append 함수를 사용하여 연속된 데이터의 이후 값을 y_data 배열에 넣어줍니다. 첫 번째 반복에서는 4번째 값, 즉 4번째 확진자 수인 (3,0)의 위치에 있는 값을 넣어줍니다. 두 번째 반복에서는 5번째 값, 즉 5번째 확진자 수인 (4,0)의 위치에 있는 값을 넣습니다.

- **return np.array(x_data), np.array(y_data)**

최종적으로 변환된 x_data와 y_data를 모델에서 계산을 쉽게 하도록 넘파이 배열로 바꿔줍니다.

5 입력 데이터 생성하기

앞에서 만든 함수를 사용하여 실제 인공지능 모델에 입력할 수 있는 데이터를 만들어 보겠습니다. 이처럼 인공지능을 만드는 것의 시작은 어떻게 보면 데이터를 잘 정리하는 것입니다. 그리고 데이터를 인공지능 모델에 맞게끔 정리하는 작업에 많은 노력이 필요하답니다.

```
look_back = 3
x_train, y_train = create_dataset(train_data, look_back)
x_test, y_test = create_dataset(test_data, look_back)
print(x_train.shape, y_train.shape)
print(x_test.shape, y_test.shape)
```

실행 결과

```
(86, 3) (86,)
(20, 3) (20,)
```

이제 인공지능 모델을 개발하기 위한 데이터를 생성하겠습니다.

- **look_back = 3**

며칠 동안의 연속된 데이터를 바탕으로 인공지능에서 학습할지를 정해주는 코드입니다. 이번 예제에서는 그 수를 3으로 설정(look_back = 3)하겠습니다(숫자를 변경해도 됩니다).

- **x_train, y_train = create_dataset(train_data, look_back)**

훈련 데이터를 생성하기 위해 17.4절에서 만든 create_dataset 함수를 호출하겠습니다. 함수에 전달할 인자 중 첫 번째 인자에 훈련 데이터(train_data)를 두 번째 인자에 look_back(3을 담고 있습니다)을 넣습니다.

함수를 호출한 결과 2개의 데이터가 생성(x_data, y_data)됩니다. 이제 이 함수를 호출하면 두 개의 배열을 반환해 줍니다. 첫 번째는 3일치의 연속된 값(x_data)으로 이루어진 데이터를, 두 번째는 인공지능이 학습할 값(y_data)입니다.

첫 번째 생성되는 x_data를 x_train 데이터로, 두 번째 생성되는 y_data를 y_train 데이터로 넣습니다.

- **x_test, y_test = create_dataset(test_data, look_back)**

검증 데이터를 생성하기 위해 create_dataset 함수를 호출하겠습니다. 함수에 전달할 인자 중 첫 번째 인자에 검증 데이터(test_data)를 넣습니다. 그리고 두 번째 인자에 look_back을 넣습니다. 마찬가지로 첫 번째 생성되는 x_data를 x_test 데이터로, 두 번째 생성되는 y_data를 y_test 데이터로 넣습니다.

- **print(x_train.shape, y_train.shape)**

훈련 데이터 중 입력 데이터(x_train)의 모습(shape)과 훈련 데이터 중 출력 데이터(y_train)의 모습(shape)을 살펴보겠습니다.

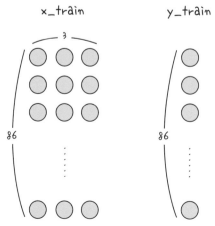

그림 17-12 | 훈련 데이터 중 입력 데이터(x_train)와 출력 데이터(y_train)의 모습

이처럼 입력 데이터의 형태는 3일치의 데이터가 늘어선 모양이고, 출력 데이터의 형태는 그 다음 날짜의 확진자 수로 구성된 모습을 볼 수 있습니다.

■ **print(x_test.shape, y_test.shape)**

검증 데이터 중 입력 데이터(x_test)의 모습(shape)과 검증 데이터 중 출력 데이터(y_test)의 모습(shape)을 살펴보겠습니다. 이 또한 입력 데이터의 형태는 3일치의 데이터가 늘어선 모양이고, 출력 데이터의 형태는 그다음 날짜의 확진자 수로 구성된 모습을 볼 수 있습니다.

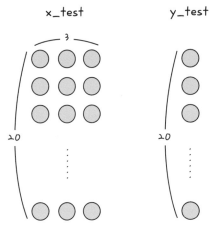

그림 17-13 | 검증 데이터 중 입력 데이터(x_test)와 출력 데이터(y_test)의 모습

6 인공지능 모델에 넣어줄 형태로 변환하기

생성한 데이터를 인공지능 모델에 넣을 수 있도록 한 번 더 형태를 바꿔 줍니다. 왜 이렇게 자꾸 데이터의 형태를 바꾸는지 궁금하지 않나요?

우리가 사용한 데이터를 인공지능 모델에 넣을 때 85×1×3 같은 형태로 넣기 위해서입니다. 우리가 지금 가진 데이터의 모습은 3개의 데이터가 85층으로 이루어진 모습입니다(그림 17-14 왼쪽). 하지만 우리는 이를 각각의 줄로 나눠서 넣을 필요가 있죠. 바로 1×3의 형태로 85개를 넣어야 합니다(그림 17-14 오른쪽).

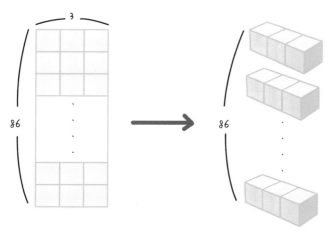

그림 17-14 | 2차원 배열을 3차원 배열로 바꾸기

똑같은 이야기 같지만 데이터를 넣을 때 1×3의 형태의 데이터와 같이 한 줄씩 넣는 것과 86×3의 형태를 통째로 넣는 것에는 분명한 차이가 있습니다. 우리가 만드는 인공지능은 각각의 3일치 데이터를 학습해야 하기 때문입니다.

이렇게 바꾸는 것을 조금 어렵게 표현하면 2차원 배열을 3차원 배열로 바꾸는 것이라고 합니다.

```
X_train = np.reshape(x_train, (x_train.shape[0], 1, x_train.shape[1]))
X_test = np.reshape(x_test, (x_test.shape[0], 1, x_test.shape[1]))
print(X_train.shape)
print(X_test.shape)
```

실행 결과

(86, 1, 3)
(20, 1, 3)

훈련 데이터의 수가 85개이며 1×3 형태인 것을 볼 수 있습니다. 그리고 검증 데이터의 수가 19개이며, 형태도 훈련 데이터와 마찬가지로 1×3의 형태인 것을 볼 수 있습니다.

- **X_train = np.reshape(x_train, (x_train.shape[0], 1, x_train.shape[1]))**

넘파이(np) 라이브러리 중 형태를 바꿔 주는 함수(reshape)를 사용하여 훈련 데이터(x_train)의 형태를 바꿔 줍니다. 함수의 첫 번째에는 바꿀 데이터(x_train)를, 두 번째에는 어떤 형태로 바꿀지를 넣어줍니다.

총 85개의 데이터로 만들 것이며, 1×3의 형태여야 합니다. x_train.shape을 실행하면 (85, 3)이 나옵니다. 이때 첫 번째 값 x_train.shape[0]인 85를 넣고, 1개씩으로 나누기 위해 1을, 3을 넣기 위해 x_train.shape[1]의 값을 넣어줍니다.

- **X_test = np.reshape(x_test, (x_test.shape[0], 1, x_test.shape[1]))**

검증 데이터(x_test) 역시 같은 방식으로 바꿔 줍니다.

- **print(X_train.shape)**

바뀐 형태의 훈련 데이터(x_train)의 모습(shape)을 살펴봅시다.

- **print(X_test.shape)**

바뀐 형태의 훈련 데이터(x_test)의 모습(shape)을 살펴봅시다.

7 인공지능 모델 만들기

이제 이 장의 핵심인 인공지능 모델을 만들어 보겠습니다. 순환 신경망은 말 그대로 신경망의 학습에서 순환적인 학습을 하는 모습을 보여줍니다. 그런데 이 말이 사실 이해하기 쉽지 않습니다. 그림 17-15의 왼쪽을 한번 살펴볼까요? 일반적인 시퀀셜 모델입니다.

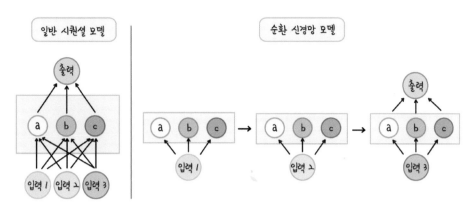

그림 17-15 | 일반적인 시퀀셜 모델과 순환 신경망 모델

일반적인 시퀀셜 모델은 16장에서 숫자 인식 인공지능 모델을 만든 것을 떠올려 봅시다. 그 모델은 입력 데이터가 은닉층을 거쳐 출력층까지 전달되어 특정한 값을 예측하는 것을 볼 수 있었습니다.

하지만 그림 17-15의 오른쪽인 순환 신경망에서는 그 방식이 조금 다릅니다. 먼저 여기에서는 3일 동안의 확진자 수를 바탕으로 그다음 날의 확진자 수를 예측하기 때문에 입력하는 데이터가 3개입니다. 그리고 은닉층의 뉴런의 수를 3개(a, b, c)로 정해서 실습해 보겠습니다 (물론 더 많아도 상관없습니다).

이때 3일 동안의 확진자 데이터를 한 번에 넣어서 학습시키는 것이 아닙니다. 데이터의 순서가 중요하기 때문이죠. 그래서 첫 번째 데이터를 넣고 은닉층에 있는 파라미터들(가중치와 편향의 값)을 학습시킵니다. 그러면 그때의 가중치와 편향의 값이 생기겠죠? 그 학습의 결괏값을 바로 출력하는 것이 아니라 다음 단계에서 참고할 수 있도록 넘겨줍니다.

그 이후 똑같은 은닉층에 첫 번째 데이터를 넣고 학습한 결과와 함께 두 번째 데이터를 넣고 학습시킵니다. 이때는 앞에서 첫 번째 값을 넣었을 때 학습한 결괏값을 포함하여 학습을 시작하고, 그다음 이 결과를 다시 다음 단계로 넘겨줍니다. 이후 이 결괏값과 세 번째 데이터를 넣고 학습시킨 후 최종값을 예측하는 구조입니다.

```
model = Sequential()
model.add(SimpleRNN(3, input_shape=(1, look_back)))
model.add(Dense(1, activation="linear"))
model.compile(loss='mse', optimizer='adam')
model.summary()
```

Model: "sequential"

Layer (type)	Output Shape	Param #
simple_rnn (SimpleRNN)	(None, 3)	21
dense (Dense)	(None, 1)	4

Total params: 25
Trainable params: 25
Non-trainable params: 0

생성한 모델명, 각 층의 형태, 파라미터(가중치 값)의 수를 볼 수 있습니다.

▪ model = Sequential()

model이라는 인공지능 모델을 만들겠습니다. 이 모델은 시퀀셜(Sequential) 모델입니다. 순환 신경망(RNN) 역시 레이어들이 선형으로 연결된 모습이기 때문에 시퀀셜 모델로 설정하는 것입니다.

▪ model.add(SimpleRNN(3, input_shape=(1, look_back)))

RNN 기법 중 SimpleRNN을 사용하겠습니다. SimpleRNN의 뉴런의 수는 3개(이 값은 변경해도 상관없습니다)이며, 어떤 데이터의 형태를 넣는지(input_shape=(1, look_back))를 결정해 줍니다. 데이터의 형태는 몇 개의 연속된 데이터를 넣는지에 따라 달라지기 때문에 (1, look_back)의 형태로 설정합니다.

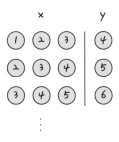

그림 17-16 | 입력 데이터의 모습

이처럼 한 번에 1×3 형태인 3일치 데이터를 넣기 때문에 (1, look_back)을 넣습니다.

■ model.add(Dense(1, activation="linear"))

최종 예측 값은 연속된 데이터 이후의 값, 즉 확진자의 수입니다. 이 값은 여러 개가 아닌 1개의 값이므로 1개의 노드를 구성합니다.

■ model.compile(loss='mse', optimizer='adam')

인공지능을 계산하는 방법을 결정합니다. 손실 함수는 mse(평균 제곱 오차, mean_squared_error)로, 옵티마이저는 adam 옵티마이저를 사용하겠습니다. 다양한 손실 함수 중 왜 하필이면 평균 제곱 오차를 사용할까요? 바로 실제 확진자의 수와 예측한 값의 차이를 바탕으로 오차를 나타낼 수 있기 때문입니다.

> **TIP**
> 6.1절에서 살펴본 나이 예측 인공지능 모델의 오차 구하기를 떠올리면 됩니다.

■ model.summary()

생성된 모델을 요약합니다.

실행 결과를 살펴볼까요? 여기서 Model: "sequential_1"는 첫 번째 순서로 만든 순차 모델이라는 의미입니다. (실습 환경에 따라 숫자는 달라질 수 있습니다.) simple_rnn (Simple RNN)은 SimpleRNN을 사용하였다는 의미이며, Output Shape에서 볼 수 있듯이 총 노드의 수는 3개입니다. Param은 simple_rnn의 파라미터(가중치와 편향 값)의 수를 의미합니다.

dense (Dense)는 출력층에서의 형태 및 파라미터 수를 의미합니다.

모델 학습시키기

지금까지 만든 순환 신경망에 데이터를 추가하여 신경망을 학습시켜 보겠습니다. 신경망 학습을 위해 훈련 데이터(X_train, y_train)를 사용합니다.

```
model.fit(X_train, y_train, epochs=100, batch_size=1, verbose=1)
```

실행 결과

```
Epoch 1/100
85/85 [==============================] – 0s 5ms/step – loss: 0.0319
Epoch 2/100
85/85 [==============================] – 0s 1ms/step – loss: 0.0019
Epoch 3/100
(중략)
85/85 [==============================] – 0s 1ms/step – loss: 6.0454e-04
Epoch 98/100
85/85 [==============================] – 0s 1ms/step – loss: 6.0294e-04
Epoch 99/100
85/85 [==============================] – 0s 1ms/step – loss: 6.0986e-04
Epoch 100/100
85/85 [==============================] – 0s 1ms/step – loss: 6.0653e-04
〈keras.callbacks.callbacks.History at 0x7ff374f8e080〉
```

케라스의 함수를 사용하여 모델을 학습시켜 보겠습니다. 이때 입력 데이터(x_train), 출력 데이터(y_train), 반복 횟수(epochs=100), 한 번에 학습시킬 데이터의 양(batch_size=1)을 설정합니다.

학습의 진행 경과를 어떻게 표시할지 결정하기 위해 에포크별 진행 사항을 간단히 알려주는 방식인 verbose=1로 설정합니다.

TIP 한 번에 학습시킬 데이터의 양이 1인 이유는 이번 예제에서는 그렇게 설정했기 때문입니다. 물론 여러분이 바꾸어도 상관없습니다.

9 데이터 예측하기

지금까지 모델을 학습시켰습니다. 모델을 학습시킨 후 해야 할 일은 바로 모델의 성능을 측정하는 것입니다. 하지만 바로 모델의 성능을 측정하지 않고, 한 단계를 더 거칠 예정입니다. 모델의 성능을 측정하려면 실제 데이터를 예측한 값과 실제 데이터의 값의 차이를 봐야 합니다. 그러므로 우리가 필요한 것은 정규화를 거친 결과가 아닌 실제 확진자 수 데이터가 필요합니다. 그림 17-17에서 볼 수 있듯이 RNN 모델을 통해 나온 예측 값을 정규화되기 전의 값으로 변환하여야 하며 실제 값 또한 정규화되기 전의 값으로 변환하여야 합니다.

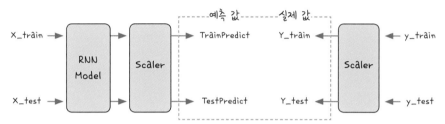

그림 17-17 | 순환 신경망 모델에서 예측 값과 실제 값

지금부터 순환 신경망 모델에 실제 데이터를 넣었을 때 어떻게 예측 값을 반환하는지 살펴보겠습니다.

먼저 입력 데이터를 모델에 넣어서 출력값을 얻습니다. 입력 데이터에는 훈련 데이터인 X_train과 X_test를 넣습니다. 출력값은 trainPredict와 testPredict로 나옵니다. 이 결괏값은 0과 1 사이의 값으로 나오기 때문에 Scaler를 거쳐 실제 값(TrainPredict와 TestPredict, 첫 문자가 대문자입니다)으로 변환합니다.

그리고 실제 값인 y_train 데이터와 y_test 데이터 역시 0과 1 사이의 값이기 때문에 Scaler를 거쳐 실제 값(Y_train와 Y_test)으로 변환합니다.

```
trainPredict = model.predict(X_train)
testPredict = model.predict(X_test)
TrainPredict = scaler.inverse_transform(trainPredict)
Y_train = scaler.inverse_transform([y_train])
TestPredict = scaler.inverse_transform(testPredict)
Y_test = scaler.inverse_transform([y_test])
print(trainPredict)
```

- **trainPredict = model.predict(X_train)**

케라스에는 생성한 인공지능 모델에 데이터를 넣어서 결괏값을 생성하는 predict 함수가 있습니다. 이 함수를 사용하여 훈련 데이터(X_train)의 값을 모델에 넣어 값을 예측합니다. 그리고 그 예측 값을 trainPredict에 넣습니다.

- **testPredict = model.predict(X_test)**

마찬가지로 predict 함수를 사용하여 검증 데이터(X_test)의 값을 모델에 넣어 값을 예측합니다. 그리고 그 예측 값을 trainPredict에 넣습니다.

- **TrainPredict = scaler.inverse_transform(trainPredict)**

생성한 인공지능 모델에 훈련 데이터를 넣어서 얻은 결과가 바로 trainPredict입니다. 이 trainPredict에 저장된 값을 살펴보면 0과 1 사이의 값으로 나타난 것을 볼 수 있습니다.

인공지능 모델이 학습할 때 사용한 결괏값이 정규화 과정을 통한 0과 1 사이의 값이기 때문입니다.

```
실행 결과
[[0.01728329]
 [0.01722289]
 [0.01749584]
 [0.01747571]
 [0.01754917]
 [0.01754917]
 [0.01754917]
 ......
 [0.92954063]
 [0.93017685]
 [0.9305984 ]
 [0.93112814]
 [0.93168384]
 [0.93186057]
 [0.9324945 ]]
```

하지만 우리가 원하는 값은 0과 1 사이의 값이 아닌 확진자의 수, 즉 자연수의 형태입니다. 이를 위해서는 훈련 데이터의 예측 값(trainPredict)을 scaler 라이브러리의 inverse_transform 함수를 사용합니다. 이 함수를 사용하면 0과 1 사이의 값을 정규화하기 전의 확진자의 수로 바꿀 수 있습니다.

> **TIP** 참고로 scaler는 17.3절에서 우리가 만든 함수입니다. 기존에 있는 함수가 아니라 정규화를 위해 sklearn 라이브러리의 MinMaxScaler로 만든 것이랍니다.

■ Y_train = scaler.inverse_transform([y_train])

이제 실제 확진자 수를 나타내는 훈련 데이터(y_train)의 형태를 변형할 차례입니다. 실제 확진자의 훈련 데이터는 y_train 변수에 있습니다. 하지만 이 변수의 값 또한 0과 1 사이의 값으로 정규화된 값입니다. 이 값을 원래의 값, 자연수 형태의 값으로 변경해야 하기 때문에 정규화할 때 사용한 scaler와 inverse_transform 함수를 사용합니다. 이 함수를 사용해 변형한 데이터를 Y_train 변수에 넣습니다.

■ TestPredict = scaler.inverse_transform(testPredict)

다음으로 훈련 데이터의 예측 값, testPredict 변수에 들어 있는 값을 변형하겠습니다. 이 값 또한 0과 1 사이의 값으로 정규화된 값으로 예측되었기 때문에 값을 변형해야 합니다. 이를 위해 scaler와 inverse_transform 함수를 사용한 후, 변경한 값을 TestPredict 변수에 저장합니다.

■ Y_test = scaler.inverse_transform([y_test])

검증 데이터의 형태를 변형할 차례입니다. 실제 확진자의 검증 데이터는 y_test 변수에 있습니다. 하지만 이 변수의 값 또한 0과 1 사이의 값으로 정규화된 값입니다. 이 값을 원래의 값, 자연수 형태의 값으로 변경해야 하기 때문에 scaler와 inverse_transform 함수를 사용합니다. 이 함수를 사용하여 변형한 데이터를 Y_test 변수에 넣습니다.

10 모델의 정확도 살펴보기

모델이 예측한 값과 실제 값에는 어느 정도의 차이가 있는지 살펴보겠습니다. 이때 사용하는 함수는 평균 제곱근 오차(Root Mean Squared Error)입니다. 바로 평균 제곱 오차를 제곱근한 값입니다.

TIP
6.1절의 나이를 예측하는 인공지능 모델의 오차 구하기를 참고하세요.

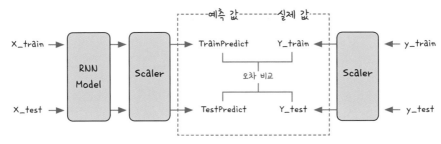

그림 17-18 | 예측 값과 실제 값의 오차 구하기

이와 같이 앞에서 도출한 결과 데이터, 예측 값과 실제 값의 차이를 구해서 모델의 정확도를 측정해 보겠습니다.

```
trainScore = math.sqrt(mean_squared_error(Y_train[0], TrainPredict[:,0]))
print('Train Score: %.2f RMSE' % (trainScore))
testScore = math.sqrt(mean_squared_error(Y_test[0], TestPredict[:,0]))
print('Test Score: %.2f RMSE' % (testScore))
```

실행 결과

Train Score: 269.85 RMSE
Test Score: 255.18 RMSE

TIP
여러분의 실행 결과 수치는 책과 다를 수 있습니다.

평균 제곱근 오차가 훈련 데이터의 경우 270, 검증 데이터의 경우 255 정도로 나온 것을 볼 수 있습니다. 학습의 반복 횟수를 늘리거나 모델의 형태를 변경하면 이 값은 줄어들 수 있습니다.

■ trainScore = math.sqrt(mean_squared_error(Y_train[0], TrainPredict[:,0]))

먼저 훈련 데이터를 얼마나 정확하게 예측하는지 살펴보겠습니다.

sklearn 라이브러리의 mean_squared_error 함수를 사용하면 mean_squared_error 값을 손쉽게 구할 수 있습니다. 이 함수를 사용하기 위해 첫 번째에는 실제 정답값 전체를 가져오기 위해 Y_train[0]을, 두 번째에는 예측 값 전체를 가져오기 위해 TrainPredict[:,0]을 넣습니다. 예측 값의 형태가 [:,0]인 이유는 배열이 2차원 배열로 이루어져 있기 때문입니다.

이제 mean_squared_error 함수가 자동으로 오차의 값을 제곱하여 각각의 값을 더한 결과를 반환합니다. 평균 제곱근 오차를 구하기 위해 결괏값을 제곱근한 값을 math.sqrt 함수를 사용하여 얻습니다.

■ print('Train Score: %.2f RMSE' % (trainScore))

훈련 데이터를 예측한 정확도를 출력해 보겠습니다. print문에서 변수의 값을 출력하기 위한 방법 중 하나로 실수값을 출력할 때에는 %f를 사용합니다. 이때 소수 둘째 자리까지만 출력하라는 의미로 %.2f를 입력하였습니다. 출력할 변수를 % 기호 뒤에 넣으면 됩니다.

■ testScore = math.sqrt(mean_squared_error(Y_test[0], TestPredict[:,0]))

이제 드디어 검증 데이터를 예측한 결과의 정확도를 살펴볼 차례입니다. 앞에서 살펴본 것과 같은 방식으로 계산하면 됩니다. 이때 평균 제곱 오차를 구할 때 훈련 데이터의 값((Y_test)과 그 예측 값(TestPredict)을 넣어줍니다.

■ print('Test Score: %.2f RMSE' % (testScore))

검증 데이터를 예측한 정확도를 출력하는 코드입니다. 앞 과정과 동일하며 출력할 변수만 검증 데이터의 예측 정확도(testScore)로 바뀌었습니다.

결과를 그래프로 확인하기

앞에서 평균 제곱근 오차(RMSE)를 구하여 모델의 정확도를 살펴보았지만, 이 점수만으로 모델이 어느 정도 정확한지 한눈에 파악하기란 쉽지 않습니다. 그렇기 때문에 실제 데이터의 그래프와 훈련 데이터를 예측한 그래프, 검증 데이터를 예측한 그래프를 한 번에 그려서 비교해 보겠습니다.

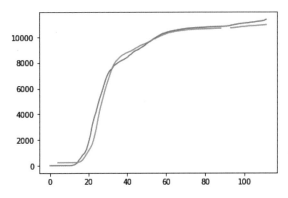

그림 17-19 | 실행 결과: 인공지능이 예측한 코로나 19 확진자 수 그래프

이 그래프가 바로 인공지능이 예측한 코로나 19 확진자 수입니다. 주황색과 초록색 선이 바로 인공지능이 예측한 확진자 수이며, 파란색 선이 실제 확진자 수입니다. 그래프를 보면 인공지능이 실제와 유사한 흐름으로 예측한 것을 확인할 수 있습니다. 직전 3일치를 바탕으로 다음 날을 예측하기 때문에 처음 3일 동안의 예측 값이 없는 것을 볼 수 있습니다.

```python
trainPredictPlot = np.empty_like(dataset)
trainPredictPlot[:, :] = np.nan
trainPredictPlot[look_back:len(TrainPredict)+look_back, :] = TrainPredict
testPredictPlot = np.empty_like(dataset)
testPredictPlot[:, :] = np.nan
testPredictPlot[len(TrainPredict)+(look_back)*2:len(dataset), :] = TestPredict
plt.plot(dataset)
plt.plot(trainPredictPlot)
plt.plot(testPredictPlot)
plt.show()
```

이제 예측한 값을 데이터의 순서에 맞게 넣어주겠습니다.

■ trainPredictPlot = np.empty_like(dataset)

먼저 훈련 데이터를 예측한 값을 저장할 배열을 만들어 보겠습니다. 이를 위해 전체 데이터 (dataset)와 동일한(np.empty_like) 형태의 넘파이 배열(trainPredictPlot)을 만들어 줍니다. 실제 데이터와 예측한 데이터를 하나의 그림에서 비교하기 위함입니다.

■ trainPredictPlot[:, :] = np.nan

만들어진 배열의 모든 값을 nan으로 설정합니다. 앞에서 만든 배열을 깨끗하게 하기 위해 배열의 값을 nan으로 설정하는 것입니다. 콜론(:)은 모든값을 의미합니다. (처음):(마지막)에서 처음과 마지막은 생략하고 나타내는 것이죠.

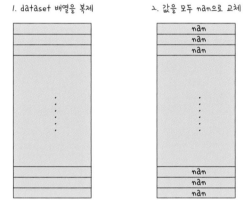

그림 17-20 | trainPredict 배열의 값을 nan으로 교체

■ trainPredictPlot[look_back:len(TrainPredict)+look_back, :] = TrainPredict

훈련 데이터를 예측한 결괏값을 배열에 넣는 코드입니다. 훈련 데이터를 예측한 결괏값의 첫 번째 값은 1일차의 확진자 수가 아니라 4일차의 확진자 수입니다. 1, 2, 3일차의 확진자 수를 보고 4일차를 예측했기 때문입니다. 그러므로 처음 값(look_back)을 건너뛴 다음 그래프를 그려야 합니다. 이를 위해 훈련 데이터를 예측한 결괏값의 구간을 다음과 같이 정해 줍니다(trainPredictPlot[look_back:len(TrainPredict)+look_back, :]).

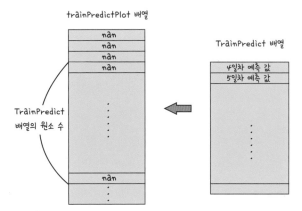

그림 17-21 | TrainPredict 배열 삽입

그림과 같이 처음 3일치는 건너뛰고 4일차(look_back)부터 TrainPredict 배열의 원소 수까지(len(TrainPredict)+look_back)를 범위로 지정해 줍니다.

■ testPredictPlot = np.empty_like(dataset)

두 번째로 검증 데이터를 예측한 값을 나타낼 그래프를 그려 보겠습니다. 전체 데이터(dataset)와 동일한(np.empty_like) 넘파이 배열(trainPredictPlot)을 만들어 줍니다.

■ testPredictPlot[:, :] = np.nan

만들어진 배열의 모든 값을 nan으로 설정합니다. 앞에서 만든 배열, 즉 그래프를 그릴 도화지를 깨끗하게 만들기 위해 배열의 값을 nan으로 설정하는 것입니다.

■ testPredictPlot[len(TrainPredict)+(look_back)*2:len(dataset), :] = TestPredict

검증 데이터를 예측한 결괏값을 그래프로 나타내기 위한 코드입니다.

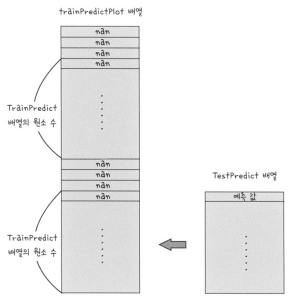

그림 17-22 | TrainPredict 배열 삽입

검증 데이터의 예측 값을 넣는 시작점은 훈련 데이터를 예측한 값 이후(len(Train Predict)+look_back)에 3일치의 예측 값을 건너뛴(look_back) 자리입니다.

- **plt.plot(dataset)**

plt 라이브러리의 plot 함수를 사용하여 17.2절에서 만든 dataset 데이터를 그래프로 나타냅니다.

- **plt.plot(trainPredictPlot)**
  plt.plot(testPredictPlot)

훈련 데이터로 예측한 값과 검증 데이터로 예측한 값을 각각 plt 라이브러리의 plot 함수를 사용하여 그 값을 그래프로 생성합니다.

- **plt.show( )**

생성한 그래프를 show 함수를 사용하여 화면에 나타냅니다.

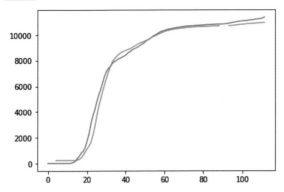

지금까지 순환 신경망을 사용하여 코로나 19 확진자 수를 예측하는 인공지능 모델을 개발하였습니다. 프로그래밍하며 여러분도 느꼈겠지만 인공지능을 만드는 부분은 비중이 크지 않습니다. 비중이 큰 부분은 바로 데이터를 인공지능 모델에 넣을 수 있도록 변환하고, 모델을 통해서 나온 데이터를 보기 쉽게 변환하는 부분입니다. 이처럼 인공지능 모델을 만들기 위해서는 데이터를 얼마나 잘 처리하는가가 성패를 좌우합니다.

혹시 여러분이 알고 있는 연속된 데이터셋이 있다면 그 데이터를 적용한 모델을 만들어 보는 것을 추천합니다. 눈으로 보는 것보다 실제로 해보는 것이 실력 향상의 지름길이기 때문입니다.

UNIT 18 숫자 생성 인공지능 만들기

ARTIFICIAL INTELLIGENCE FOR EVERYONE

이 장에서는 손으로 쓴 숫자와 비슷하게 글씨를 쓰는 인공지능을 만들어 보겠습니다. 최근 인공지능은 사람만이 할 수 있다고 생각했던 예술 분야까지 진출하고 있습니다.

캠브리지 컨설턴트(Cambridge Consultant)에서 공개한 인공지능 화가인 빈센트(Vincent)는 고객이 간단한 스케치만 제공하면 단숨에 유명 화가의 스타일로 예술 작품을 완성하는 인공지능 화가입니다.

뉴욕 크리스티 경매에서는 인공지능이 창작한 그림이 인류 역사상 최초로 경매에 나왔으며, 이 그림은 고가에 낙찰되었죠. 프랑스 연구자들이 개발한 인공지능 화가인 오비어스가 그린 '에드몽 드 벨라미'라는 제목의 초상화가 우리 돈으로 약 오억 원에 낙찰이 되었다고 합니다. 이 인공지능은 14세기부터 20세기까지의 서양화 만오천여 작품을 분석해서 초상화를 학습하였습니다.

특정한 소설가의 작품을 인공지능에게 학습시키면 인공지능이 그 소설가의 문체로 글을 만들 수 있습니다. 예를 들어 영국의 유명한 극작가인 셰익스피어의 여러 작품을 학습시킨 인공지능에 새로운 주제로 글을 작성하라고 하였더니 셰익스피어의 문체로 글을 작성한 사례가 있습니다. 더 나아가 셰익스피어의 소설을 학습한 인공지능이 셰익스피어의 '헨리 8세'라는 소설을 분석하여 '헨리 8세'를 셰익스피어가 혼자 쓴 것이 아니라 동료 작가인 존 플레처와 공동 집필했다는 사실을 입증하는 데 성공했다고 합니다.

이처럼 인공지능이 무엇인가를 창작하는 시대가 됨에 따라 인공지능의 저작권 관련 문제도 속속 등장하고 있습니다. 최근 중국에서 인공지능이 만든 콘텐츠도 저작권이 있다는 전 세계 첫 번째 판례가 나왔는데, 인공지능이 작성한 증권 기사를 허락 없이 사용한 피고에게 1,500위안(약 25만 원)을 배상하라고 판결했습니다.

이 장에서는 생성 신경망이라는 딥러닝 기법을 사용하여 무엇인가를 창작할 수 있는 인공지능을 만들어 보겠습니다. 그림 18-1을 보면 여러 숫자가 보입니다. 16장에서 살펴본 mnist 데이터와 비슷하지 않나요? 하지만 사실 이 사진은 인공지능이 스스로 만든 숫자의 모습입니다.

그림 18-1 | 인공지능이 만든 숫자의 모습

지금부터 우리는 이와 같이 사람이 쓴 손글씨와 비슷하게 글씨를 쓸 수 있는 인공지능을 만들어 보겠습니다. 이 인공지능을 만들기 위해 사용하는 데이터 또한 앞에서 사용한 MNIST 데이터셋입니다.

 ## 숫자 생성 인공지능 개발 원리

생성 신경망을 사용하며 숫자 생성 인공지능을 만들어 보겠습니다. 그리고 생성 신경망 중 GAN(Generative adversarial network, '갠' 또는 '간'이라고 읽음)이라는 기법을 사용하겠습니다. GAN의 뜻을 풀이해 보면 적대적 생성 신경망입니다. 무엇인가를 생성하는 방법인데 적대적으로 생성한다는 것입니다. 이것이 무슨 의미일까요? 다음 그림을 살펴봅시다.

그림 18-2 | 판별자와 생성자

GAN이라는 신경망은 2개의 신경망으로 구성되어 있습니다. 바로 판별자 신경망과 생성자 신경망입니다. 생성자는 아무런 의미가 없는 그림에서 진짜처럼 그럴듯한 가짜 그림을 생성할 수 있으며, 판별자는 진짜 그림과 생성자가 만든 가짜 그림을 구별할 수 있습니다.

생성자는 목표가 있습니다. 바로 판별자가 자신이 만든 가짜 그림을 진짜처럼 생각하도록 하는 것이죠. 그렇다면 판별자의 목표는 무엇일까요? 판별자의 목표는 생성자가 만든 그림을 진짜인지 가짜인지 다 구별해 내는 것입니다.

이처럼 생성자와 판별자는 서로를 이기기 위해 학습하기 시작합니다. 그러면 생성자는 판별자가 진짜와 가짜를 구별하지 못할 정도로 진짜 같은 그림을 만들어 내게 됩니다. 바로 이렇게 두 개의 신경망을 사용하여 새로운 그림을 생성해 내는 기법이 바로 적대적 생성 신경망, GAN입니다.

2 개발 환경 만들기

1 코랩에서 **새 노트**를 만들고 이름을 **mnist_gan.ipynb**으로 변경합니다.

그림 18-3 | 새 노트 생성

2 이 예제 역시 케라스를 사용하여 작성하겠습니다. 지난번과 동일한 라이브러리도 몇 개 보이죠? 이번에는 성능이 조금 더 좋은 인공지능을 만들기 위해 라이브러리를 몇 개 추가하겠습니다.

```
from keras.models import Model, Sequential
from keras.layers import Dense, Input
from keras.layers.advanced_activations import LeakyReLU
from keras.optimizers import Adam
from keras.datasets import mnist
from tqdm import tqdm
import numpy as np
import matplotlib.pyplot as plt
```

■ **from keras.models import Model, Sequential**

모델 도구(models) 중 Model과 시퀀셜(Sequential) 모델을 함수를 불러오는 명령어입니다. GAN은 서로 다른 신경망, 즉 생성자 신경망과 판별자 신경망 두 개가 필요합니다. 그리고 이 두 신경망은 모두 시퀀셜 형태로 만들기 때문에 시퀀셜 모델이 필요합니다.

■ from keras.layers import Dense, Input

레이어 도구(layers) 중 Dense와 Input 함수를 불러오는 명령어입니다. from 명령어는 어디에서 가지고 오는지 의미하고 import 명령어는 특정 함수를 의미합니다.

■ from keras.layers.advanced_activations import LeakyReLU

advanced_activations는 레이어 도구(layers) 중 조금 더 성능이 뛰어난 활성화(액티베이션) 함수를 불러오는 명령어입니다. 이번에는 LeakyReLU를 사용하겠습니다.

> **TIP**
>
> 활성화 함수 중 하나로 쓰이는 Leaky 렐루 함수는 렐루 함수와 비슷하지만 한 가지 다른 점이 있습니다. 0보다 큰 값이 들어 왔을 때에는 들어온 값과 같은 값을 반환하는 점에는 차이가 없습니다. 하지만 0보다 작은 값이 들어 왔을 때에 그 반환하는 값이 다릅니다. 렐루 함수는 0보다 작은 값이 들어오면 무조건 0을 반환하지만 Leaky 렐루 함수는 0보다 작은 값이 들어오면 음수의 값을 반환합니다.

■ from keras.optimizers import Adam

학습한 모델의 오차를 줄이기 위해서 경사 하강법을 사용합니다. 이때 사용하는 옵티마이저(optimizers) 중 아담(Adam) 옵티마이저를 불러옵니다.

■ from keras.datasets import mnist

데이터셋 도구(datasets) 중 mnist 데이터셋을 불러오는 명령어입니다.

■ from tqdm import tqdm

모델 학습을 시각적으로 보여주는 라이브러리인 tqdm 라이브러리를 불러오는 명령어입니다. tqdm은 진행을 나타내는 아랍어(taqadum)에서 딴 이름입니다.

■ import numpy as np
import matplotlib.pyplot as plt

넘파이(numpy) 라이브러리와 맷플로립(matplotlib) 라이브러리를 불러옵니다.

이 장에서는 인공지능이 기존의 숫자 손글씨를 학습하여 스스로 새로운 숫자 손글씨를 만들어 내도록 하는 것이 목적입니다. 따라서 인공지능에 기존의 숫자 손글씨 데이터를 제공하여야 합니다.

이번 예제에서는 mnist 데이터셋 중 일부만 사용할 예정입니다. 물론 모든 데이터를 사용하면 좋지만, 그러기엔 학습 시간이 오래 걸리기 때문에 일부(숫자 이미지 10,000개)만 사용하겠습니다.

> **TIP**
> mnist 데이터셋은 훈련 데이터(train)와 검증 데이터(test)로 구분되어 있습니다. 이때 훈련 데이터의 수는 60,000개이며, 검증 데이터의 수는 10,000개입니다. 우리는 10,000개만 사용하면 되기 때문에 검증 데이터만 사용할 예정입니다.

혹시 시간이 조금 더 걸리더라도 인공지능이 손글씨를 더 많이 학습하기를 원한다면 60,000개의 데이터가 포함된 훈련 데이터(x_train)를 불러와도 됩니다.

```python
(x_train, y_train), (x_test, y_test) = mnist.load_data()
x_test = (x_test.astype(np.float32) - 127.5)/127.5
mnist_data = x_test.reshape(10000, 784)
print(mnist_data.shape)
len(mnist_data)
```

실행 결과

```
Downloading data from https://storage.googleapis.com/tensorflow/tf-keras-datasets/mnist.npz
11493376/11490434 [==============================] - 0s 0us/step
(10000, 784)
10000
```

■ (x_train, y_train), (x_test, y_test) = mnist.load_data()

mnist의 load_data 명령어를 사용하여 데이터를 불러옵니다. 케라스에서 제공하는 mnist 데이터셋은 크게 네 부분으로 나누어져 있습니다. 네 부분을 불러와서 각 변수에 저장하는 명령어입니다.

첫 번째 부분과 두 번째 부분은 훈련 데이터입니다. 이 훈련 데이터는 픽셀값으로 이루어진 이미지 데이터와 그 이미지 데이터가 나타내는 숫자가 무엇인지를 알려주는 데이터 이렇게 두 부분으로 나뉘어 있습니다.

세 번째 부분과 네 번째 부분은 검증 데이터입니다. 이 검증 데이터 또한 크게 이미지 데이터와 이미지 데이터가 나타내는 숫자가 무엇인지 알려주는 데이터로 나뉩니다.

■ x_test = (x_test.astype(np.float32) − 127.5)/127.5

우리는 10,000개로 구성된 x_test 데이터를 사용할 예정입니다. 나머지는 어떻게 하냐고요? 나머지는 사용하지 않을 예정입니다.

이제 이 데이터를 사용하기 위해 먼저 정규화를 하겠습니다. 물론 앞장에서 사용한 사이킷런 라이브러리의 정규화 함수(MinMaxScaler)를 사용해도 되지만, 이번에는 직접 해보도록 하겠습니다.

그 데이터의 세부 값을 −1~1 사이의 값으로 나타내기 위해, 먼저 나눌 수 있는 실수 값으로 데이터를 변경합니다(x_test.astype(np.float32)). 다음으로 데이터를 −1~1 사이의 값으로 변경합니다. mnist 데이터셋의 그림은 0~255까지의 숫자로 이루어져 있는데, 그 중간 값인 127.5를 뺀 후 다시 127.5로 나누면((x_test.astype(np.float32) − 127.5)/127.5) 0은 −1로, 255는 1로 값이 바뀌며, 그 중간 값 또한 비율에 따라 축소됩니다. 그리고 이렇게 변경된 값을 x_test로 저장합니다.

■ mnist_data = x_test.reshape(10000, 784)

28×28 형태인 데이터를 1열로 나타내기 위해 데이터의 형태를 바꿔 줍니다. 16장에서 살펴본 mnist 데이터를 기억하나요? 이 이미지 하나하나는 픽셀로 구성되어 있으며 픽셀 크기는 가로 28개, 세로 28개로 이루어져 있습니다. 이 모양을 가로로 쭉 늘여서 사용하려고 합니다. 즉, 28×28 형태를 784×1 형태로 변환하는 것입니다.

■ print(mnist_data.shape)

수정한 데이터의 형태를 직접 확인해보는 코드입니다. shape 명령어를 사용하여 확인한 결과 총 10,000개 데이터가 있으며, 데이터 한 개에는 784개 값이 들어 있습니다.

- **print(len(mnist_data))**

`mnist_data` 데이터의 개수를 알아볼 수 있는 또 다른 방법입니다. `len` 함수를 사용하면 그 안에 포함된 데이터의 수를 알 수 있습니다(꼭 필요한 코드는 아니니 참고로 보세요).

4 생성자 신경망 만들기

이제 새로운 손글씨를 스스로 만들어 내는 생성자 신경망을 만들어 보겠습니다. 생성자 신경망에 아무런 의미가 없는 숫자(여기에서는 노이즈값이라고 합니다)를 입력하면, 생성자 신경망이 그럴듯한 숫자 이미지를 생성합니다.

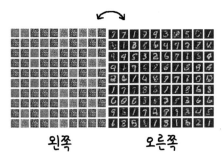

왼쪽   오른쪽

그림 18-4 | 의미 없는 숫자(노이즈값)로 그럴듯한 숫자 이미지 생성

하지만 지금 만드는 생성자 신경망은 아직 학습되지 않은 신경망입니다. 따라서 앞으로 적대적 생성 신경망(GAN)을 통해 판별자를 속일 수 있는 신경망으로 학습시켜 나갈 예정입니다.

```
def create_generator():
    generator = Sequential()
    generator.add(Dense(units=256,input_dim=100))
    generator.add(LeakyReLU(0.2))
    generator.add(Dense(units=512))
    generator.add(LeakyReLU(0.2))
    generator.add(Dense(units=784, activation='tanh'))
    return generator
g = create_generator()
g.summary()
```

Model: "sequential"

Layer (type)	Output Shape	Param #
dense (Dense)	(None, 256)	25856
leaky_re_lu (LeakyReLU)	(None, 256)	0
dense_1 (Dense)	(None, 512)	131584
leaky_re_lu_1 (LeakyReLU)	(None, 512)	0
dense_2 (Dense)	(None, 784)	402192

Total params: 559,632
Trainable params: 559,632
Non-trainable params: 0

코드를 실행하면 이와 같이 새로운 신경망이 만들어지는 모습을 볼 수 있습니다. 물론 이 신경망의 구조는 여러분이 변경해도 됩니다.

이번 장에서 만드는 프로그램에는 여러 함수가 포함되어 있습니다. 함수를 만들면 코드를 재사용하기 쉬우며, 코드 또한 간결하게 표현할 수 있습니다.

■ def create_generator():

def 명령어를 사용하여 create_generator라는 함수를 만듭니다. 이 함수 이름은 제가 만든 것이니 다른 것으로 바꿔도 상관없습니다. 하지만 이름을 바꾸면 앞으로도 바꾼 이름으로 계속 코딩해야 합니다.

> **TIP**
> def는 파이썬에서 함수를 만들기 위한 명령어입니다. 예를 들어 def load_data():라고 하면 load_data라는 함수를 만든다는 의미이며, 괄호 ( )는 함수에 전달하는 값을 말합니다. 지금은 괄호 안에 아무것도 없습니다. 이는 함수를 부를 때 어떠한 값도 전달하지 않겠다는 의미입니다. 함수 이름을 다 쓰고, 콜론 기호(:)을 붙입니다.

- **generator = Sequential()**

generator라는 인공지능 모델을 만들겠습니다. 시퀀셜 모델을 사용합니다.

- **generator.add(Dense(units=256,input_dim=100))**

이 모델에 입력하는 값은 100입니다(input_dim=100). 이때 숫자가 100인 이유는 바로 100개 픽셀을 넣을 예정이기 때문으로 큰 의미는 없습니다. 이 100개 픽셀은 노이즈값으로, 100개 픽셀값이 랜덤한 값을 가집니다. 뒤에서 설명하겠지만, 생성자는 무에서 유를 창조하지 않습니다. 생성자에게 아무것도 아닌 모습의 어떤 데이터를 주면 그것을 특정한 숫자의 모습으로 탈바꿈시킵니다. 그리고 이 신경망의 첫 번째 층은 256개의 노드(units=256)로 구성되어 있습니다.

- **generator.add(LeakyReLU(0.2))**

첫 번째 층의 활성화 함수는 LeakyReLU를 사용하겠습니다. LeakyReLU 함수 모양을 보면 음수 값은 특정한 기울기를 보입니다. 여기에서는 그 기울기 값을 (0.2)로 설정합니다.

> **TIP** Leaky 렐루 함수(LeakyReLU)는 5.2절의 활성화 함수를 참고하세요.

- **generator.add(Dense(units=512))**

이 신경망의 첫 번째 층은 512개의 노드(units=512)로 구성되어 있습니다.

> **TIP** 노드의 수를 꼭 책과 같게 할 필요는 없습니다. 한번 여러분이 노드의 수, 레이어(층)의 수 등을 변경해 보며 모델을 훈련시켜 보고, 그 결과를 살펴보세요.

- **generator.add(LeakyReLU(0.2))**

두 번째 층의 활성화 함수는 LeakyReLU를 사용하겠습니다. LeakyReLU 함수 모양을 보면 음수 값은 특정한 기울기를 보입니다. 여기에서는 그 기울기 값을 (0.2)로 설정합니다.

- **generator.add(Dense(units=784, activation='tanh'))**

마지막 층, 즉 출력층의 활성화 함수는 tanh를 사용하겠습니다(다른 활성화 함수를 사용해도 됩니다). 그리고 출력층의 노드 개수는 784개입니다. 784개인 이유는 mnist 데이터의 모습이 바로 28×28개의 픽셀로 이루어져 있기 때문입니다. 1×784처럼 나열한으로 생성자가 만드는 데이터의 모습도 이와 같은 모양인 784개 픽셀을 나열한 모습으로 나타나야 하기 때문에 이와 같이 표시한 것입니다. 추후 이 모양을 다시 28×28의 형태로 나타내면 숫자와 같은 모습으로 나타납니다.

> **TIP**
> 하이퍼볼릭탄젠트 함수(tanh)는 5.2절의 활성화 함수를 참고하세요.

- **return generator**

함수를 호출하였을 때의 결괏값입니다. 우리가 만든 함수 create_generator를 호출하면 그 결과로 시퀀셜 형태의 신경망, 즉 우리가 만든 생성자 신경망인 generator를 반환합니다.

- **g = create_generator()**

이제 이 함수를 호출하여 새로운 생성자 신경망을 하나 만들어 보겠습니다. 호출하는 방법은 함수의 이름을 쓰고 그 뒤에 괄호( )를 넣는 것입니다. 함수를 호출할 때 전달할 인자가 하나도 없기 때문에 괄호는 빈칸으로 둡니다. 이 과정을 통해 만들어진 생성자 신경망인 generator를 g에 저장합니다.

- **g.summary()**

함수를 호출하여 새롭게 만든 생성자 신경망인 g의 모습을 살펴보는 코드입니다. 은닉층이 2개이고, 마지막 출력층이 있는 모습을 보여줍니다. 출력층의 노드의 개수는 784개인 것도 확인할 수가 있죠.

```
Model: "sequential"

_____
Layer (type)                 Output Shape              Param #
=================================================================
dense (Dense)                (None, 256)               25856
_____
leaky_re_lu (LeakyReLU)      (None, 256)               0
_____
dense_1 (Dense)              (None, 512)               131584
_____
leaky_re_lu_1 (LeakyReLU)    (None, 512)               0
_____
dense_2 (Dense)              (None, 784)               402192
=================================================================
Total params: 559,632
Trainable params: 559,632
Non-trainable params: 0
_____
```

5 판별자 신경망 만들기

앞에서는 생성자 신경망을 만들었습니다. 생성자 신경망은 어떤 숫자 이미지를 만들어 내는 신경망입니다. 하지만 판별자 신경망은 이미지를 만들어 내는 신경망이 아니라 생성자 신경망이 만든 이미지가 가짜인지를 정확하게 판별하는 신경망입니다.

이 신경망 역시 훈련되지 않은 신경망입니다. 앞으로 적대적 생성 신경망(GAN)을 통해 생성자 신경망과 지금 만드는 판별자 신경망을 학습시켜 나갈 예정입니다.

```python
def create_discriminator():
    discriminator = Sequential()
    discriminator.add(Dense(units=512,input_dim=784))
    discriminator.add(LeakyReLU(0.2))
    discriminator.add(Dense(units=256))
    discriminator.add(LeakyReLU(0.2))
    discriminator.add(Dense(units=1, activation='sigmoid'))
```

```
    discriminator.compile(loss='binary_crossentropy',
optimizer = Adam(learning_rate=0.0002, beta_1=0.5))
    return discriminator
d = create_discriminator()
d.summary()
```

실행 결과

Model: "sequential_1"

Layer (type)	Output Shape	Param #
dense_3 (Dense)	(None, 512)	401920
leaky_re_lu_2 (LeakyReLU)	(None, 512)	0
dense_4 (Dense)	(None, 256)	131328
leaky_re_lu_3 (LeakyReLU)	(None, 256)	0
dense_5 (Dense)	(None, 1)	257

Total params: 533,505
Trainable params: 533,505
Non-trainable params: 0

TIP 모델 옆에 있는 sequential 번호와 레이어 번호는 여러분의 결과가 책과 다를 것입니다. 여러분이 만들어 본 횟수만큼 번호가 계속 증가하기 때문입니다. 번호가 다르다고 해서 코딩의 결과가 달라지는 것은 아니니 안심하세요.

코드를 실행하면 이와 같이 새로운 신경망이 만들어지는 모습을 볼 수 있습니다. 물론 이 신경망의 구조는 여러분이 변경해도 됩니다.

그림 18-5 | 진짜 손글씨인지 아닌지 판별하는 인공지능

- **def create_discriminator():**

def 명령어를 사용하여 create_discriminator 함수를 만듭니다.

- **discriminator = Sequential()**

discriminator라는 판별자 인공지능 모델을 만들겠습니다. 이 모델은 시퀀셜 모델을 사용합니다.

- **discriminator.add(Dense(units=512,input_dim=784))**

이 모델에 입력하는 값은 784입니다(input_dim=784). 바로 생성자가 만든 손글씨(784개 픽셀로 구성된)를 넣기 때문이죠. 이 신경망의 첫 번째 층은 512개 노드(units=512)로 구성되어 있습니다.

- **discriminator.add(LeakyReLU(0.2))**

첫 번째 층의 활성화 함수는 LeakyReLU를 사용하겠습니다. LeakyReLU 함수 모양을 보면 음수의 값은 특정한 기울기를 보입니다. 여기에서는 그 기울기 값을 (0.2)로 설정합니다.

- **discriminator.add(Dense(units=256))**

이 신경망의 두 번째 층은 256개의 노드(units=256)로 구성되어 있습니다.

- **discriminator.add(LeakyReLU(0.2))**

두 번째 층의 활성화 함수는 LeakyReLU를 사용하겠습니다. LeakyReLU 함수 모양을 보면 음수의 값은 특정한 기울기를 보입니다. 여기에서는 그 기울기 값을 (0.2)로 설정합니다.

- **discriminator.add(Dense(units=1, activation='sigmoid'))**

최종 출력되는 값은 1개(units=1)입니다. 판별자가 하는 것은 데이터의 진위 여부를 판단하는 것입니다. 데이터가, 생성자가 만든 것인지 진짜 손글씨인지 구분합니다. 따라서 진짜면 1을, 가짜면 0이라는 숫자를 보여줍니다. 이때 활성화 함수는 시그모이드(activation='sigmoid')입니다.

- **discriminator.compile(loss='binary_crossentropy', optimizer=Adam(lr=0.0002, beta_1=0.5))**

오차 값(loss)은 이항 교차 엔트로피(binary_crossentropy)를 사용합니다. 진짜인지 가짜인지 같이 두 개 중 하나로 구분하는 신경망이기 때문입니다. GAN을 만들려면 이전보다는 조금 더 정교하게 옵티마이저를 사용해야 합니다. 따라서 옵티마이저는 Adam으로, 학습 속도(학습률)를 0.0002로, 베타 최적화 값을 0.5로 설정하였습니다.

 이항 교차 엔트로피에 대한 설명은 6.2절을 참고하세요.

 잠깐만요

학습 속도(학습률)가 무엇인가요?
옵티마이저에서 등장하는 학습률을 이해하기 위해서는 앞에서 설명드린 경사 하강법을 다시 한번 떠올려 봅시다. 경사 하강법은 모델의 오차가 가장 작아지는 가중치의 값을 찾아가는 방법입니다. 그러기 위해서 미분의 개념을 사용합니다. 이때 오차가 작아지는 방향으로 가중치의 값을 이동하는데, 한 번에 얼마 정도의 크기로 이동하는지를 결정하는 것이 바로 학습률의 개념입니다.

베타 값은 무엇인가요?

옵티마이저에는 다양한 종류가 있습니다. 그 예로 SGD, 모멘텀, adagrad 등과 같이 말이죠. adam 옵티마이저도 그 하나로서, 어떠한 방법으로 경사 하강법을 사용하는지에 따라 그 종류가 달라집니다. adam 옵티마이저는 다른 옵티마이저에 비해 그 성능이 높다고 알려져 있습니다. adam 옵티마이저를 사용할 때 사용자가 옵티마이저의 세부 값을 수정할 수 있으며, 그 값이 바로 베타1, 베타2입니다.

■ return discriminator

함수를 호출했을 때의 결괏값입니다. 우리가 만든 함수 create_discriminator를 호출하면 그 결과로 시퀀셜 형태의 판별자 신경망인 discriminator를 반환합니다.

■ d = create_discriminator()

이제 이 함수를 호출하여 판별자 신경망을 만들겠습니다. 호출하는 방법은 함수의 이름을 쓰고 그 뒤에 괄호를 넣는 것입니다. 그러면 만들어진 판별자 신경망인 discriminator가 d에 저장됩니다.

■ d.summary()

함수를 호출하여 새롭게 만든 판별자 신경망인 d의 모습을 살펴보는 코드입니다. 은닉층이 2개이고, 마지막 출력층이 있는 모습을 보여줍니다. 출력층의 노드 개수가 1개인 것도 확인할 수가 있죠.

실행 결과

Model: "sequential_1"

Layer (type)	Output Shape	Param #
dense_3 (Dense)	(None, 512)	401920
leaky_re_lu_2 (LeakyReLU)	(None, 512)	0
dense_4 (Dense)	(None, 256)	131328
leaky_re_lu_3 (LeakyReLU)	(None, 256)	0

| dense_5 (Dense) | (None, 1) | 257 |

Total params: 533,505
Trainable params: 533,505
Non-trainable params: 0

6 GAN 생성 함수 만들기

앞에서 생성자 신경망과 판별자 신경망을 만들었습니다. 이제 적대적 생성 신경망(GAN)을 만들 준비가 끝났습니다. 지금부터 생성자 신경망과 판별자 신경망을 적절하게 학습시켜 보겠습니다.

```python
def create_gan(discriminator, generator):
    discriminator.trainable=False
    gan_input = Input(shape=(100,))
    x = generator(gan_input)
    gan_output = discriminator(x)
    gan = Model(inputs=gan_input, outputs=gan_output)
    gan.compile(loss='binary_crossentropy', optimizer='adam')
    return gan
gan = create_gan(d,g)
gan.summary()
```

실행 결과

Model: "functional_1"

Layer (type)	Output Shape	Param #
input_1 (InputLayer)	(None, 100)	0
sequential_1 (Sequential)	(None, 784)	559632

```
sequential_2 (Sequential)    (None, 1)              533505
================================================================
Total params: 1,093,137
Trainable params: 559,632
Non-trainable params: 533,505
```

적대적 생성 신경망은 생성자와 판별자가 서로 이기기 위해, 마치 적대적으로 학습해 나가는 모습입니다. 생성자는 생성자대로 판별자를 속이기 위해 점점 더 정교한 손글씨를 작성하고, 판별자는 판별자대로 생성자가 만든 가짜 손글씨를 판별하기 위해 점점 더 성능을 높여가는 것이죠. 이처럼 판별자가 더 이상 구별하지 못할 정도로 진짜 같은 가짜 그림을 생성자가 생성해 내는 것이 바로 적대적 생성 신경망입니다.

■ def create_gan(discriminator, generator):

create_gan이라는 함수를 만드는 코드입니다. 여기에서 괄호 안에 두 값이 있는 이유는 이 함수를 호출하려면 재료가 2개 필요하다는 의미입니다. 여기에서 사용하는 재료는 바로 판별자와 생성자입니다. 이를 통해 gan을 만들기 위해서는 판별자와 생성자 둘 다 필요한 것을 볼 수 있습니다.

■ discriminator.trainable = False

판별자가 학습을 하지 못하도록 막아줍니다. 왜 그런지 그 이유는 gan 모델을 훈련시키는 과정을 18.8절(273쪽)에서 설명하겠습니다.

■ gan_input = Input(shape=(100,))

우리가 앞으로 만든 적대적 생성 신경망인 gan에 입력할 데이터의 모습을 정하는 코드입니다. 입력할 데이터의 형태를 만들어 줍니다. 입력하는 값은 바로 100개의 값으로 이루어진 데이터입니다. 그렇다면 콤마(,) 뒷부분의 값이 비어 있는 이유는 총 데이터의 개수를 넣기 위함이며, 이렇게 값을 비워 두면 실제 데이터의 개수(여기에서는 10,000개)를 자동으로 넣어줍니다(shape=(100,)).

■ x = generator(gan_input)

이제 생성자 신경망(generator)에게 바로 윗줄에서 작성한 픽셀 100개의 값과 데이터의 전체 수(Input(shape=(100,)))만큼 데이터를 넣는 모습입니다. 이 픽셀 100개의 값은 어떤 값일까요? 앞에서 잠깐 언급한 노이즈값입니다(노이즈값을 생성하는 코드는 뒷부분에 나옵니다).

이렇게 데이터를 넣으면 생성자가 만든 새로운 그림들이 x 변수에 저장됩니다.

■ gan_output = discriminator(x)

바로 다음 줄에서 만들 적대적 생성 신경망 gan의 결괏값 데이터를 정의해 주는 코드로, 이 결괏값 데이터는 바로 판별자가 생성자가 만든 그림(x)을 보고 판단한 결과입니다. 그 판단 결과는 진짜 혹은 가짜 둘 중 하나로 나오겠죠?

■ gan = Model(inputs=gan_input, outputs=gan_output)

드디어 적대적 생성 신경망 gan 모델을 만들어 볼 차례입니다. 생각보다 간단하죠? 이 신경망의 입력값(inputs=gan_input)은 바로 생성자 신경망이 만든 그림입니다. 그리고 출력값(outputs=gan_output)은 판별자 신경망이 판단한 결과입니다.

■ gan.compile(loss='binary_crossentropy', optimizer='adam')

신경망의 오차 값을 줄이기 위한 방법입니다. 출력값의 모습 자체가 맞는지 틀린지 둘 중 하나로 나오기 때문에 이진 분류에서 사용하는 binary_crossentropy를 사용하며, 옵티마이저는 adam을 사용합니다.

■ return gan

함수를 호출했을 때의 결괏값입니다. 우리가 만든 함수 create_gan을 호출하면 그 결과로 적대적 생성 신경망인 gan을 반환합니다.

■ gan = create_gan(d,g)

이제 이 함수를 호출하겠습니다. 호출하는 방법은 함수의 이름을 쓰고 그 뒤에 괄호를 넣는 것입니다. 그리고 gan을 만들기 위해서는 재료 2개가 필요하다고 하였죠? 이 재료로 앞에서 만든 판별자 신경망 d와 생성자 신경망 g를 괄호 안에 넣겠습니다. 이렇게 함수를 호출할 때 괄호 안에 넣는 값을 파라미터라고 합니다.

함수를 호출하여 생성한 적대적 생성 신경망이 gan에 저장됩니다.

■ gan.summary()

함수를 호출하여 새롭게 만든 적대적 생성 신경망인 gan의 모습을 살펴보는 코드입니다. 먼저 입력층부터 살펴보면, 입력층은 노이즈값이 100개의 픽셀값이 들어갑니다. 그리고 두 번째 레이어의 모습은 바로 생성자 신경망에서 출력된 값의 모습입니다. 마지막 레이어는 생성자 신경망에서 만든 그림이 진짜인지 가짜인지 판별자가 판단한 결과를 보여줍니다.

실행 결과

```
Model: "functional_1"


Layer (type)              Output Shape         Param #
=================================================================
input_1 (InputLayer)      [(None, 100)]        0


sequential (Sequential)   (None, 784)          559632


sequential_1 (Sequential) (None, 1)            533505
=================================================================
Total params: 1,093,137
Trainable params: 559,632
Non-trainable params: 533,505
```

---

7 결과 확인 함수 만들기

지금까지 적대적 생성 신경망을 만들었습니다. 이제 이 신경망을 훈련시키고, 그 신경망의 정확도를 확인할 차례입니다. 그런데 이 정확도를 확인하는 방법은 무엇일까요? 바로 우리가 직접 눈으로 보는 것입니다. 우리가 눈으로 보더라도 정말 진짜 같은 그림이 그려졌는지 보는 것이죠.

마치 "기계가 생각할 수 있을까?"라는 질문을 던진 튜링의 이미테이션 게임과 비슷하네요. 컴퓨터를 사람이라고 혼동한다면, 우리는 이 컴퓨터가 생각할 수 있다고 판단할 수 있다고 말한 이미테이션 게임과 같이 적대적 생성 신경망에서도 우리가 생성자가 만든 그림이 진짜 같은지 판별해 보겠습니다.

이를 위해 그림을 생성하고 이 그림을 화면에 보여주는 코드를 작성해 보겠습니다.

```python
def plot_generated_images(generator):
    noise = np.random.normal(loc=0, scale=1, size=[100, 100])
    generated_images = generator.predict(noise)
    generated_images = generated_images.reshape(100,28,28)
    plt.figure(figsize=(10, 10))
    for i in range(generated_images.shape[0]):
        plt.subplot(10, 10, i+1)
        plt.imshow(generated_images[i], interpolation='nearest')
        plt.axis('off')
    plt.tight_layout()
```

훈련시킨 생성자가 얼마나 정확한지 알아보기 위해 직접 눈으로 볼 수 있는 그림을 만드는 코드입니다.

■ def plot_generated_images(generator):

plot_generated_images라는 함수를 만드는 명령어입니다. 이 함수를 만들 때에도 재료 1개, 즉 파라미터가 1개 필요합니다. 그림을 그릴 때 어떤 생성자(generator)로 그릴지 알아야 하기 때문이죠.

- **noise = np.random.normal(loc=0, scale=1, size=[100, 100])**

생성자에 넣어줄 노이즈값을 만들어 줍니다. 이때 균일한 값을 생성할 수 있도록 넘파이의 랜덤 값 생성 라이브러리 중 정규 분포 함수를 사용합니다. np.random.normal(0,1, [batch_size, 100]) 첫 번째 0의 의미는 평균이 0이라는 의미입니다. 두 번째 1의 의미는 평균에서 1만큼씩 떨어져 있는 값(즉, −1에서 1 사이의 값)을 생성하라는 의미입니다.

> **TIP**
> −1 ~ 1 사이의 값을 생성하는 이유는 우리가 사용한 mnist 데이터의 모습을 −1 ~ 1 사이의 값으로 변형했기 때문에 이와 비슷한 형태로 만들어 주는 것입니다.

세 번째 [100, 100]는 노이즈를 100개 생성하며, 각각의 노이즈는 숫자 100개씩으로 구성되어 있다는 뜻으로, 이 함수를 호출할 때마다 100개의 그림을 그려 달라는 의미입니다.

- **generated_images = generator.predict(noise)**

generator도 신경망 모델이기 때문에 predict 함수를 사용할 수 있습니다. 이 함수는 앞에서 만든 노이즈값(noise)을 신경망에 넣어서 값을 예측하라(predict(noise))는 명령어입니다.

- **generated_images = generated_images.reshape(100,28,28)**

generator가 예측한 값은 그림의 형태(28×28)가 아니라 한 줄로 만들어진 형태(784)입니다. 이 형태를 그림의 형태로 바꿔 줍니다.

- **plt.figure(figsize=(10, 10))**

그림 크기를 정해 줍니다. 10×10만큼입니다. 크기를 바꾸고 싶다면 숫자를 바꾸면 됩니다.

- **for i in range(generated_images.shape[0]):**

100개의 그림을 그려 주는 반복문입니다. 최종적으로는 100개의 그림이 짠 하고 나타나지만, 실제로는 각각의 위치에 무엇을 넣을지 정해줘야 합니다. 이때 반복문을 사용합니다.

- **plt.subplot(10, 10, i+1)**

그림 위치를 정해 줍니다. 100개의 그림이 있기 때문에 반복을 총 100번 하게 됩니다. 첫 번째 반복에서는 첫 번째 위치에, 두 번째 반복에서는 두 번째 위치에 이런 식으로 100개의 그림 위치를 정해 주는 코드입니다.

- **plt.imshow(generated_images[i], interpolation='nearest')**

imshow 함수는 이미지를 출력하는 함수입니다. 각 위치에 어떤 그림을 넣을지 결정할 수 있으며 interpolation은 이미지를 출력할 때 각 픽셀을 어떻게 나타낼지 결정하는 것입니다. 첫 번째 반복에서의 i는 0이기 때문에 첫 번째 그림의 위치에는 100개 중 첫 번째 그림 (generated_images[0])을 넣는 원리입니다.

- **plt.axis('off')**

그림 이름을 넣지 않는다는 의미입니다.

- **plt.tight_layout()**

지금까지 만든 그림을 화면에 보여주는 명령어입니다.

8 적대적 생성 신경망 훈련시키기

지금부터 살펴볼 코드는 적대적 생성 신경망을 생성하는 과정의 마지막이자, 바로 이 장의 핵심입니다. 바로 적대적 생성 신경망을 학습시키는 과정입니다. 이 과정이 조금은 어려울 수도 있지만 차근차근 따라온다면 충분히 이해할 수 있을 것입니다.

```
batch_size = 128
epochs = 5000
for e in tqdm(range(epochs)):
    noise = np.random.normal(0,1, [batch_size, 100])
    generated_images = g.predict(noise)
    image_batch = mnist_data[np.random.randint(low=0,
                high=mnist_data.shape[0],size=batch_size)]
```

```
X = np.concatenate([image_batch, generated_images])
y_dis = np.zeros(2*batch_size)
y_dis[:batch_size] = 1
d.trainable = True
d.train_on_batch(X, y_dis)
noise = np.random.normal(0,1, [batch_size, 100])
y_gen = np.ones(batch_size)
d.trainable = False
gan.train_on_batch(noise, y_gen)
if e == 0 or e % 1000 == 0:
    plot_generated_images(g)
```

실행 결과

6%| | 299/5000 [00:26(04:37, 16.94it/s]

이 코드를 실행하여 GAN을 만들고, 그 성능을 확인해 봅시다. 물론 많이 반복해 학습할수록 성능이 좋아지지만, 그만큼 시간이 오래 걸립니다. 코드를 실행하면 이와 같이 실행 결과가 나옵니다. tqdm 라이브러리를 사용하였기 때문에 현재 몇 번째 반복인지 시각적으로 한눈에 살펴볼 수 있습니다.

■ batch_size = 128

먼저 적대적 생성 신경망이 어떻게 학습할 것인지를 정해 주겠습니다. 물론 반복 횟수가 많으면 많을수록 성능이 더 좋아지기는 하지만 그만큼 시간이 오래 걸린다는 단점 또한 생각해야겠죠?

첫 번째는 한 번에 몇 개의 그림을 학습시킬지 결정합니다. 예제에서는 한 번에 128개를 학습시키지만, 다른 숫자로 바꾸어도 상관없습니다. 적대적 생성 신경망을 한 번에 학습시킬 그림의 양(batch_size=128)을 넣어줍니다.

■ epochs = 5000

다음으로 적대적 생성 신경망을 몇 번 반복해서 학습을 시킬 것인지 정해 줍니다. 여기에서는 5000번 반복 학습하겠습니다.

- **for e in tqdm(range(epochs)):**

이제 신경망을 학습시킬 차례입니다. 반복문과 tqdm 라이브러리를 사용해서 반복 학습을 진행하겠습니다.

for 반복문에서 in 뒷부분은 반복 횟수를 나타냅니다. tqdm(range(epochs))는 tqdm 라이브러리를 사용하며 반복 횟수는 에포크(epochs)라는 의미입니다. 이 코드는 5000번 반복하는 데 몇 번째 반복인지 눈에 잘 보이게끔 시각화하기 위한 코드입니다.

- **noise = np.random.normal(0,1, [batch_size, 100])**

생성자에게 줄 노이즈값을 만듭니다. 이때 균일한 값을 생성할 수 있도록 넘파이의 랜덤값 생성 라이브러리 중 정규 분포 함수를 사용합니다. np.random.normal(0,1, [batch_size, 100]) 첫 번째 0의 의미는 평균이 0이라는 의미입니다. 두 번째 1의 의미는 평균에서 1만큼씩 떨어져 있는 값(즉, −1 ~ 1 사이 값)을 생성하라는 의미입니다. 세 번째 [batch_size, 100]는 batch_size 개수만큼 생성하며, 생성한 데이터는 각각 숫자 100개씩으로 구성되어 있다는 의미입니다.

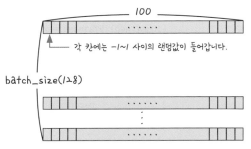

그림 18-6 | 각 100개씩 구성된 데이터를 배치 사이즈만큼 생성

- **generated_images = g.predict(noise)**

g.predict(noise) 이 부분은 생성자 모델에 노이즈를 입력하여 생성자 신경망이 그림을 그린 뒤 그림의 결과를 generated_images에 저장합니다.

- **image_batch = mnist_data[np.random.randint(low=0, high=mnist_data. shape[0], size=batch_size)]**

실제 mnist 데이터셋(10,000개)에서 128개만 랜덤으로 뽑는 코드입니다. 학습할 때마다 다양한 모양의 손글씨를 인공지능이 학습하게끔 하기 위해서입니다.

랜덤으로 뽑기 위해서 넘파이 라이브러리의 ramdom 함수를 사용하며, 그 범위와 개수를 지정하기 위해 randint 함수를 사용(np.random.randint)하였습니다. 첫 번째(low=0)부터 mnist 데이터 개수(high=mnist_data.shape[0])까지, 즉 10,000개의 데이터 중에서 배치 사이즈만큼(size=batch_size) 랜덤으로 추출한다는 의미입니다.

- **X = np.concatenate([image_batch, generated_images])**

넘파이 함수 중 concatenate 함수를 사용하여 진짜 그림과 생성한 그림을 합치는 모습입니다. 그리고 그 데이터를 X 변수에 넣습니다. 이때 합친다는 의미는 서로 더한다는 의미가 아니라 한 줄로 세운다는 의미입니다. 이 데이터는 총 256개의 데이터로 이루어져 있으며, 각 데이터에는 −1 ~ 1 사이의 값이 784개씩 들어 있습니다.

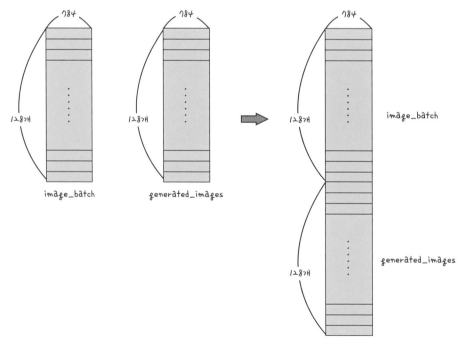

그림 18-7 | 진짜 그림과 생성한 그림을 합치기(한 줄로 세우기)

- **y_dis = np.zeros(2*batch_size)**

판별자에게 전달할 결괏값을 만듭니다. 판별자는 이를 통해 그림이 진짜인지 가짜인지를 확인할 수 있습니다.

일단 앞에서 만든 데이터의 수(256개, 진짜 그림의 수는 128개이며 가짜 그림의 수는 128개로 두 개를 합하면 256개가 됩니다)만큼 결괏값을 256개 만들어 줍니다. 이때 넘파이 함수 중 zeros를 사용하여 그 값을 0으로 만듭니다.

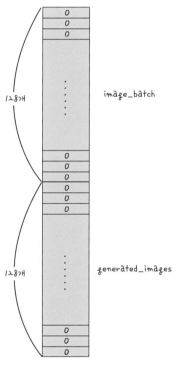

그림 18-8 | 256개의 결괏값을 모두 0으로 만들기

- **y_dis[:batch_size] = 1**

이 값 중 앞의 128개는 실제 값이므로 1을 넣어줍니다. 이제 처음에 나오는 128개는 진짜 그림이고, 나중에 나오는 128개는 가짜라는 것을 판별자가 알 수 있습니다.

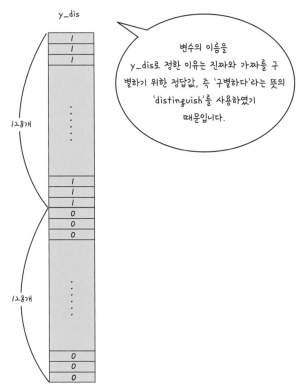

그림 18-9 | 앞의 128개에는 1을 넣기(=진짜 그림)

■ d.trainable = True

처음에는 판별자가 먼저 학습할 수 있도록 해야 합니다. 정답을 보고 학습하여 생성자가 만든 그림과 진짜 그림을 구별할 수 있어야 하기 때문입니다. trainable은 신경망이 훈련을 가능하도록 할 것인지(True) 아닌지(False)를 결정하는 함수입니다.

■ d.train_on_batch(X, y_dis)

실제 그림과 만든 그림을 구별할 수 있도록 train_on_batch 함수를 사용하여 판별자를 학습시킵니다. 입력 데이터는 X이고, 출력 데이터는 y_dis입니다.

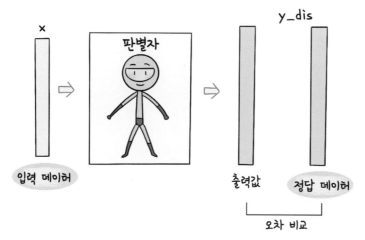

그림 18-10 | 판별자를 학습시키는 과정

이처럼 판별자에게 입력 데이터(X)를 주고 판별자를 통해 나온 출력값과 정답 데이터(y_
dis)의 결괏값을 비교하며 오차를 줄이는 방식으로 판별자를 학습시킵니다.

이제 생성자를 학습시킬 차례입니다. 지금부터가 바로 GAN의 핵심이라고 할 수 있습니다.
생성자가 판별자를 속일 수 있도록 진짜 같은 그림을 학습시키는 것이 목표입니다.

■ **noise = np.random.normal(0,1, [batch_size, 100])**

새롭게 노이즈값을 만듭니다.

■ **y_gen = np.ones(batch_size)**

gan에 넣어줄 값을 만듭니다. 그리고 그 값을 모두 1로 설정합니다. 판별자가 '생성자가 그
린 그림'이 진짜라고 오해하도록 말이죠.

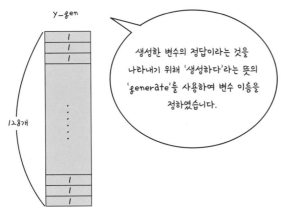

그림 18-11 | y_gen의 값을 모두 1로 설정(=진짜 그림)

TIP
진짜 그림을 1으로, 가짜 그림을 0으로 표현하고 있습니다.

■ d.trainable = False

판별자가 더 이상 학습할 수 없도록 합니다. 판별자는 이제 학습하는 것이 아니라 생성자가 만든 그림이 진짜인지 가짜인지 판별하는 역할만 합니다.

■ gan.train_on_batch(noise, y_gen)

gan에게 노이즈값을 입력으로 넣고, 출력값으로 모두 다 진짜(y_gen의 값은 1인 상태)를 출력으로 넣어서 학습시킵니다.

이렇게 될 경우 적대적 생성 신경망 gan은 판별자가 진짜 그림(1)이라고 생각할 수 있도록 생성자를 훈련시켜야 합니다. 이렇게 생성자가 판별자를 속일 수 있도록 진짜 같은 그림을 생성하도록 모델을 훈련하는 과정이 바로 GAN의 학습 과정입니다.

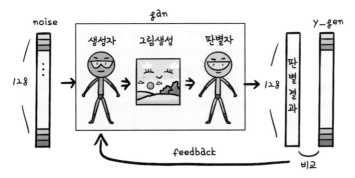

그림 18-12 | 생성자가 판별자를 속이는 GAN의 학습 과정

생성자를 학습시키는 모습을 나타낸 그림입니다. 우리가 앞에서 만든 적대적 생성 신경망 모델을 train_on_batch 함수를 사용하여 학습시킬 예정입니다. 이 함수를 사용하기 위해서는 입력값과 정답값을 알려줄 필요가 있는데, 입력값은 노이즈값이며 출력값은 그 그림이 진짜인지 가짜인지 알려주는 판별자 신경망을 거쳐서 나오는 값(판별 결과)입니다. 이제 이 값을 y_gen과 비교하면서, 판별 결과가 1이 나올 때까지 생성자를 학습시키는 것입니다. 이처럼 이제 판별자가 판별한 결과를 모두 정답(1)으로 생각할 수 있도록 생성자 모델을 계속 학습시켜 나갑니다.

그럼 다시 한번 앞에서 작성한 GAN 코드를 살펴보며 GAN이 어떻게 동작하는지 살펴보겠습니다. 앞에서 판별자를 학습시키지 않는다고 말씀드렸는데, 그 이유가 바로 여기에 나옵니다.

```
discriminator.trainable = False   # 판별자를 더 이상 학습시키지 않습니다.
gan_input = Input(shape=(100,))
x = generator(gan_input)          # 노이즈값을 넣어서 새로운 그림을 생성한 후 x에 넣습니다.
gan_output = discriminator(x)     # 판별자가 x를 판별하도록 합니다.
```

앞에서 작성한 GAN 코드를 다시 살펴보면 먼저 판별자가 학습을 하지 못하고 판별만 할 수 있도록 학습을 멈추고, 노이즈값이 입력하여 그림을 생성합니다. 그런 다음 판별자가 판별한 결과(gan_output)를 보여줍니다.

여기까지가 바로 적대적 생성 신경망을 학습시키는 과정이었습니다. 긴 과정이었죠? 그러면 이제 우리가 만든 신경망이 그림을 잘 생성하는지 직접 눈으로 살펴볼 차례입니다.

■ if e == 1 or e % 1000 == 0:

각 에포크별로 훈련을 잘 하는지 살펴봅시다. 첫 번째 에포크(e == 1)와 1000, 2000, 3000, 4000, 5000번째 에포크(e % 1000 == 0)일 때 생성자가 만든 그림을 출력합니다.

■ plot_generated_images(g)

앞에서 만든 plot_generated_image 함수를 호출하여 생성자가 만든 그림을 보여줍니다. 이때 함수에 인자로 전달할 생성자는 우리가 만든 생성자 신경망인 g입니다.

실행 결과

100%|■■■■■■■■■■| 5000/5000 [07:38<00:00, 10.91it/s]

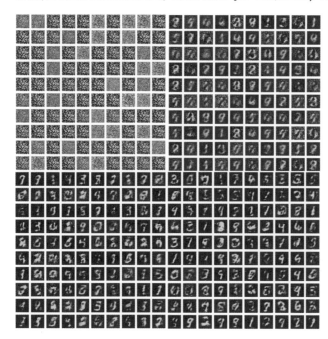

실행 결과

손글씨 데이터(mnist)를 학습하여 노이즈값을 주어도 그럴듯한 손글씨를 만들어 내는 모습을 살펴볼 수 있었습니다. 결과를 살펴보면 학습 횟수가 많아질수록 점점 더 손글씨 데이터와 비슷한 모양의 숫자가 만들어지는 것을 확인할 수 있습니다. 이처럼 적대적 생성 신경망은 생성자 신경망과 판별자 신경망이 서로 대결하며 새로운 것을 인공지능이 스스로 생성하는 모습을 살펴볼 수 있습니다.

오늘날 인공지능을 사용하여 무엇인가를 생성하는 신경망은 예술 영역(그림, 음악)에서 주로 사용되고 있습니다. 이 인공지능을 발전시키면 사람과 같은 창의성을 보이는 예술 인공지능도 가능할 것입니다.

부록

이 책의 실습 환경은 코랩입니다. 하지만 코랩이 아닌 자신만의 환경에서 딥러닝을 구현하고 싶은 사람도 있을 것입니다. 그런 분들을 위해 지금부터 그 방법을 설명하겠습니다.

파이썬 기반으로 딥러닝을 포함한 머신러닝을 구현하기 위해서는 여러 패키지, 라이브러리를 설치해야 합니다. 이렇게 패키지를 설치하는 방법 중 하나는 바로 아나콘다(Anaconda)를 설치하는 것입니다.

비단뱀이라는 뜻도 가지고 있는 파이썬과 아마존에 사는 큰 뱀인 아나콘다, 뭔가 비슷하다는 느낌이 들지 않나요?

아나콘다는 파이썬에서 사용하는 여러 패키지를 쉽고 단순하게 관리하기 위한 목적으로 만들어졌습니다. 특히 과학 계산(데이터 과학, 머신러닝 애플리케이션, 대규모 데이터 처리, 예측 분석 등)을 위해 파이썬과 R 프로그래밍 언어를 사용할 수 있는 오픈 소스 소프트웨어입니다. 다양한 패키지 버전들은 패키지 관리 시스템인 conda로 관리할 수 있으며, 아나콘다 배포판은 무려 1,300만 명 이상의 사용자가 사용하고 있습니다.

> **TIP** 아나콘다는 윈도우, 리눅스, macOS에서 사용할 수 있으며, 이 책은 윈도우를 기준으로 설명합니다.

1 아나콘다 설치 방법

1 아나콘다 홈페이지(https://www.anaconda.com/)에 접속하여 화면 상단의 **Get Started**
를 클릭합니다.

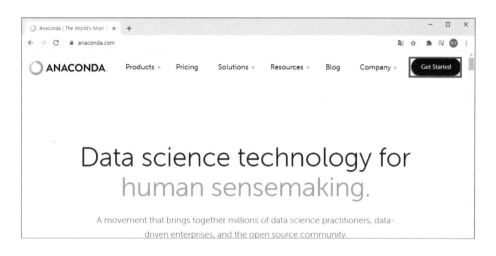

2 Install Anaconda Individual Edition을 클릭합니다.

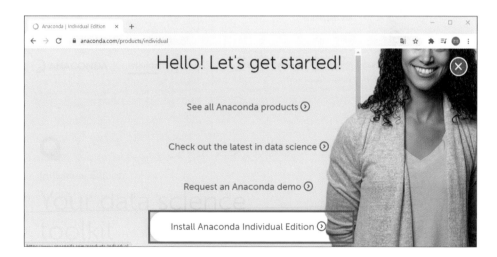

3 화면을 아래로 스크롤한 후 여러분의 운영체제에 맞는 설치 파일을 다운로드합니다. 이 책에서는 윈도우를 기준으로 설명하겠습니다.

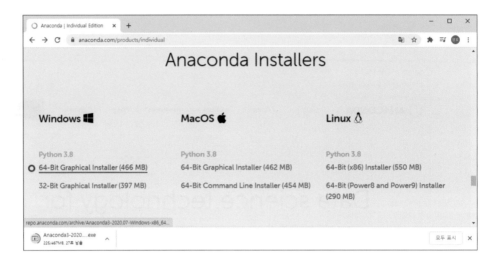

4 다운로드가 끝나면 실행 파일을 더블 클릭하여 아나콘다를 설치합니다.

 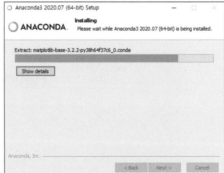

5 아나콘다를 설치하면 파이썬이 기본으로 설치되며 주피터 노트북까지 같이 설치됩니다. 설치가 끝난 후 윈도우 시작 메뉴의 **Anaconda3 (64-bit)**에서 Anaconda Prompt를 볼 수 있습니다. 이는 아나콘다를 이용하여 패키지를 설치할 때 사용하는 것으로, 관리자 권한으로 프롬프트를 실행하여야 패키지가 정상적으로 설치됩니다.

 2 텐서플로 및 케라스 설치 방법

1 Anaconda Prompt를 실행하면 다음과 같은 화면이 보입니다. 아래 명령어를 입력하여 conda를 최신 버전으로 업데이트합니다. 업데이트 도중에 진행 여부를 묻는 **Proceed ([y]/n)?**라는 문장이 나오면 **y**를 입력한 후 Enter를 누릅니다(그냥 Enter만 눌러도 됩니다).

```
conda update -n base conda
```

2 아나콘다를 설치하면서 같이 설치된 파이썬 패키지를 모두 업데이트하겠습니다. 아래 명령어를 입력한 후 Enter를 누릅니다. 마찬가지로 업데이트 도중에 **Proceed([y]/n)?** 라 고 나오면 **y**를 입력한 후 Enter를 누릅니다.

```
conda update  - all
```

> **TIP** 설치하는 데 조금 시간이 걸릴 수 있습니다.

3 다음 명령을 입력하여 텐서플로를 설치합니다.

```
pip install tensorflow
```

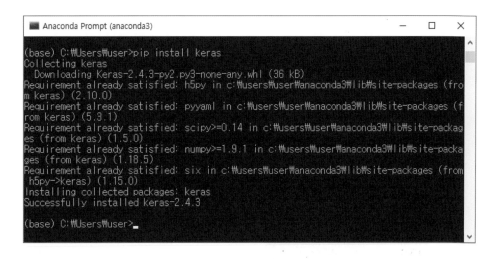

4 다음 명령을 입력하여 케라스를 설치합니다.

```
pip install keras
```

3 주피터 노트북 사용 방법

주피터(Jupyter) 노트북은 파이썬을 이용하여 프로그램을 대화식으로 개발할 수 있는 매우 유용한 도구로, 우리가 앞에서 살펴본 구글의 코랩과 형태, 사용 방법이 거의 비슷합니다. 무엇보다 주피터 노트북은 주피터 프로젝트의 일부로 완전히 무료입니다.

> **TIP** 주피터 프로젝트는 모든 프로그래밍 언어에서 대화형 데이터 과학 및 과학 컴퓨팅을 지원하는 프로젝트입니다. 이 프로젝트는 2014년 IPython 프로젝트에서 시작한 비영리 오픈 소스 프로젝트이기 때문에 오픈 소스 소프트웨어이며 모든 사람이 무료로 사용할 수 있습니다. 이 프로젝트에는 주피터 노트북뿐만 아니라 주피터 랩이 있습니다. 주피터 랩은 주피터 노트북, 코드 및 데이터를 위한 웹 기반 대화형 개발 환경입니다.

주피터 노트북은 웹 브라우저를 통해서 실행하는 방식이라, 여러분이 주피터 노트북을 실행하면 서버 프로그램이 시작됩니다. 그리고 그 서버에 접속할 수 있는 주소로 주피터 노트북을 실행하는 방식이지요.

그렇다면 주피터 노트북에서 '노트북'이란 무슨 뜻일까요? 주피터의 노트북에서는 코드와 출력을 시각화, 설명 텍스트, 수학 방정식 및 기타 풍부한 미디어를 단일 문서로 통합하여 보여줄 수 있습니다. 그래서 주피터 노트북에서는 코드를 실행하고 출력을 표시할 수 있습니다. 또한 설명, 수식, 차트를 추가할 수도 있죠. 그리고 이를 공유하여 다른 사람과 같이 협업할 수 있는 문서를 의미합니다.

1 시작 메뉴에서 **Jupyter Notebook**을 클릭합니다.

2　다음과 같이 서버 프로그램이 실행됩니다. 이 서버 프로그램 창을 닫으면 주피터 노트북
　도 종료되니 유의하세요.

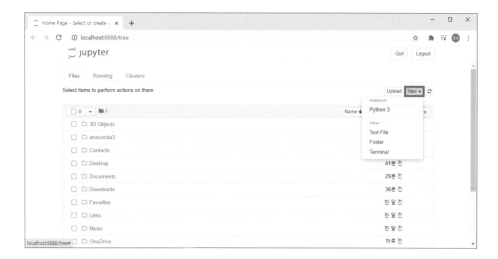

3　이제 웹 브라우저를 이용하여 http://localhost:8888에 접속하면 주피터 노트북을 사용할
　수 있습니다. 화면 오른쪽에 있는 **New** 버튼을 누르면 새로운 주피터 노트북을 만들 수
　있습니다.

4 새로운 주피터 노트북에서 텐서플로가 정상적으로 설치되었는지 확인해 보겠습니다. 주
   피터 노트북을 실행하려면 화면 위쪽에 있는 ▶ Run 버튼을 클릭하면 됩니다.

```
import numpy
import tensorflow as tf
import keras
```

> **TIP**
> 코드를 실행하였을 때 오류가 발생하지 않는다면 정상적으로 설치된 것입니다. 만약 라이브러리가 없다는 오류가 나면
> anaconda prompt로 돌아가서 pip 명령어를 사용하여 해당 라이브러리를 설치하면 됩니다.

git 설치하기

ARTIFICIAL INTELLIGENCE FOR EVERYONE

코랩이 아닌 개별 환경에서 17.2절(221쪽)의 코드를 실행해 보면 다음과 같은 오류 문구가 나옵니다.

> 'git'은(는) 내부 또는 외부 명령, 실행할 수 있는 프로그램, 또는 배치 파일이 아닙니다.

이는 git이 설치되지 않았기 때문입니다. 먼저 git을 설치하겠습니다.

1 Anaconda Prompt를 실행하고 다음 명령어를 입력하여 git을 설치합니다.

```
conda install git
```

2 파일의 경로가 구글 코랩과 다르기 때문에 경로를 다음과 같이 수정합니다.

```
dataframe = read_csv('deeplearning/corona_daily.csv', usecols=[3],
            engine='python', skipfooter=3)
```

 잠깐만요

똑같이 했는데 계속 오류가 나오나요?

경로를 수정했음에도 'git'은(는) 내부 또는 외부 명령, 실행할 수 있는 프로그램, 또는 배치 파일이 아닙니다.'와 같은 오류 문구가 나오면 시스템 변수에서 경로를 설정해 주어야 합니다. 설정 방법은 다음과 같습니다.

❶ 시작 메뉴 또는 작업 표시 줄 검색에서 '환경 변수'를 검색하십시오.

❷ '시스템 환경 변수 편집'을 선택하십시오.

❸ 하단의 '환경 변수' 버튼을 클릭하십시오.

❹ '시스템 변수'에서 '경로(path)'항목을 두 번 클릭하십시오.

❺ 경로 편집기에서 '새로 만들기'버튼을 누릅니다.

❻ C:₩Program Files₩Git₩bin₩ 를 추가합니다.

❼ C:₩Program Files₩Git₩cmd₩ 를 추가합니다.

❽ 확인 버튼을 눌러서 창을 닫아줍니다.

찾 아 보 기

영어